EL ZOHAR

EL ZOHAR

Traducido, explicado
y comentado
Vol. I

EDICIONES OBELISCO

Si este libro le ha interesado y desea que le mantengamos informado
de nuestras publicaciones, escríbanos indicándonos qué temas son de su interés
(Astrología, Autoayuda, Ciencias Ocultas, Artes Marciales, Naturismo,
Espiritualidad, Tradición...) y gustosamente le complaceremos.

Puede consultar nuestro catálogo en www.edicionesobelisco.com

Colección Cábala y Judaísmo
El Zohar
Vol. I

1.ª edición: noviembre de 2006
10.ª edición: febrero de 2025

Título original: *Sefer ha Zohar*

Traducción: *Equipo editorial*
Maquetación: *Natàlia Campillo*
Diseño de cubierta: *Enrique Iborra*

© 2006, Ediciones Obelisco, S. L.
(Reservados los derechos para la presente edición)

Edita: Ediciones Obelisco, S. L.
Collita, 23-25. Pol. Ind. Molí de la Bastida
08191 Rubí - Barcelona - España
Tel. 93 309 85 25
E-mail: info@edicionesobelisco.com

ISBN: 978-84-9111-303-4
Depósito Legal: B-32.499-2010

Printed in India

Reservados todos los derechos. Ninguna parte de esta publicación,
incluido el diseño de la cubierta, puede ser reproducida, almacenada, transmitida
o utilizada en manera alguna por ningún medio, ya sea electrónico, químico,
mecánico, óptico, de grabación o electrográfico, sin el previo consentimiento
por escrito del editor. Diríjase a CEDRO (Centro Español de Derechos
Reprográficos, www.cedro.org) si necesita fotocopiar
o escanear algún fragmento de esta obra.

DEDICATORIA DE EL ZOHAR

A Jana Miriam, que llegó a leer parte de estos textos y los amó con toda su alma. Para ella, que develó el misterioso modo de estudiar la *Torah* desde las profundidades de su ser y de entregarse a Dios sin reservas, y que se fue de este mundo en dirección a su amada Jerusalén Celestial con la paz interior y el sosiego que caracterizan a aquellos que tienen la certeza de haber cumplido su misión en su paso por la vida.

Aquellos que tuvimos el mérito y la suerte de conocerla sabemos que su luz espiritual y su sonrisa pura nos acompañarán e iluminarán hasta el reencuentro final.

Zijroná Librajá

¡Que su recuerdo sea una bendición!

PALABRAS INTRODUCTORIAS

He aquí que vendrán días, dice El Eterno, Dios, en que enviaré hambre a la Tierra, pero no hambre de pan, ni sed de agua, sino de la palabra de El Eterno.

Amós 8:11

Los motivos que nos llevan a traducir esta edición de El Zohar son los siguientes:

1. Todo lo relacionado con la Cábala se encuentra tan popularizado y divulgado que prácticamente se halla al alcance de cualquiera.
2. Las traducciones parciales que normalmente suelen encontrarse en el mercado son incompletas, inexactas y confusas, y en la mayoría de los casos no se basan en el idioma original de El Zohar.
3. Existen personas que, sin saber hebreo ni arameo, e incluso sin vivir de acuerdo con las normas de la *Torah*, se dedican a la enseñanza de estos textos sagrados motivados por intereses exclusivamente personales y comerciales.

Por consiguiente, y tras consultar a grandes e importantes cabalistas en Israel, nos propusimos presentar una traducción absolutamente fiel al texto sagrado original, incluyendo comentarios breves y aclaraciones con la intención de facilitar una comprensión mínima de aquellos pasajes que se consideran de carácter más abierto y revelado. Estas aclaraciones escritas en letra más fina, no son nunca opiniones personales de los traductores, sino una síntesis de las enseñanzas de los sabios que han comentado El Zohar. Con todo, el lector atento notará que muchos pasajes han sido traducidos de modo literal y sin explicación alguna, ya que debido a su misterio y hermetismo simplemente no pueden ser revelados al inexperto aprendiz.

Las características técnicas de la presente obra son las siguientes:
1. La letra enfatizada en negrita es la traducción palabra por palabra de El Zohar.
2. La letra intercalada en redonda son los comentarios y agregados.
3. Se han añadido fuentes bíblicas y talmúdicas.
4. Se acompaña un glosario al final de cada volumen.

Por último, queremos aclarar que todas las personas que participan en la traducción de esta obra excepcional viven de acuerdo con las enseñanzas clásicas de la *Torah* y se esfuerzan por complacer y cumplir la Voluntad del Creador.

Quiera el Dios de Abraham, Itzjak y Jacob hacer cumplir nuestra voluntad: que las almas sedientas de espiritualidad beban de la Luz de Su *Torah*.

Y como dice la Mishná de Pirkei Avot (2:6):
En un lugar donde no hay hombres, esfuérzate en ser un hombre.

LOS TRADUCTORES

PRIMERA PARTE

INTRODUCCIÓN GENERAL AL ESTUDIO DE LA CÁBALA

A fin de familiarizar al lector con algunos conceptos generales de la cábala y con la terminología propia del Zohar en particular, y también a modo de prefacio, le proponemos estas páginas en las que hallará información que le ayudará a comprender el espíritu y la letra del Zohar. Un gran sabio del siglo pasado, Rabbí Israel Meir Hakohen de Radun, más conocido como el *Jafetz Jaim*, autor de importantísimos comentarios legales opinaba que:

> *La Cábala es una de las dimensiones más elevadas de la Torah. Sin las dimensiones interiores de la Torah caminamos a ciegas en la oscuridad, y los caminos de Dios en Su comportamiento con las criaturas nos son inaccesibles.*

El Zohar, palabra que significa «esplendor», es una de las puertas que nos conducen a esas dimensiones interiores. También es una luz que nos aclarará los puntos oscuros de le *Torah*, permitiendo que ellos mismos vayan revelando, poco a poco, su propia luz.

La voluntad

Ratzón, (רצון) «voluntad» es una palabra clave dentro de la terminología cabalística. *Ratzón* no significa únicamente «voluntad», sino también «albedrío» e incluso «benevolencia». Procede de la raíz *Ratz* (רץ) que se asocia con *Ratza* (רצא), «correr, darse prisa» pero también con *Ratza* (רצה) que significa «querer, desear, apreciar». Los cabalistas asocian *Ratzón*, (רצון) «voluntad» con la voluntad o el deseo de realizar algo, ya sea algo físico como la construcción de una casa, ya sea algo más espiritual como es el dar caridad. Por esta razón hacen corresponder a *Ratzón*, (רצון) con la tercera letra del alfabeto, la letra *Guimel* (ג), que el famoso alfabeto de Rabbí Akiba asociaba con la expresión *Gamalti iajad meJasadim leDalim*, cuyas iniciales forman la palabra *Guimel* (ג), y significa «retribuir juntamente tanto a los píos como a los necesitados».

Otros textos cabalísticos asocian a la letra *Guimel* (ג) con un hombre que está corriendo hacia delante para dar limosna a un pobre (*véase* Talmud, tratado de *Shabbat* 104). ¿Qué tiene que ver esto con la voluntad? Se trata de una alusión a la benevolencia divina, el *Hessed*, con el que el Creador creó y mantiene el mundo. La vida que hemos recibido, y que recibimos a cada instante, es un *Hessed* del Creador, y el mundo fue creado por su voluntad o, como dice el Quijote, «por querer del cielo».

A la letra *Guimel* (ג) le sucede la letra *Dalet* (ד), que significa «puerta». Una puerta no es únicamente un lugar de entrada, sino también un lugar donde recibimos a las visitas. Por esta razón, la letra de se relaciona con la recepción. Pero *Dal* significa «pobre», «indigente». *Guimel* (ג) da y *Dalet* (ד) recibe. *Guimel* (ג) vale 3 y *Dalet* (ד) vale 4. Sumados son 7, y corresponden a los siete días de la semana. Apoyándose en el relato del libro del Génesis los cabalistas consideran que el mundo en el que vivimos fue creado en seis días. Al principio existió la voluntad divina de crear el mundo que corresponde a la letra *Guimel* (ג), pero la voluntad, como ocurre con el pensamiento, es algo oculto que sólo conoce su dueño. Para que pueda plasmarse era necesaria la letra *Dalet* (ד), quien la recibe y, en cierto modo, la delimita. De este modo, considera la cábala que el Creador limitó su propia voluntad y se impuso una suerte de autolimitación con el objeto de crear el mundo de acuerdo con su voluntad. La voluntad representada por la letra letra *Guimel* (ג), que los cabalistas denominan «voluntad simple», correspondería al infinito sin límites, conocido en la cábala como *Ein Sof*. La voluntad autolimitada correspondería a lo que se conoce en la terminología zohárica como «coronas» o *Sephiroth*. De este modo, el Creador crea el mundo a través de las *Sephiroth*. Éste es un tema fundamental para la comprensión de los textos de los cabalistas por lo que le dedicaremos una atención especial. El *Ein Sof*, que vendría a ser la fuente de la que manan las *Sephiroth*, es la causa primigenia de todo lo que existe ya que no hay causa superior a él.

Las *Sephiroth*

La cábala sostiene que el origen de todos los orígenes es la luz primordial e infinita, el *Ein Sof*, fuente y origen de todos los deseos, origen también de la realidad en su totalidad que emana del infinito y, revelación tras revelación, paso a paso, se manifiesta en el mundo. Todo lo que vemos y todo lo que no vemos en este mundo, todos los crecimientos ya sean del pasado, el presente o el futuro, proceden de la voluntad divina y la continuidad de su existencia también depende de su voluntad.

Si bien se considera que hay 10 *Sephiroth* para algunos autores serían 40, en correspondencia con los 40 años que el pueblo de Israel deambuló por el desierto o con los 40 días y 40 noches que Moisés estuvo en el Sinaí (*Véase* Éxodo 34:28). Esto es así porque cada una de estas 10 *Sephiroth* puede encontrarse en uno de los cuatro mundos, que corresponden a la letra Dalet (ד), y que son el mundo de la emanación, el mundo de la creación, el mundo de la formación y el mundo de la acción. Se considera que todo lo que está por encima del mundo de la emanación pertenece al infinito, al *Ein Sof*. En el mundo de la emanación se halla la raíz de la conducción del bien y del mal, en correspondencia con el árbol del conocimiento del bien y del mal. Este mundo es una forma superior de la realidad donde la luz infinita se unifica convirtiéndose en unidad.

Fue el deseo del Creador que su voluntad se revelara a través de las 10 *Sephiroth*, *Keter* «la corona», *Jojmah* «la sabiduría», *Binah* «el entendimiento», *Hessed* «la bondad», *Guevurah* «el poder», *Tiferet* «la belleza», *Netzaj* «la victoria», *Hod* «el esplendor», *Iesod* «el fundamento» y *Maljut* «el reino».

Para los cabalistas la relación entre el *Ein Sof* y las *Sephiroth* se asemeja a la relación entre el cuerpo y el alma. Compuesto por muchos miembros órganos, a los que les corresponden funciones específicas, los ojos ven, los oídos oyen, las manos tocan, todos los órganos del cuerpo están regidos por el alma. Ésta es la fuerza concreta e indivisible que les da vida y los activa. A pesar de que es una única fuerza, cuando activa los ojos, vemos y cuando activa los oídos oímos. Del mismo modo cuando el *Ein Sof* activa una *Sephirah* en concreto, se activa la cualidad propia de ésta. Así, cuando se activa *Hessed*, se activa la bondad; cuando se activa *Binah*, se activa el entendimiento o la comprensión. Todas las *Sephiroth* son poderes del Creador y el modelo y ejemplo de cómo se produce la materialización de la creación. Las *Sephiroth* no están separadas del Creador ya que son la luz emanada de él a fin de crear y mantener la creación.

Aplicando el esquema sefirótico al hombre, señalaremos que, excepto *Keter*, todas las *Sephiroth* pueden asociarse con una parte de su cuerpo. *Keter* está por encima de él, lo trasciende. De algún modo podríamos asociar a esta sefirah con la *Kipah*. Como decía un sabio, sirve para recordarnos que hay algo que está por encima nuestro. El simbolismo o el sentido de la Corona es que es a la vez algo que nos trasciende y algo que nos conecta con lo trascendente. Gozar de la Corona, o lo que es lo mismo, conectar con lo trascendente, es lo que nos saca de nuestra condición de mendigos y nos convierte en reyes.

También podemos ver al árbol sefirótico como un plano o un esquema del alma humana, tanto a nivel individual como colectivo. Veremos más adelante cuando hablemos de cada sefirah en particular cómo cada una de ellas corresponde a una fuerza del alma concreta. A nivel colectivo este mapa se aplica a ese alma general, *klalit*, que es Israel. Este tema ya lo desarrolló Moisés Cordovero cuando realizando la suma del valor numérico de la letra inicial de cada una de las *Sephiroth* nos descubre que es 541, o sea la guematria de Israel. Por otra parte, la denominada guematria *Katán* o reducida de Israel (5 + 4 + 1), es 10 y corresponde también a las 10 *Sephiroth*.

Toda la realidad está compuesta o construida por las 10 *Sephiroth*. Cuando dos realidades aparecen distintas entre sí, lo que realmente sucede es que las *Sephiroth* que las componen se diferencian. Cada *Sephirah* está compuesta a su vez por otras 10 *Sephiroth*, un poco como aquellas muñecas o rosas que contienen otras muñecas iguales pero más pequeñas en su interior. Son como coronas dentro de otras coronas.

Un versículo del libro de *Job* (29-26) es a menudo utilizado por los cabalistas:

«*Desde mi propia carne tengo que ver a Dios*».

El texto dice claramente «Mi propia carne», y no «mi alma», lo cual ha sido interpretado como la *Sephirah* de *Maljut*, que, en cierto modo, hace la función de espejo de las otras *Sephiroth* superiores, o si lo preferimos, de la *Sephirah* de *Keter*, «la corona».

Los cabalistas consideran que la *Sephirah* de *Keter* es la *Sephirah* de la voluntad. De su nombre «corona», recibirán también su nombre las demás *Sephiroth*, conocidas también como «coronas». Se trata de la primera emanación o sea la primera revelación o luz que el Creador propagó en su proceso de revelación. Esta luz seguirá haciendo más tenue a medida que es filtrada por las siguientes *Sephiroth*. Uno de los nombres que recibe la *Sephirah* de *Keter* es *Ain*, «nada». La Escritura completa de la palabra *Ain*, «nada», 130, es cinco veces 26, la guematria de Dios, el Tetragrama. Cinco se relaciona con los 5 niveles del alma, *Nefesh, Ruaj, Neshamah, Jaiah* y *Iejidah*. Los cabalistas consideran que la *Sephirah* de *Keter* puede dividirse en dos, apoyándose en *Pirké Avoth* (3,1) que dice: «sabe de dónde vienes y hacia dónde vas». El término hebreo para indicar «de dónde» es *Ain*, «nada». En cierto modo nos está enseñando que partiendo de *Keter* hasta *Maljut* llegaremos a otro *Keter* en otro nivel. También opinan que *Ain*, «nada» tiene cualitativamente mucha más existencia que nada de lo que tenemos en este mundo. El pensamiento no puede captar a *Ain*, «nada», por lo que Job dijo (28:12):

«Pero, ¿sabe la gente dónde encontrar sabiduría? ¿Dónde puede hallar entendimiento? Nadie sabe dónde encontrar sabiduría».

En el texto hebreo, *MehaJojmah MeAin*, que podríamos traducir como «la sabiduría dónde», la palabra que aparece es precisamente *Ain*, «nada».

Después de *Keter* nos encontramos con la *Sephirah* de *Jojmah*, la sabiduría. Si tenemos un deseo o una voluntad, que está en estado embrionario, en forma de proyecto, para poder plasmarlo y realizarlo es necesaria una cierta sabiduría relacionada con él. Éste es el papel de *Jojmah*. Pero hará falta unos límites, que son los que nos aportará la *Sephirah* de *Binah*. *Binah* corresponde a los detalles, a la digestión, porque esta *Sephirah* es la que fija los límites, escudriña, divide, y procesa los datos o la luz procedentes de *Jojmah*. En el *Sefer Yetzirah* (1:4), podemos leer:

«*Comprende con sabiduría y sé sabio* (חכם) *con Entendimiento* (בינה)».

De alguna manera, *Jojmah* y *Binah* se complementan mutuamente y las tres primeras *Sephiroth*, *Keter*, *Jojmah* y *Binah* conforman la dimensión del pensamiento, que precede a la acción. Si bien *Keter* se refiere a aquel que realiza la acción, *Jojmah* y *Binah* hacen referencia a dos estadios de la acción, *Jojmah* al primero y *Binah* al segundo. Esta idea encuentra un apoyo en el libro de los Salmos (104-24):

«*¡Cuán muchas son tus obras, oh Eterno! Hiciste todas ellas con sabiduría* (beJojmá); *la tierra está llena de tu posesión*».

O sea que todas las obras del Eterno, o sea toda la creación, fueron hechas con sabiduría, a través de la Sefirah de *Jojmah*.

La *Torah* comienza y termina por Hessed

Veamos ahora las denominadas *Sephiroth* de la construcción, *Hessed* «la bondad», *Guevurah* «el poder», *Tiferet* «la belleza», *Netzaj* «la victoria», *Hod* «el esplendor» e *Iesod* «el fundamento». Si bien las tres primeras *Sephiroth* estaban en el estadio del pensamiento, las seis que acabamos de mencionar junto con *Maljut*, «el reino», ocupan el estadio de la realización, de la materialización. Las tres primeras corresponden al pensamiento y el principio de la manifestación mientras que las siguientes se enmarcan ya dentro de la acción.

Maljut, «el reino» ya no pertenece ni al pensamiento ni a la realización, ya que se trata de una Sefirah que únicamente recibe y no posee nada por sí misma por lo que el mismo Zohar la relacionará con el mar al que van a parar todos los ríos. *Maljut*, «el reino» corresponde, pues, a la recepción.

Nos enseña el Talmud de Babilonia en el tratado de *Sotah* (14a) que «la *Torah* comienza y termina por *Hessed*. Al principio aprendemos del *Hessed* de Dios para con Adán y su mujer; al final nos encontramos con el *Hessed* de Dios al enterrar a Moisés». Ya vimos que el origen del mundo debemos hallarlo en la *Ratzón* o voluntad divina, y que esta palabra también significa «benevolencia» por lo que podemos asociarla a la *Sephirah* de *Hessed*. *Hessed* no es, como vimos, una *Sephirah* mental sino que implica acción práctica. No basta con querer hacer el bien, hay que hacerlo.

Los *Pirké Avot* (I-2) nos enseñan que:

> *El mundo se sostiene sobre tres pilares: el estudio de la Torah, sobre el Servicio Divino (es decir, la plegaria y los sacrificios) y sobre la práctica de Hessed.*

Cuando en Salmos (89:2) nosotros leemos que *Olam Hessed Ibané*, «para siempre será edificado *Hessed*», los cabalistas leen «el mundo será edificado con *Hessed*», ya que *Olam* significa al mismo tiempo «mundo» y «siempre». El objetivo de la creación es hacer *Hessed* con los seres creados. Si partimos de la base que el Creador es el bien absoluto, cualquier cosa que haga derivará de este bien. Por esta razón, estableció un mundo incompleto y un hombre imperfecto al que se le brindó la opción de escoger entre el bien y el mal, de aumentar la luz o la oscuridad. El Maharal de Praga escribía:

> «Es evidente que cuando una persona realiza un acto de bondad por su prójimo sin esperar una devolución, está realizando un bien hacia el otro. De hecho, no hay bien mayor que cuando se hace un bien para otros por propia voluntad. Al actuar de esta manera el acto es real y verdaderamente un Hessed».

De este modo, con la práctica de la bondad, el hombre se acerca a su Creador. *Hessed* corresponde también a la capacidad de expansión, y por eso se la asocia directamente con la luz, que no queda retenida sino que se expande iluminando a su alrededor. Para los cabalistas esto corresponde al primer día de la creación en el que fue dicho «sea la luz». El segundo día corresponderá a la *Sefirah* antagónica de *Hessed*, *Guevurah*, que se asocia con la limitación, con los límites.

Pardés, el vergel

Si bien hay un número omnipresente tanto en la *Torah* como en el Zohar, éste no es el 7, como suele creerse, sino el 4 que, en cierto modo refleja a las 4 letras del Tetragrama. La palabra *Pardés*, un término que hay que asociar con este número y con el que nos vamos a encontrar en más de una ocasión en el Zohar, pertenece a la misma raíz que en castellano originará la palabra «Paraíso». Según el Talmud (*Jaguigah* 14:b), cuatro grandes maestros se consagraron al estudio esotérico de la *Torah* logrando entrar en el *Pardés*, o sea penetrando sus ocultos secretos. Se trataba de Rabbí Akiba, de Ben Soma, de Ben Assai y de Elisha Ben Abuya, llamado Ajer. Ben Assai vio y murió. Ben Soma vio y se volvió loco; Ajer vio y se hizo apóstata; sólo Rabbí Akiba entró sano y salió sano. El texto talmúdico dice: «entró en paz y salió en paz». Cuando sumamos a sí misma la guematria de la palabra *Shalom*, «paz», 376, obtenemos 752, un número que nos envía directamente a la experiencia que estos cuatro sabios tuvieron en el *Pardés*, sintetizada en Salmos (112:4):

«*En las tinieblas resplandece la luz*».

El valor numérico de esta frase también es 752.

La palabra *Pardés* está formada por cuatro letras: *Pe, Resh, Dalet, y Samej*. *Pe* corresponde a *Pshat*, el sentido literal, el evidente; *Resh* a *Remes*, el sentido alegórico, el simbólico *Daleth* a *Derashah*, la interpretación talmúdica, más profunda, *Samej* a *Sod*, el sentido secreto, el más interior de todos. *Sod* es el misterio, lo que está más allá de nuestro mundo dual, pero inmanente a él. Es el sentido último de la *Torah*. El *Pardés* en el que penetraron los cuatro profesores se interpretó, pues, como la especulación sobre el verdadero sentido de la *Torah* en sus cuatro interpretaciones. En el *Zohar Haddash*, «el nuevo Zohar», podemos leer:

> «*Las palabras de Torah son comparables a una nuez. ¿Cómo hay que entender esto? Al igual que la nuez tiene una cáscara externa y un núcleo interno, así cada palabra de la Torah contiene también un maasé (hecho externo), midrash (explicación alegórica), agadah (interpretación talmúdica) y sod (secreto) y cada uno de ellos representa un sentido más profundo que el que le precede*».

Algunos cabalistas han relacionado estas cuatro interpretaciones de la *Torah* con los cuatro ríos que, según Génesis 2-10, salen del Jardín de Edén, o sea, del Paraíso. El primer maestro habría entrado en el río Pisón. Esta palabra deriva de una raíz que significa «desbordar». La enormidad del secreto al que tuvo acceso lo desbordó. El segundo habría entrado en el *Guichon*, de una raíz que significa «precipitarse o abrirse paso»: se precipitó en unas profundidades para las cuales no estaba preparado. El tercero entró en el río *Chidekel*, palabra que se interpreta como compuesta de *Chad* y de *Kal*, «fino y ágil» y que indicaría la finura y la agilidad de la interpretación talmúdica, *Derasha*. Incluso él, que había accedido a unas profundidades prohibidas al resto de los mortales, no pudo soportar la visión paradisíaca. Según estos mismos cabalistas, el cuarto maestro entraba en el río Éufrates, palabra que procede de la raíz que significa «crecer, multiplicarse, fructificar». Este cuarto maestro era Rabbí Akiba a quien la tradición atribuye el *Zohar*. Señalemos que la palabra Rabbí procede también de una raíz que significa «multiplicar». Para los cabalistas se trata del sentido más interior de la *Torah*, «aquel del que mana la fuente de la vida». Así el rabino, el Rabbí, no enseña algo exterior, como se suele creer, sino que hace crecer y multiplica la sabiduría que está en el interior de sus alumnos, de un modo parecido al verdadero maestro, aquel que dijo «creced y multiplicaos».

Los tres primeros maestros sólo lograron penetrar en la *Torah* de un modo exterior, profano, inadecuado; sólo Rabbí Akiba logró ir hasta el fondo, hasta el interior del paraíso que es la *Torah*. El mismo Talmud, con su característica sutileza, nos explicará por qué fracasaron los tres maestros. El texto dice:

> «*Cuando lleguéis a los lugares de mármol brillante no digáis: ¡Agua, agua!*».

Palabras incomprensibles si no tenemos en cuenta ese viejo proverbio, de origen judío y evidentemente cabalístico que proclama que «las apariencias engañan». Fiándonos de ellas podemos acabar mintiendo sin saberlo. No hace falta estar perdido en medio del desierto para ser víctima de un espejismo. Toda la vida del hombre en exilio del Paraíso, en el desierto de este mundo, no es sino una sucesión ininterrumpida de espejismos (*véase* I-Zohar 26a y 26b).

Para los Sabios decir «agua, agua» significaba permanecer aún en el nivel de lo psíquico, de la dualidad, de lo profano. Recordemos que el número dos, ejemplarizado en la *Torah* por el segundo día de la Creación, simboliza en cierto modo la escisión, la división y corresponde a la *Sephirah* de *Guevurah*, o sea a las limitaciones. Como nos enseña el mismo Zohar, en el relato bíblico cada día es objeto de una bendición (a través de la palabra *Tov*) excepto el segundo. Si la Verdad, *Emet*, con mayúscula, está representada por la Unidad, la Mentira, *Sheker*, pertenece a la dualidad. Por eso el Talmud, cita el *Salmo* 110:7, «quien profiera mentiras no permanecerá delante de mis ojos» para justificar lo que les ocurrió a los tres compañeros de Rabbí Akiba.

El Talmud dice que el primero de los sabios maestros, Ben Azzai, vio y murió. Pero Ben Azzai no era un profano, alguien que intenta apropiarse de lo que no le está destinado, era por el contrario un hombre piadoso. No se trata, como podría parecer a primera vista, de una muerte horrible, pues se trae a colación el versículo 15 del *Salmo* 116 que dice: «Es cosa preciosa a los ojos de IHWH la muerte de los que le aman». Murió por amor, en una experiencia de amor.

El destino de Ben Soma es distinto: halló miel en la *Torah* y «comió más de la cuenta». A él se aplica el *Proverbio* 25:16 que dice: «Si encuentras miel, come lo suficiente; no te hartes y tengas que vomitar». No pudo digerir la experiencia del *Pardés*.

En cuanto a Ajer, el texto dice que «arrancó brotes verdes». Si bien se podrían escribir libros enteros sobre qué significa «arrancar brotes verdes», la interpretación tradicional es que se hizo apóstata e intentó arrastrar en su error a jóvenes estudiantes.

Sólo Rabbí Akiba no cayó en la ilusión, en el espejismo de las apariencias: «Aquel que no sabe separar la ilusión de la verdad, no es digno de acercarse a la Gloria de Dios» declaran los cabalistas al unísono. Todo intento, toda tentativa que trate de forzar la entrada en el Paraíso y que no vaya acompañada por la pureza del corazón y la luminosidad de la mente, están de antemano condenados al fracaso. Si para realizar un viaje en este mundo es necesario prepararse, para el viaje al *Pardés* la preparación es aún mayor.

Torah oral y *Torah* escrita

En diversos lugares el *Zohar* nos enseña que existe una *Torah* oral y una *Torah* escrita; se trata también de una *Torah* visible y de una *Torah* invisible. A pesar de ser una, la *Torah*, la Ley, puede considerarse doble: oral y escrita. Moisés recibe en el Sinaí la *Torah* en forma escrita (*Torah Shebijtav*) y en forma oral (*Torah Shebealpeh*); la *Torah* escrita está llena de giros idiomáticos y expresiones misteriosas que sólo podrán comprenderse en base a las enseñanzas de la *Torah* oral.

Un relato conocido talmúdico (*Niddah* 30b) nos enseña:

> «*Rabbí Simlai explicó lo siguiente: ¿A qué se parece un Embrión en el vientre de su madre? A un documento doblado (plegado). Tiene las manos sobre las sienes, los codos contra las piernas y los talones contra las nalgas. Su cabeza reposa entre sus rodillas, su boca está cerrada y su ombligo abierto. Come de lo que come su madre y bebe de lo que bebe su madre.*
> *No hace excrementos, pues de otro modo mataría a su madre. En cuanto sale al aire libre, los órganos que estaban cerrados se abren y los que estaban abiertos se cierran: si no fuera así, el niño no podría vivir ni siquiera un rato. Una lámpara arde sobre su cabeza (cuando está en el vientre de la madre) y contempla el mundo de una extremidad a otra, tal como fue dicho:*
>
> «*Haciendo brillar su lámpara sobre mi cabeza; hacia su luz yo caminaba en la oscuridad*». (Job 29:3)
>
> *Que no te extrañe: ve, una persona puede tener un sueño que tenga lugar en España, mientras que ella está allí. No hay morada más feliz para el hombre, pues ha sido dicho:*
>
> «*Quien me diera como los meses de antaño; como los días en que Dios nos guardaba*». (Job 29:2)
>
> *¿Cuál es, en efecto, la época que se cuenta en meses y no en años? ¡El embarazo! Al embrión le es enseñada toda la Torah, ya que ha sido dicho:*
> «*Y me instruyó y me dijo: que tu corazón retenga mis palabras; cuida mis mandamientos y vivirás*». (Proverbios 4:4)

Y también:

> «Cuando la intimidad de Dios estaba sobre mi tienda» (Job 29:4).
> ¿Cuál es la utilidad de esta última cita? Es que podrías pensar que se trata únicamente del (caso de un) profeta. Escucha, pues:
>
> «Cuando la intimidad de Dios estaba sobre mi tienda» (Job 29:4).
>
> A partir del momento en que el niño viene al mundo un ángel se le acerca y le da un cachete en la boca que le hace olvidar la Torah entera, ya que ha sido dicho:
>
> «El pecado tumbado» (Génesis 4:7).
>
> (El niño) no sale del vientre materno hasta que ha prestado juramento, ya que ha sido dicho:
>
> «Toda rodilla se doblará ante mí, toda lengua jurará». (Isaías 45:23)
>
> «Toda rodilla se doblará ante mí» es una alusión al día de la muerte ya que:
>
> «Delante de él se inclinarán todos los que desciendan al polvo». (Salmos 32:30)
>
> «Toda lengua jurará» alude al día del nacimiento ya que ha sido dicho:
> «El limpio de manos y puro de corazón, el que no invoca en vano y no ha jurado para engañar». (Salmos 24:4)
>
> ¿Y qué juramento se exige (del recién nacido)?

Se le dice:

«*Sé un justo y no un malvado; incluso si el mundo entero te dice que eres un justo, considérate como un malvado. Has de saber que el Santo, bendito sea, es puro, que sus oficiantes son puros, así como el alma que te he dado. Si la conservas pura, muy bien; si no, la tomaré de nuevo.*»

¿Cómo podemos recuperar esa *Torah* perdida? A través del estudio. El estudio de la *Torah* es, como sabemos, la base de la práctica cabalística: se ha recibir la *Torah* como Moisés en el Sinaí, como Esdras en la montaña. Es necesaria también una gran humildad y pureza de corazón, virtudes que caracterizaban a Moisés, pues la *Torah* es comparada con el agua «que es modesta porque va de arriba abajo».

La *Torah* también es como una fuente inagotable que ninguna vasija puede contener. La suma de enseñanzas que contiene es infinita y ningún hombre, por sabio que sea, puede abarcarlas todas. La palabra «vasija», en hebreo *Kad*, tiene un valor numérico de 24, lo cual quiere decir que ni siquiera los 24 libros en que se divide el canon bíblico según la tradición judía pueden agotar la profundidad de enseñanzas de la *Torah*.

La *Torah* escrita, *Torah Schebijtav*, es el texto sagrado que el hombre ha recibido de Dios, pero es un libro «sellado por dentro y por fuera», un libro cerrado. Al hombre le corresponde, pues, con la ayuda de la *Torah* Oral, la *Torah* celeste, abrirlo y leerlo al descubierto. El Libro Divino puede entonces, a su vez, abrirse al hombre y revelarle su secreto, ya que sus letras han sido vivificadas por la luz, por el espíritu. Porque la *Torah* Oral es una luz, una vela, una lámpara, etc. Con todo, el *Sepher ha Bahir* (cap. 99) afirma que:

«*Así es la Torah Oral: aunque sea una lámpara, necesita de la Torah escrita para resolver sus dificultades y explicar sus misterios.*»

Esto es así porque nuestro sistema cognitivo funciona por contraste. Vivimos en el mundo de la dualidad y para poder ver una forma hemos de tener un fondo, para conocer el placer hemos de haber conocido el dolor.

> «Así la Torah escrita no puede adoptar una forma material más que gracias a la fuerza de la Torah Oral; o sea, que no podría ser comprendida enteramente sin ésta, del mismo modo que la misericordia divina no puede ser percibida y alcanzada más que gracias al rigor».

La Presencia divina, la *Shekinah*

> «*No es bueno que el hombre esté solo*, voy a hacerle una ayuda semejante a él». (Génesis 2:18)

Esta conocida frase del *Génesis* se nos presenta como el punto de partida de una de las doctrinas más apasionantes en el seno de la Cábala con la que nos encontraremos a cada rato en el Zohar: la de la *Shekinah*. Pero, ¿qué es la *Shekinah*? o, mejor dicho, ¿quién es la *Shekinah*?

«El autor de los *Tikkunim* -escribe el estudioso G.G. Scholem- identifica la *Shekinah*, la presencia de Dios considerada como la última emanación de las diez *Sephiroth*, con la *Torah* en su manifestación y plenitud.» Cuando el texto bíblico habla de «la faz de Dios» se refiere siempre a la *Shekinah*. La *Shekinah* es la «presencia de Dios». Esta palabra procede de la raíz *Shakan*, «establecerse, residir, morar.» La *Shekinah* es, pues, «la que reside», es la «presencia divina», la Sabiduría del *Libro de los Proverbios*.

Para los cabalistas, esta «ayuda semejante a él», el complemento del hombre, su «media naranja», es la *Shekinah*, la *Torah* que le entregará las llaves que han de abrirle las puertas del mundo futuro; por esta razón, el cabalista se dedica noche y día en su estudio. Señalemos que, también según los *Tikkunim* (102 d), la *Shekinah* es el *Pardés ha-Torah*, el Paraíso de la *Torah*. La palabra *Pardés* significa literalmente «vergel de naranjos». No podemos extendernos aquí a propósito del simbolismo de la naranja, «la manzana de oro» como la llaman los hebreos, pero señalaremos que la expresión popular «media naranja» tiene un origen cabalístico incontestable.

Como dice el *Zohar* (I-168 a):

> «*Quienquiera que se consagre al estudio de la Torah, atrae a sí la vida de arriba y el Santo, Bendito sea, le hace entrar en el mundo futuro*»

La «vida de arriba» es, evidentemente, la *Shekinah*, la *Torah* celeste, como nos indica el libro de los Proverbios (5:20 y 22):

> «*Hijo mío, atiende a mis palabras... que son vida para quien las acoge.*»

Esta *Torah* es, también, el verdadero alimento del verdadero hombre, la vida que alimenta a la vida, aquel del que, con palabras harto enigmáticas nos hablaba el Génesis (9:3):

> «*Todo cuanto vive os servirá de alimento.*»

Y, ¿qué es lo que vive, lo que está vivo? La *Torah*. El alimento espiritual del cabalista está en las palabras de la Escritura, de la *Torah*. Éstas son, nos enseñan los sabios, como un *maná* que cambia de sabor según quien lo come, pues estas palabras cambian de sentido según quien las lee. Son el alimento de su vida interior, el verdadero alimento celeste. El Talmud (*Mekhiltá*, 17) insiste en la relación entre la *Torah* y el *maná*:

> «*La Torah sólo fue dada a aquellos que recibieron el maná*».

Por otra parte, en el tratado de *Iomá* (75b) se describe la diferencia que tenía el *maná* para los justos, para la gente ordinaria y para los malvados. Comentando el versículo bíblico: «tenía el gusto de un pastel de aceite» Rabbí Abahú dijo que al igual que el recién nacido cada vez que toma el pecho de su madre percibe un gusto distinto, así también los hijos de Israel, cada vez que comían el *maná* le encontraban un gusto distinto. En hebreo esta comparación tiene más sentido pues se está haciendo un juego de palabras entre *lechad* «pastel» y *chad*, «seno». Resumiendo, el provecho que podamos sacar de la lectura de la *Torah* no sólo depende de cada uno de nosotros, sino que también va variando a medida que nosotros cambiamos.

Si el Santo, Bendito sea, recibe en el Zohar en nombre del Rey, la *Shekinah* es la Reina, la Princesa o la Esposa del Rey. Rey y Reina, Esposo y Esposa, son el «macho» y la «hembra» de cuya unión unitiva nos habla el *Zohar* (III-7 b):

> «Se llama «Uno» a la unión del Macho y de la Hembra; y sólo cuando la Hembra está unida al Macho puede emplearse esta palabra: Uno».

Pero la unión mística del principio masculino con el femenino simboliza también en el *Zohar* (III-26 a) la unión entre la *Torah* oral y la *Torah* escrita a la que ya hemos hecho referencia, o incluso a la reunificación del Nombre de Dios.

Es la unión del Cielo y de la Tierra. La *Torah* que lee el cabalista, es como un vestido de la *Torah* celeste o *Shekinah*, en el que ésta se disfraza y oculta. Sin este vestido, no podríamos tener acceso a ella; sin él, ella no podría llegar hasta nosotros.

La *Torah* celeste, secreta, es luz, como nos dice el Libro de los Proverbios (6:23): «Y la *Torah* es Luz». Afirman los textos que gracias a esa luz Adán era capaz de contemplar el paraíso de un extremo al otro (*véase* Talmud, tratado de *Jaguigah* 12a).

En nuestro estado caído somos incapaces de soportar la luz en toda su pureza. Sólo podemos verla oscurecida y de cuando en cuando, en pequeñas dosis. Pero, a medida que van aumentando en cantidad y calidad estas dosis, aumenta también nuestra capacidad para soportarla y disfrutarla. Sin embargo, sólo el sabio cabalista es consciente de ello y busca noche y día la luz de la *Torah* perdida por Adán.

El Justo, mediante sus buenas acciones y su estudio profundo, mediante una vida cotidiana orientada hacia la pureza de la vida, contribuye a aclarar la *Shekinah* que, a pesar de ser negra a causa de la caída, no deja por ello de ser hermosa, como parece indicarnos la Esposa del Cantar de los Cantares.

También se ha comparado la *Torah* o la *Shekinah* al Árbol de Vida del paraíso. Un magnífico pasaje del *Zohar* nos habla de él en estos términos:

> «Un poderoso árbol rodeado de grandes ramas concede alimento a los pájaros y a los hombres aquí abajo... El árbol es visible mientras es de día, y está oculto cuando es de noche... El mundo de aquí abajo no ejerce su poder más que cuando las tinieblas lo cubren y las puertas que lo rodean y comunican con el mundo celeste están cerradas».

¿Qué sentido tiene hoy en día el estudio de la cábala?

Si bien, como señala el rabino Michael Laitman, autor de una autorizadísima «Cábala para principiantes», «el estudio de la cábala ha cambiado radicalmente con el paso de los años», esta sabiduría ancestral inseparable de la *Torah* y de Israel se encuentra en la actualidad expuesta a los ojos de todos. Libros, cursos y seminarios presenciales o por Internet están al alcance de todos los públicos. Pero, ¿se trata de la cábala verdadera o de una mera vulgarización de una sabiduría que requiere algo más que asistir a un cursillo o leer un libro? ¿Todos los maestros que dicen enseñar cábala se apoyan en los textos y las fuentes tradicionales? Desgraciadamente, no. Rotundamente no.

Intentando reducir lo irreducible a fin de contestar a esta pregunta, diremos que el hombre tiene una misión en esta vida. Esta misión tiene que ver consigo mismo, con lo más profundo de sí mismo, y con la divinidad, con su Creador. Para realizar esta misión se nos ha dado la vida, pero también la *Torah*, que es una suerte de manual de instrucción para la vida. No está en nuestras manos completar esta misión, pero tampoco estamos libres de abstenernos, como nos enseñan los Pirké Avot (II-21):

> «*No depende de ti acabar el trabajo, pero no puedes abstenerte de él*».

La Cábala se aprende directamente de Dios o de un maestro, y se practica en la vida de cada día, en el estudio y la oración cotidianos. Por regla general, las obras de los sabios cabalistas no desarrollan planteamientos o razonamientos más o menos interesantes intentando enseñar a los ignorantes los arcanos de la Cábala, como podría parecer desde fuera, sino que aluden a ella, presuponiéndola recibida y aceptada. Nosotros tenemos la llama y el estudio hace que ésta crezca. El cabalista busca un modo de vida en el que coloca su cotidianidad en armonía con el Creador, a fin de restablecer la unión que existía originariamente entre el Creador y el mundo, recobrando así el estado de antes de la caída. El estudio de los libros, más que conducir al saber, apunta a hacerle consciente de su cósmica ignorancia, de su descomunal impotencia, orientándolo hacia el Creador, fuente de toda sabiduría.

Por esta razón, cuando leemos pasajes oscuros del Zohar que no entendemos o no creemos entender, no hemos de preocuparnos. Nuestra alma sí entiende.

Los editores

LA IMPORTANCIA DEL ESTUDIO DE LA CÁBALA

Aquellos que opinan que no es necesario estudiar Cábala, y tampoco quieren que los demás la estudien, y mantienen que sólo existe el sentido llano de la *Torah* y del Talmud… son considerados como si hicieran retornar al mundo al caos original, y provocan la pobreza en el mundo y prolongan los días del exilio.

> Bienaventurada la porción de quien conoce los secretos de su Hacedor, de quien Lo conoce a Él del modo correcto. Porque ellos comerán su porción en este mundo y en el Mundo Venidero…
>
> *Tikúnei Zohar, Tikún 43*

Debes saber que el versículo: «Y lo amparará porque conoce Mi Nombre» (Salmos 91:14), se refiere al secreto del estudio de la Sabiduría de la Cábala. Y quien no vio la Luz de esta Sabiduría no ha visto luces en su vida, porque recién entonces entenderá y comprenderá el secreto de Su Unicidad y el secreto de Su Providencia, y comprenderá lo referente a los Nombres y descripciones mencionados en la *Torah*, todo lo cual se escapa de la sabiduría filosófica.

¡Feliz el ojo que ha visto todo esto! Y considerando que hay muchas personas que se apartan de esta Sabiduría, es importante que sepan que todo el que se aparta de ella se retira de la vida espiritual eterna.

Rabbí Ishaiahu Horwitz,
Shnei Lujot Habrit, Asará Maamarot

Qué felices somos y qué buena es nuestra porción por haber merecido contar con el libro de El Zohar, el cual no tuvieron en sus manos los Sabios anteriores… quienes a pesar de haber conocido esta Sabiduría, no probaron de su miel ya que en sus días aún no se había revelado.

Y que no te sorprenda que este hecho, ciertamente, no se reveló hasta esta última generación en la que nos encontramos. Porque una prueba de esto encontré en el *Sefer HaTikunim* (24:1): «Le dijo el profeta Eliahu a Rabbí Shimón: Rabbí, Rabbí, bienaventurado eres, que de éste, tu libro, se sustentarán grupos de entes superiores, hasta que al final de los tiempos se revele también a los entes inferiores, tal como está escrito: «devolveréis cada hombre a su patrimonio ancestral y cada hombre a su familia» (Levítico 25:10).

He aquí que se aclara en este pasaje que El Zohar estaría oculto, y que durante este período habrían de gozar de él los entes superiores, es decir, los ángeles, hasta el final de los días, tiempo en el que también se revelaría a los entes inferiores. Y por el mérito de quienes se ocupan de él vendrá el Mesías, porque entonces la Tierra se colmará de conocimiento por su causa, y entonces esto provocará la llegada del Mesías…

Rabbí Ishaiahu Horwitz,
Shnei Lujot Habrit, Asará Maamarot

Y tal como Israel no fue redimido de Egipto hasta que El Creador los santificó a través de la sangre del sacrificio pascual y la sangre de la circuncisión, así también la Redención futura no sucederá sino cuando se agregue esta Santidad (la que se añade a través del estudio de El Zohar), y ésta es la voluntad de El Eterno, y feliz quien lo merece.

Rabbí Ishaiahu Horwitz,
Shnei Lujot Habrit, Asará Maamarot

No caben dudas de que el que se ocupa de los secretos de El Eterno provoca que los ángeles alaben al Creador, lo que no induce quien se ocupa del resto de las partes de la *Torah*.

Rabbí Moshé Cordovero,
Or Neerav, cuarta parte

Cuando la persona entienda el nivel del *sod* correctamente, poseerá absolutamente todo (es decir, los cuatro niveles del *Pardés*): el *pshat*, el *remez*, el *drash* y el *sod*. Pero todo el tiempo que no comprende el *sod*, incluso el nivel llano –*pshat*– no lo tiene claro.

Gaón de Vilna,
Comentario a Proverbios 2:9

La necesidad de esta Sabiduría es grande. Al comienzo te diré que nosotros estamos obligados a conocerla porque se trata de un precepto, pues está escrito: «Y lo conocerás hoy y lo asentarás en tu corazón que El Eterno es Dios, en los Cielos, arriba, y sobre la Tierra, abajo. No hay otro» (Deuteronomio 4:39). He aquí que debemos conocerlo, y no sólo a través de la fe, sino con argumentos que se asienten en el corazón...

Por lo tanto, son dos las cosas que debemos conocer: que el Señor Único es quien supervisa y dirige todo, tanto en los mundos superiores como en los inferiores. Y la segunda, que no hay otro Dios, es decir, conocer Su verdadera unicidad. Estos dos temas deben ser conocidos, y he aquí que debemos saber que El Creador es quien dirige todo, y llegar a conocerlo de un modo claro, y que se asiente en nuestro corazón.

Mas a partir de la Sabiduría del sentido llano de la *Torah* –*pshat*– no podremos entender esto, porque el sentido llano de la *Torah* se refiere sólo a los preceptos, al modo de cumplirlos y a todas sus leyes; o al relato de los hechos sucedidos, que son mencionados en ella. Y he aquí que éstas son las dos partes que componen el sentido llano de la *Torah*. De la primera parte ciertamente no podremos aprenderlo, porque el cumplimiento de los preceptos y sus leyes no viene a enseñar acerca del Creador ni de Su perfección... pues refiere al acto y no al conocimiento.

Y si dices que al reflexionar acerca de los relatos bíblicos llegarás a esta conclusión, he aquí que entonces se requiere de una profundización diferente, que explique de qué modo estos actos fueron realizados de acuerdo con la Supervisión suprema a través de una profunda Sabiduría. E incluso cuando quieras extraer de estos relatos extraordinarios la conclusión que debido a que se efectuaron estas maravillas El Creador necesariamente supervisa y actúa, esto no será más que una comprensión intelectual, mas esto no implica que tú lo conoces a través del conocimiento y la sabiduría que es realmente así y que has llegado a entender de modo verdadero toda la conducción del mundo y sus caminos...

Y he aquí que el precepto es: «Y lo conocerás hoy y lo asentarás en tu corazón», es decir, conocer y asentar en el corazón, lo cual refiere a conocer a través de la Sabiduría concreta que esto es realmente así, que todo lo que existe en el mundo viene a revelar la conducción del Creador, y que todo es bello y correcto. Y no sólo por medio de la fe sino del conocimiento, entendiendo y comprendiendo que así es, y que ciertamente es bello y correcto. Y a esta conclusión no podrás llegar jamás a partir de los relatos. Además, a partir de los relatos aprenderás que en aquellas ocasiones El Creador actuó así en Su mundo, pero no por esto entenderás que siempre la conducción de la naturaleza es similar. Y por el contrario, el renegado podrá aducir –Dios no lo permita– que los milagros provienen del Creador, mas que los hechos naturales no surgen de Él sino que permite que los hechos sucedan de un modo natural, sin Su supervisión.

Y si dices que a estas conclusiones puede llegarse a partir del conocimiento de la naturaleza... por el contrario, ellos dirán que el mundo actúa de acuerdo a leyes que no son supervisadas por El Creador.

Pero aunque a partir de todo esto no logres llegar a estas conclusiones, todavía recae sobre ti el cumplimiento de este precepto, y se debe encontrar un modo de cumplirlo. Y el modo no es otro sino a través de la Sabiduría de la Cábala, porque ella es la que revela y enseña de modo verdadero acerca de la Supervisión, y todo lo que depende de esto. Y esta Sabiduría nos enseña acerca de Su unicidad en todos los aspectos posibles, ya que toda su intención no es otra que esta: enseñar la Unicidad Suprema del modo correcto. Y enseñar que todo lo que fue, es y será, todo es supervisado por El Creador a través de una supervisión individual, explicando los modos de tal conducción, y aclarando así todos los hechos. Es decir, las criaturas que existen en el mundo y todo lo sucedido con ellas, desde el primer día de su existencia hasta el último.

E incluso si no hubiésemos sido ordenados al respecto, deberíamos ir detrás de esta Sabiduría para acallar a nuestros pensamientos, para aclarar nuestro camino, para salvarnos del Mal Instinto y de su confusión maligna. Porque lo que él coloca siempre ante nuestros ojos es la aparente demostración de que el mundo marcha en dirección al caos, al vacío, guiado por fuerzas casuales, como si no existiesen Juicio ni Juez. Y ya el rey Salomón lo enseñó en el libro del Eclesiastés, el cual comienza refiriéndose a la «vanidad de vanidades», y en el que aprehendió todo lo relacionado con este mundo y todos los errores de los hombres que se apartan del camino recto, y todo debido a que no conocen la verdad. Y he aquí que de acuerdo con lo que nuestros ojos ven, todo el que se esfuerza más en el campo del comercio, él es quien se enriquece, y quien logra reunir dinero es el más honorable. Y vemos que una cantidad enorme de esclavos montan sobre sus caballos mientras los príncipes marchan como esclavos tras ellos, y los dueños de la Sabiduría son humillados y avergonzados mientras los demás gozan de vidas calmas y tranquilas...

Es verdad que acerca de esto se ha dicho: «Y el justo vivirá gracias a su fe» (Habakuk 2:4). Pero si se encontrara una Sabiduría que aclarara todo lo anterior de modo satisfactorio, explicándolo correctamente y demostrando que todo proviene de El Eterno y es para bien, y dilucidara de qué modo es así, ¿acaso sería escasa su utilidad? ¡La perseguiríamos de todos los modos posibles!

Además nosotros servimos al Creador. Y si bien es verdad que no se debe buscar el significado de los preceptos sino cumplirlos con los ojos cerrados, verás que la mente humana no puede aceptar ser puntillosa en los detalles de los preceptos que le resultan irrelevantes. Y ya enseñaron nuestros Sabios (Talmud, Berajot 6): «Se trata de temas que se encuentran en el ápice del mundo y que los hombres desprecian». Por ejemplo… enseñanzas tales como «el que come tres comidas durante el Shabbat se salva del juicio del Infierno» (Talmud, Shabbat 118a); «y el que pronuncia el salmo 145 cada día se le asegura un lugar en el Mundo Venidero» (Talmud, Berajot 4b); y que el *lulav* debe ser balanceado precisamente en seis direcciones, y del modo exacto como nos fuera enseñado, aunque la *Torah* no enseñara al respecto sino «y tomarán para ustedes el primer día», y muchos casos como éstos. Y ciertamente que los Sabios dieron explicaciones, mas los corazones del pueblo de Israel que quieren entender en mayor profundidad no se conforman, y la Sabiduría de la Cábala es la que aclara todo esto, y enseña qué es el servicio, y hasta dónde llegan sus detalles, y cómo cada cosa pequeña, aquí abajo, se expande en las Alturas y hace temblar a todos los Mundos Superiores.

Por lo tanto, el hombre debe atender esta Sabiduría ya que ciertamente ésta es la utilidad de la misma.

Ramjal,
Miljamot Moshé, Klal 1

Ahora que se ha revelado la Sabiduría de la Cábala y se ha difundido entre todos los Sabios de Israel, la cual recibimos como herencia de Moisés, quien a su vez la recibió directamente del Creador, todo el que la niega y duda de ella es un blasfemo. Ya que reniega de una de las partes de la *Torah* Oral, y se aparta entonces de la fe de Israel.

Rabbí Ishaiahu Horwitz,
Shnei Lujot Habrit,
Asará Maamarot

PREPARACIÓN ADECUADA PARA EL ESTUDIO DE LA CÁBALA

Resumimos a continuación algunas enseñanzas acerca de la preparación que todo aprendiz del estudio de la Cábala debe tomar en cuenta.

1. Rabbí Moisés Cordovero (1522-1570)

Condiciones necesarias para el estudio

— Primero: una persona debe prepararse para ser apta para entrar a este Palacio. Ya que verdaderamente no todo el que quiera vestirse con ropajes de gloria y servir con Santidad puede hacerlo, Dios lo prohíba. Sino que antes corresponde despojarse del orgullo que le impide aprehender la verdad. Y debe dirigir su corazón en dirección a los Cielos para no cometer error alguno.

— Segundo: debe estar acostumbrado al estudio profundo, para lograr distinguir entre las enseñanzas y las parábolas, y así poder captar lo que busca enseñar esta Sabiduría.

— Tercero: debe ser un amplio conocedor de las leyes del Talmud, y de la explicación de los preceptos divinos de acuerdo con el sentido llano, de acuerdo con lo enseñado por Maimónides.

— Cuarto: debe ser un amplio conocedor de la Biblia, para de este modo completar su conocimiento de la Biblia y la Mishná de un modo apropiado.

Además, debe purificar su pensamiento de las vanidades y los placeres del mundo, hasta donde hoy esto puede llegar a hacerse. Y entonces ciertamente se le abrirán los pórticos de la Sabiduría.

No cabe duda de que no corresponde que una persona se introduzca en el estudio de esta Sabiduría si aún no ha contraído matrimonio y no ha purificado sus pensamientos. Y si me preguntas: ¿pero hay muchas personas que han estudiado antes de esto? Te responderé que no todas las mentes son iguales.

A partir de qué edad se puede estudiar

También deben alcanzarse por lo menos los veinte años. Para llegar al menos a la mitad de la edad que se considera la edad de entendimiento –*biná*. Y si bien hay quienes lo explican que no se debe estudiar esta Sabiduría hasta que la persona llega a los cuarenta años, nosotros no estamos de acuerdo con esta enseñanza, y muchos actuaron de acuerdo con nuestra opinión y han tenido éxito. De todos modos, todo debe medirse de acuerdo con la pureza de corazón, tal como se ha explicado.

Cuándo estudiar

Ciertamente el hombre puede estudiar cada día. Sin embargo, los tiempos más aptos para aprehender la profundidad de esta Sabiduría son las largas noches, a partir de medianoche, o durante el día de Shabbat, ya que el tiempo influye. Y así también la noche del Shabbat, a partir de medianoche, y los días festivos. Y claro que durante la festividad de Shavuot, ya que lo he probado muchas veces y lo encontré un día exitosamente maravilloso; y los días de la festividad de Sukot, dentro de la cabaña –*suká*–, porque allí también se puede alcanzar un gran éxito. Y estas horas mencionadas fueron probadas por mí y hablo a partir de mi propia experiencia.

Or Neerav, 3,1

Acerca del modo de estudiar

El estudiante de esta Sabiduría debe combinar el temor y la alegría, tal como está escrito: «Alégrense con temblor» (Salmos 2:11). Y a estas dos cualidades debe sumarse la humildad. Y el sentido de estas tres condiciones en la misma persona es el siguiente: a) Debe experimentar el temor de equivocarse y pecar, considerando que está ocupado del corazón de la llama; b) Debe sentir alegría porque el estudio de la *Torah* ciertamente depende de ella; y c) La humildad se encuentra por encima de las dos cualidades anteriores, y debe considerar y decir: «¡Quién soy yo y qué es mi vida para que yo me ocupe de los misterios de la divina *Torah*!». ¿Y quién puede ocuparse de las cualidades del Rey mientras Él escucha, y no avergonzarse?

Y me parece que también debe sumar una cualidad a las tres anteriores, y es la preocupación por los años incorrectos de su juventud. Y también el arrepentimiento de los actos pasajeros que son como una cortina que un tanto separa...

Y la persona debe confesarse siempre con el corazón contrito por sus pecados, y ciertamente que esto sirve para quitar las cáscaras o *klipot*.

Se debe poseer un gran temor por esta Sabiduría, y más si se la estudia de pie. Y se requiere de un gran amor por ella. Y escuché que los Sabios de antaño solían sentarse sobre el suelo cuando enseñaban esta Sabiduría a sus alumnos para transmitirles el espíritu del sometimiento y el temor.

Or Neerav, 3:2

De quién estudiar esta Sabiduría

Además se debe enseñar en particular a los aprendices de esta Sabiduría que no la estudien sino de quien se comporta de acuerdo con las cualidades antes mencionadas, excluyendo la secta de los errados y los pecadores, de quienes no se debe aprender. Porque yo les prometo que no encontrarán nada en sus manos, y es mucho el peligro que se corre, el peligro de las creencias pervertidas, tal como vemos que muchos se equivocan en esto, y es la razón por la que marchan tras estas sectas.

También se debe procurar aprender esta Sabiduría de quien se comporta en el camino de la rectitud, en la medida de lo posible, ya que en su mano fueron entregados los secretos de su maestro. Y no se debe marchar detrás de quien se vanagloria de sus conocimientos. Y esto lo comprobé muchas veces.

Sobre el método de estudio

Quien estudia los libros que enseñan esta Sabiduría debe tomar en cuenta dos cosas: la primera es repetir lo escrito muchas veces, y armarse de un método para recordar su contenido. Mas la primera vez no debe profundizar en demasía. La segunda es estudiar el contenido tan profundamente como pueda.

Y aunque vea el estudiante que profundiza en su estudio y no entiende, de todos modos no debe interrumpir su estudio... Porque tal como un padre enseña a su hijo, así El Creador le otorga el mérito de ocuparse de este estudio muy despacio. Y esto lo he probado innumerables veces.

Y si tiene una duda sobre algún punto de esta Sabiduría, debe aguardar, porque con el paso de los días se le aclarará el tema en cuestión. Y la principal recompensa de ocuparse de esta Sabiduría es el regalo de los secretos que se le revelan a la persona con el paso del tiempo.

2. Rabbí Jaim Vital (1542-1620)

Condiciones para el estudio

Una persona no debe decir: «Iré y me ocuparé del estudio de la Sabiduría de la Cábala» antes de ocuparse del estudio de la *Torah*, la Mishnah y el Talmud. Porque ya enseñaron nuestros Sabios: «Un hombre no debe ingresar al *Pardés* sin antes haberse colmado de carne y de vino». Porque esto sería similar a un alma sin cuerpo, la cual no tiene recompensa hasta estar unida a un cuerpo que alcance la perfección, corregido por el cumplimiento de los preceptos de la *Torah*.

Y lo mismo sucede con el caso opuesto: si la persona se ocupa de la Mishnah y del Talmud sin tomar parte de los secretos de la *Torah* y de sus misterios. Porque sería como un cuerpo sentado en la oscuridad, sin un alma divina que ilumine su interior, de modo que el cuerpo se seca y deja de aspirar de la Fuente de Vida...

Porque los eruditos de la *Torah* que se ocupan del estudio de la *Torah* por el valor del estudio mismo y no para alcanzar la fama, deben ocuparse en un principio de la Sabiduría bíblica, la Mishnah y el Talmud, tanto como ellos puedan, y después deben ocuparse de conocer al Hacedor a través del estudio de la Cábala. Tal como ordenó el rey David a su hijo Salomón: «Conoce al Dios de tu padre y sírvelo» (1 Crónicas 28:9).

Y si la persona sintiese cierta pesadez y dificultad en lo referente a sus posibilidades de profundizar en el estudio del Talmud, entonces es preferible que lo deje tras probar su suerte en este estudio y que se ocupe de la Sabiduría de la Cábala, tal como está dicho: «Todo erudito de la *Torah* que no ve buenos signos en su estudio del Talmud durante cinco años, ya no los verá» (Julín 24a).

A través del cumplimiento de los preceptos prácticos, su cuerpo debe estar límpido al comenzar a estudiar pues su objetivo es precisamente éste... Y después podrá el alma denominada «La vela de El Eterno es la alma del hombre» (Proverbios 20:27) iluminar en su cuerpo, tal como una vela colocada dentro de una vasija de cristal, y le posibilitará entender los secretos de la *Torah*.

Shaar Haakdamot,
Introducción

Quien escribe estas palabras jura en el gran Nombre del Bendito que todo al que llegue en sus manos estos textos (en referencia a los escritos de su maestro, el Arí Hakadosh) y los estudie, y asuma el compromiso de cumplir todo lo aquí escrito, que El Creador no permitirá que ningún daño le suceda a su cuerpo, a su alma, y a todo lo que posee.

Y aquel que viene a purificarse debe ante todo alcanzar el temor a El Eterno ante la posibilidad de ser castigado. Pues el temor motivado por la grandeza del Creador, el cual es considerado el temor más interior, no se lo podrá alcanzar sino hasta conocer la grandeza de la Sabiduría.

Y la principal tarea de esta Sabiduría es quitar «las espinas del viñedo». Y por supuesto que se despertarán contra él las *klipot* para tentarlo y para hacerlo pecar. Por lo tanto debe ser muy precavido en no cometer incluso una trasgresión involuntaria, para que ellas –las *klipot*– se aparten por completo de él. Y también debe ser cuidadoso con los más mínimos detalles, ya que El Creador es muy puntilloso con los justos. Por esta razón, debe alejarse de la carne y el vino durante los días de la semana, y tomar en cuenta tres aspectos: alejarse del mal, hacer el bien y perseguir la paz.

Perseguir la paz:

Debe perseguir la paz, y no ser meticuloso con los miembros de su casa ni sobre algo pequeño ni sobre algo grande, y sobra aclarar que no debe enojarse, Dios no lo permita.

Alejarse del mal:

Debe ser muy cuidadoso en los detalles de los preceptos, e incluso en lo referente a lo enseñado por los Sabios.

Debe procurar corregir lo corrupto antes de llegar al Mundo Venidero.

Debe ser muy cuidadoso en todo lo referente al enojo, e incluso al amonestar a sus hijos no debe enojarse.

Debe también cuidarse del orgullo, y en particular en todo lo referente a la Ley –*Halajá*.

Debe revisar sus actos y retornar a El Eterno cuando cualquier desgracia lo acose.

Debe realizar un baño de inmersión, de acuerdo con sus necesidades.

Debe mantener sus relaciones íntimas con el espíritu del cumplimiento del precepto bíblico y no con la intención del disfrute personal.

No debe dejar pasar una noche sin hacer un balance personal de lo hecho durante el día y confesarse.

Debe minimizar el tiempo que dedica a sus negocios. Y si vive del comercio, entonces que dedique el día martes y el día miércoles, a partir del mediodía en adelante, a servir al Creador.

Debe ser muy cuidadoso en lo que respecta a toda conversación que no esté referida a un precepto o que sea obligatoria, e incluso durante su plegaria debe evitar conversar sobre un precepto.

Hacer el bien:
Debe levantarse a medianoche para realizar el orden denominado Tikún jatzot, envuelto en llanto, y muy concentrado en cada palabra que sale de su boca. Y luego debe ocuparse del estudio de la *Torah* todo el tiempo que pueda, sin dormir. Y al menos media hora antes del alba debe despertarse para estudiar la *Torah*.

Debe asistir a la sinagoga antes del alba, antes de que llegue el momento de la obligación de envolverse con el talit y colocarse los tefilín, para asegurarse de ser contado entre los primeros diez asistentes –minián.

Debe asumir el compromiso del precepto positivo de «Ama a tu prójimo como a ti mismo» (Levítico 19:18) antes de ingresar a la sinagoga, y después entrar.

No debe distraerse de sus tefilín durante el rezo, a excepción del momento en el que pronuncia las Dieciocho bendiciones y se ocupa del estudio de la *Torah*.

Debe ocuparse del estudio de la *Torah* envuelto en su talit y con los *tefilín* colocados en su cabeza y en su brazo.

Debe concentrarse debidamente durante su rezo.

Debe colocar siempre ante sus ojos el Nombre divino de las cuatro letras y conmoverse y temblar ante él, tal como está dicho: «He puesto a El Eterno siempre frente a mí» (Salmos 16:8).

Debe concentrarse al pronunciar todas las bendiciones, especialmente las bendiciones por el goce.

Debe ocuparse esforzadamente en el estudio de la *Torah* en los cuatro niveles denominados Pardés. Y no debe suponer que se le han de revelar los misterios de la *Torah* estando aún vacío, tal como está escrito: «Da sabiduría a los Sabios» (Daniel 2:21). Y debe ser muy cuidadoso en no sacar palabra de su boca relacionada con esta Sabiduría que no haya escuchado de un hombre digno de confianza, tal como lo advirtieron Rabbí Shimón bar Iojai y sus colegas.

Para adquirir la Sabiduría de la Cábala
Una condición: se debe minimizar el habla y mantenerse en silencio todo lo posible para no sacar de la boca ninguna palabra vana. Tal como lo enseñaron nuestros Sabios: «La valla de la Sabiduría es el silencio» (Avot 3:13).

Otra condición: por cada enseñanza de la *Torah* que la persona no comprenda, debe llorar todo lo que pueda. También el ascenso de su alma a los mundos superiores durante las noches depende de que duerma sollozando.

La tristeza es ignominiosa, y en especial si se pretende aprehender Sabiduría, ya que no hay nada que impida más la comprensión que ella. Sin embargo, con respecto a la posibilidad de aprender Sabiduría, no hay nada más útil que la pureza y la inmersión en el baño ritual para que el hombre se encuentre en estado de pureza en todo momento. Y mi maestro, a pesar de sufrir de una enfermedad a la que el frío afectaba, no dejaba de tomar su baño de inmersión para estar en estado de pureza en todo momento.

Shaar Haakdamot,
Introducción

Y aquel que cumple con todo lo anterior, merecerá recibir al Espíritu divino en alguna de las formas siguientes:

- La primera, logrará hacer descender hacia su alma la Luz superior de la raíz misma de ella, y se revelará a él, y a esto se considera concretamente el Espíritu divino.

- La segunda, ocupándose del estudio de la *Torah* o cumpliendo un precepto, y tal como lo enseñan nuestros Sabios, se crea concretamente un ángel. Y si cumple este precepto de modo permanente y con la máxima concentración, entonces se le revelará ese ángel. Y a esto se refieren los libros al hablar de los *Maguidim* –entes celestiales comunicadores de enseñanzas y secretos. Mas si el precepto no es realizado de acuerdo con las normas más estrictas de la Ley, entonces este *Maguid* estará compuesto tanto por el bien como por el mal, por la verdad y la mentira.

- La tercera, que a través de actos piadosos como los que hemos mencionado, se le revelará el profeta Eliahu. Y de acuerdo con su nivel de piedad, así aumentarán estas revelaciones.

- La cuarta, y es mayor que todas las anteriores, es que merecerá que se le revele una de las almas de los justos que murieron en tiempos de antaño. Ya sea de su misma raíz espiritual o de la de su prójimo, siempre que haya realizado un precepto como éste. Y el que alcanza este nivel logrará que le enseñen Sabiduría y ocultos y maravillosos secretos de la *Torah*. Y todo de acuerdo con sus actos.

— La quinta, es que le mostrarán en sus sueños temas relacionados con el futuro y la Sabiduría, cercana al Espíritu divino.

Y este camino es el más recto porque el hombre no juramenta y no obliga a los entes superiores, sino que por el poder de sus buenos actos y por su Santidad, ciertamente el Espíritu divino puro morará en él sin mezcla alguna con el lado del mal. Lo que no sucede cuando el hombre obliga o efectúa modos de juramentos y rezos particulares a través de los cuales, si se equivoca en lo más mínimo, cabe que se le presenten entes entremezclados (conformados tanto del lado del bien como del lado del mal).

El Gaón de Vilna (1720-1797)

Esta Sabiduría no debe revelarse sino a los modestos… Y lo principal de esta Sabiduría debe ser ocultado.

Comentario a *Sifra Detzniuta*

Los secretos ocultos de la *Torah* son la vida de la parte más interna del cuerpo que es el alma. Y la parte más externa de la *Torah* es la que da vida a la parte más externa del cuerpo. Y quienes se ocupan de los niveles de *remez* y *sod*, el Mal Instinto no puede tentarlos.

Los niveles del estudio deben ser los siguientes: primero debe estudiarse la *Torah* Escrita, luego la *Torah* Oral, y luego los secretos de la *Torah*. Y cuando un hombre interrumpe su estudio de la *Torah*, olvidará primero sus secretos –*sodot*–, luego el nivel de *remez*, luego el de *drash*, y luego el del *pshat*. Y entonces quedará concretamente en tinieblas, en absoluto sin luz.

Comentario al libro de *Proverbios*

HAKDAMÁ – PRÓLOGO DE EL ZOHAR

(1a) **Rabbí Jizkia abrió** el estudio sagrado del libro de El Zohar con la siguiente enseñanza: **está escrito** en el Cantar de los Cantares (2:2): **«Como la rosa entre las espinas, así es mi amada entre las doncellas». «¿Quién es la rosa** a la que se refiere el versículo?**» Es la Asamblea de Israel** –*Kneset Israel*– **ya que existe una rosa y existe una rosa.**

Así como la rosa entre las espinas posee entre sus tonalidades **el rojo,** del lado izquierdo, **y el blanco,** del lado derecho, **también la Asamblea de Israel posee juicio,** del lado izquierdo, **y misericordia** del lado derecho.

Así como la rosa posee trece pétalos, también la Asamblea de Israel, la «rosa suprema», **posee Trece medidas de misericordia que la rodean por todos sus lados** (Éxodo 34:6-7).

Así también el Nombre *Elohim* –Dios– **de aquí,** del versículo inicial del Génesis, **una vez que es enunciado, hace surgir trece palabras para rodear a la Asamblea de Israel y protegerla.** Es decir, entre la primera y la segunda vez que el Nombre divino *Elohim* es mencionado en la *Torah*, aparecen trece palabras en hebreo.

Y luego *Elohim*, es enunciado otra vez en el segundo versículo. **¿Por qué es enunciado otra vez? Para hacer surgir cinco hojas fuertes que rodean a la rosa,** sugeridas por las cinco palabras entre, *Elohim*, Dios, y la tercera. **Y estas cinco** hojas fuertes y poderosas **se**

denominan «salvaciones» –*ieshuot*– **y son cinco pórticos. Y sobre este misterio está escrito** en el versículo: **«La copa** –en hebreo *kos*, palabra que posee idéntico valor numérico al de la palabra *Elohim*– **de las salvaciones elevaré»** (Salmos 116:13), **lo cual refiere a la copa de la bendición.** Por esta razón, **la copa de la bendición** –por ejemplo, durante la bendición del *Birkat Hamazón*, la cual se pronuncia al terminar de comer pan– **debe reposar sobre cinco dedos** de la mano **y no más, tal como la rosa** superior **se asienta sobre sus cinco hojas fuertes semejantes a cinco dedos** que la recubren y protegen. **Y esta rosa es la copa de la bendición.**

Entre el segundo Nombre *Elohim* que aparece en la *Torah* **y el tercero hay cinco palabras** en hebreo. **De aquí en adelante,** cuando la *Torah* se refiere a la creación de la luz, alude a **la luz que fue creada y guardada** –*or haganuz*–, y acerca de la cual los Sabios enseñan que iluminaba de un extremo al otro del mundo y que fue reservada para los justos en el Mundo Venidero (*véase* Talmud, tratado de *Jaguigá* 12a), y **fue incluida en el Pacto que penetra en la rosa y la insemina. Y es lo denominado** por el versículo: **«Árbol que da fruto, cuya simiente está en él»** (Génesis 1:12). **Y esta simiente existe en el Signo del Pacto concretamente.**

Y como la forma del Pacto es fecundada con las cuarenta y dos cópulas por esa simiente, así fue fecundado el Nombre grabado y explícito por las cuarenta y dos letras de la obra de Creación –contando desde la primera palabra hebrea de la *Torah*, *Bereshit*, hasta la letra *bet* de la palabra hebrea *vavohu* del segundo versículo–.

«En el principio creó Dios los Cielos y la Tierra» (Génesis 1:1). **Rabbí Shimón abrió** la enseñanza y comenzó a explicar la palabra hebrea *bereshit*, «en el principio», basándose en el versículo del Cantar de los Cantares (2:12): **«Los brotes aparecen sobre la Tierra**, el tiempo del canto ha llegado, la voz de la tórtola se escucha en nuestra Tierra». A continuación se explica cada una de las partes de este versículo.

1a - 1b

«Los brotes» se refiere a los primeros seis días de **la obra de Creación** –*maasé bereshit*. La primera palabra de la *Torah*, *bereshit*, también puede leerse: *bará shit*, creó seis.

«**Aparecen sobre la Tierra.**» ¿**Cuándo? En el tercer día,** ya que recién en este día El Creador comienza a trabajar sobre la Tierra para que sea apta para recibir simiente, **tal como está escrito: «La Tierra hizo surgir»**, y recién **entonces «aparecen sobre la Tierra».**

«**El tiempo del canto ha llegado**» se refiere al **cuarto día** bíblico, **que fue el** tiempo del **canto de los tiranos,** (Isaías 25:5), en referencia a que es el tiempo en que se fortifican las cáscaras malignas –*klipot*– y los juicios –*diním*–, lo cual es sugerido en el texto bíblico por la palabra hebrea *meorot*, **luminarias**, la cual aparece **carente**, es decir, escrita sin sus dos letras *vav*, lo cual permite que sea leída como «maldición» –*meerá*–, y que a su vez se relaciona con el término hebreo *marut*, tiranía o despotismo.

«**La voz de la tórtola**» se refiere al **quinto día,** tal como está escrito: «**Que proliferen las aguas** seres vivos y que aves vuelen sobre la Tierra...», **para producir criaturas.** La palabra hebrea *ishretzú*, proliferen, tiene el mismo valor numérico que la palabra tórtola, *tor*.

«**Se escucha**» se refiere al **sexto día,** tal como está escrito: «**Hagamos un hombre», el cual en un futuro,** durante la entrega de la *Torah*, **haría que el «hacer» preceda al «escuchar», tal como está escrito** (1b) **aquí,** en el texto del Génesis: «**Hagamos un hombre» y está escrito allí,** en referencia a la entrega de la *Torah*: «**Haremos y escucharemos** (Éxodo 24:7).

«**En nuestra Tierra**» **se refiere al día del Shabbat, el cual es el paradigma de la Tierra de la Vida** –*Eretz Hajaím*–, el Mundo Venidero, el Mundo de las Almas.

Otra interpretación del mismo versículo del Cantar de los Cantares: «**Los brotes» se refiere a los Patriarcas al ascender al Pensamiento y al ascender al Mundo Venidero y ser guardados allí. Y de allí salieron en** su estado **secreto y se ocultaron dentro de los pro-**

1b

fetas verdaderos. Entonces **Iosef** *Hatzadik* –José, el justo– **nació y ellos se ocultaron en él. Cuando entró Iosef** –José– **en la Tierra Santa, los estableció allí, y entonces «aparecen sobre la Tierra» y allí se revelan.** Y ¿en qué momento son vistos? Cuando se descubre el arco iris ante el mundo, pues en el momento en el que se descubre el arco iris entonces ellos se revelan, y en ese momento «el tiempo del canto ha llegado», es decir, **en el tiempo de podar a los malvados del mundo. ¿Y**, entonces, **por qué son salvados?** Porque «Los brotes aparecen sobre la Tierra» y la Luz es tan poderosa que poda y arranca la influencia de los malvados. **Pues si** los brotes **no hubiesen aparecido, no hubieran quedado en el mundo** las acciones de Santidad y unificación superiores **y el mundo** mismo **no existiría.**

¿Y quién sustenta al Mundo y provoca que los Patriarcas se revelen? La voz –*kol*– **de los niños ocupados** del estudio **de la** *Torah* **pues gracias a estos niños del mundo, el mundo es salvado** del mal (*véase* Talmud, tratado de *Shabbat* 119b).

En paralelo a ellos está escrito: **«Te haremos collares de oro»** (Cantar de los Cantares 1:11). **Estos son los niños, los jóvenes, los adolescentes, tal como está escrito: «Harás dos Querubines de oro»** (*Éxodo* 25:18), (*véase* Talmud, tratado de *Suká* 5b).

«En el principio.» Abrió Rabbí Eleazar: «Alzad los ojos hacia lo Alto y ved Quién ha creado esto» (Isaías 40:26). ¿Hacia qué lugar? Hacia el lugar del que todos los ojos están suspendidos. ¿Y cuál es? *Petaj Einaim* –«La puerta de los ojos». Y allí aprenderéis que aquel Oculto, Antiguo, El que está expuesto a la pregunta, «ha creado esto». ¿Y quién es? *Mi* –¿Quién?–, el que es denominado «**Del límite del Cielo**» (Salmos 19:7). **Arriba, porque todo existe con Su permiso.**

Y existe a modo de pregunta, y es Oculto e Irrevelable, es denominado *Mi* –¿Quién?–, porque por encima no hay más preguntas. Y este límite del Cielo se denomina *Mi* –¿Quién?–. Y existe otro, Abajo, denominado *Ma* –¿Qué?–.

¿Qué diferencia hay entre uno y otro? Sino que el primero es oculto, y es llamado *Mi* y existe a modo de pregunta. Y cuando un hombre pregunta, intentando observar y conocer etapa por etapa, hasta la última de todas las etapas, cuando llega allí, de todos modos *Ma:* ¿Qué sabes? ¿Qué has observado? He aquí que todo continúa oculto como al principio.

Y sobre este secreto está escrito: «¿Qué testigo traeré, qué podré asemejar a ti?» (Lamentaciones 2:13).

Cuando el Templo fue destruido surgió una voz y dijo: «¿Qué testigo traeré, qué podré asemejar a ti?» Con ese *Ma*, Yo atestiguaré, cada día y día atestiguaré, desde los tiempos de antaño, como está escrito: «A los Cielos y a la Tierra llamo por testigos hoy contra vosotros» (Deuteronomio 30:19).

«¿Qué podré asemejar a ti?» Del mismo modo concretamente, te adornaré con santas coronas y te haré gobernador del mundo, como está escrito: «¿Ésta es la ciudad que decían de perfecta hermosura...?» (Lamentaciones 2:15). Te he nombrado: «Jerusalén, edificada como ciudad unida» (Salmos 122:3). «¿Con qué te compararé?» Así como tú te encuentras asentada, así se puede decir que sucede en lo Alto. Así como no entran ahora en ti el pueblo santo, de acuerdo a órdenes santas, así te juré que no ingresaré en lo Alto hasta que tus habitantes entren a ti aquí en lo Bajo. Y esto es tu consuelo, ya que en este nivel Yo te comparo a ti con todo.

Y ahora que estás aquí «grande como el mar es tu quebranto» (Lamentaciones 2:13). Y si dices que no tienes existencia ni cura, *Mi* –¿Quién?– te curará. En efecto, el último grado oculto, que todo existe en él, te curará y te dará existencia.

¿Quién?: es el límite superior del Cielo. ¿Qué?: es el límite inferior del Cielo. Y esto heredó Jacob, que unió de un límite al otro, del límite inicial, que es el ¿Quién?, al límite final que es ¿Qué? Porque se mantiene en el medio, y sobre esto: «Quién ha creado Estos –*Ele*» (Isaías 40:26).

Rabbí Shimón dijo: Eleazar, hijo mío, interrumpe tu hablar para que se revele el oculto secreto supremo que los hombres ignoran. Rabbí Eleazar se calló. Rabbí Shimón lloró, se detuvo un instante. Dijo Rabbí Shimón: Eleazar, ¿qué es «Estos»? Si dices las estrellas y los astros, he aquí que los vemos permanentemente y han sido creados por ¿Qué?, como está dicho: «Por la palabra de El Eterno los Cielos han sido hechos» (Salmos 33:6). En cuanto a las palabras ocultas no se escribe «Estos», porque he aquí que se refiere a algo revelado. Pero este secreto no ha sido revelado, fuera de un día en que me encontraba al borde del mar y vino Elías y me dijo: Rabbí, ¿sabes qué es: «Quién ha creado Estos»? Le dije: son el Cielo y sus legiones, obra del Santo, Bendito Sea, que el hombre debe contemplar y bendecirlo, como está escrito: «Cuando veo los Cielos, obra (2a) de Tus dedos... ¡Oh, El Eterno, Señor nuestro, qué glorioso es Tu Nombre en toda la Tierra! (Salmos 8:4,10).

Me dijo: Rabbí, he aquí lo que estaba oculto ante El Santo, Bendito Sea, y que reveló en la Ieshivah de lo Alto y esto es: cuando el Oculto de todos los ocultos quiso revelarse, hizo al principio un punto y éste ascendió y se transformó en Pensamiento; diseñó todas las figuras y talló todos los signos, y talló en la santa llama oculta el signo de una figura oculta, el Santo de los Santos, edificio profundo que surge del Pensamiento y que es denominado «¿Quién?», iniciador del edificio, existente e inexistente, profundo y oculto, por su nombre no es denominado sino «¿Quién?».

Quiso revelarse y ser llamado por un nombre. Se revistió con el ropaje precioso que ilumina, y creó a Estos –*ele*–, e hizo ascender a Estos a su nombre. Se unieron las letras, unas con otras y completaron el Nombre *Elohim*. Y antes de haber creado a Estos no surgía con el Nombre *Elohim*.

Y aquellos que pecaron con el becerro de oro, sobre este secreto dijeron: «Estos –*ele*– son tus dioses –*elokeja*–, Israel» (Éxodo 32:8). Y como «¿Quién?» –*Mi*– se asoció a Estos –*ele*–, para componer la palabra *Elohim*–, así el Nombre se mantiene asociado de modo permanente y por este secreto perdura el mundo. Y Elías voló y no lo divisé. Y de él supe esta palabra en su carácter misterioso y oculto.

Vinieron Rabbí Eleazar y todos sus compañeros y se prosternaron ante él. Dijeron llorando: si no hubiéramos venido al mundo más que para escuchar estas palabras, hubiera sido suficiente.

Rabbí Shimón dijo sobre esto: «Los Cielos y sus legiones fueron creados por «¿Qué?» –*Ma*–, tal como está escrito: «Cuando veo los Cielos, obra de Tus dedos...». Y está escrito: «¡Oh, El Eterno, Señor nuestro, qué glorioso es Tu Nombre en toda la Tierra! Tu majestad se eleva sobre los Cielos» (Salmos 8:4,2). «Sobre los Cielos», se refiere a ascender en su nombre, a través de crear luz a su luz, la una vistiendo a la otra, y ascendió en su nombre superior.

Y sobre esto: «En el principio creó *Elohim*» (Génesis 1:1), es el *Elohim* de lo Alto, porque el «¿Quién?» no estaba aquí ni se había formado sino hasta el momento en que las letras de Estos –*ele*– fueron atraídas de Arriba hacia Abajo, y la Madre presta sus vestimentas a su Hija y la acicala con sus adornos. ¿Y cuándo la acicala con adornos como corresponde? En el momento en que se presentan ante ella todos los masculinos, tal como está escrito: «... ante el Señor, El Eterno» (Éxodo 23:17). Y éste es llamado «Señor», como está dicho: «He aquí el arca de la alianza, Señor de toda la Tierra» (Josué 3:11). Y entonces sale la *He* de *Ma* y entra la *Iod*, y se adorna con ropaje masculino, en concordancia con «todos los varones de Israel». Y otras letras son atraídas hacia Israel de lo Alto, hacia ese lugar.

«Recuerdo a éstos» (Salmos 42:5): **Los menciono con mi boca y vierto lágrimas con todo mi ser para atraer a estas letras, y entonces «Yo los hago avanzar» (ibid), las hago avanzar desde lo Alto, «hasta la casa de *Elohim*» (ibid), para ser similar a él. ¿Cómo? «Con voces de alegría y de alabanza del pueblo en fiesta» (ibid).**

Una vez que Rabbí Shimón le dio permiso, **Rabbí Eleazar,** su hijo, **dijo: Mi silencio,** al escuchar atentamente a mi padre sin interrumpirlo, **ha edificado al Templo en lo Alto** –asociado con la matriarca Lea– **y ha edificado al Templo en lo Bajo** –asociado con la matriarca Raquel. Porque evidentemente **«si la palabra vale un *sela*, el silencio vale dos»** (*véase* Talmud, tratado de *Meguilá* 18a). **«La palabra vale un *sela*»** por lo que dije y desperté en los mundos superiores, **pero «el silencio vale dos» porque gracias a mi silencio han sido creados y construidos dos mundos como uno** debido a las enseñanzas de mi padre, Rabbí Shimón.

Dijo Rabbí Shimón: de aquí en adelante podemos completar el versículo, tal como está escrito: «El que hace salir a sus ejércitos por número…» (Isaías 40:26). Existen dos grados que deben ser demarcados cada uno de ellos: uno sobre el que está dicho «¿Qué?» y uno «¿Quién?». Éste es superior y éste inferior. Este superior está demarcado y dice: «El que hace salir a sus ejércitos por número», Aquel que hace, que es conocido y no hay como Él. Del mismo modo: «El que hace salir pan de la tierra». Aquel que hace salir que es conocido, es el grado inferior, y todo es uno. «Por número»: son seiscientos mil que son como uno y producen guerreros según sus especies, innumerables. «A todos», tanto a estos seiscientos, tanto a todos estos guerreros, «los llama por el nombre» (ibid). ¿Qué significa que los llama por el nombre? Si dices que los llamaba por el nombre de ellos, no es así, porque entonces hubiese escrito «por su nombre». Sino cuando este grado no asciende por un nombre y se denomina «¿Quién?», no da a luz ni saca las cosas ocultas según sus especies, aunque todas están presentes en su seno. Debido a que creó a Estos –*ele*–, y ascendió con su nombre y fue llamado *Elohim*, entonces por el poder de este nombre los hizo salir en su forma perfecta. Eso es: «los llama por el Nombre», por Su propio nombre llamó e hizo emerger toda especie y especie para una existencia íntegra. De igual modo: «Mira, he llamado por el nombre» (Éxodo 31:2): He mencionado Mi nombre para que Betzalel exista plenamente.

«De la grandeza de sus poderes» (Isaías 40:26). ¿Qué es «de la grandeza de sus poderes». Es el grado superior hacia el que suben todas las voluntades y suben allí (2b) de modo oculto. «Y el poder de su fuerza» (ibid) designa el secreto del Mundo de lo Alto que asciende al nombre «*Elohim*», como hemos dicho. «Ninguno falta» (ibid) de esos seiscientos mil que emergen por el poder del nombre. Y ya que «ninguno falta», cada vez que murieron Israel y fueron castigados por sus pecados, al ser contados no falta ninguno de los seiscientos mil, para que todos estén en una misma forma: de la misma manera que ningún individuo falta en lo Alto, ninguno falta en lo Bajo.

«En el principio». Rav Amnuna, el Anciano, dijo: encontramos en las primeras palabras del Génesis **una inversión** en el orden alfabético **de las letras** del abecedario hebreo: **primero una** *Bet*, y también **después** una *Bet* **en** la expresión *Bereshit bará* –«En el principio creó»–, **y después** dos veces aparece la letra *Alef* **en** las dos palabras hebreas *Elohim et* –... Dios a...–. **Mas cuando El Santo, Bendito Sea, quiso hacer el mundo, todas las letras estaban cerradas** porque aun no habían sido creadas. **Y durante los dos mil años hasta que creó el mundo, El Santo Bendito Sea las contemplaba y se regocijaba con ellas** (Midrash, *Bereshit Raba* 8:2).

Cuando quiso crear el mundo, todas esas letras se presentaron ante Él, de la última a la primera.

La primera en ingresar fue la última letra del abecedario hebreo, **la letra** *Tav*. **Dijo: Señor de los Mundos, que Te plazca crear el mundo a través de mí, porque yo soy el sello de Tu anillo,** que es **Verdad** –*Emet*. Es decir, la última letra de la palabra Verdad, *Emet*, es la *Tav*. **Y Tú Mismo eres llamado** por el Nombre **Verdad. Es digno del Rey comenzar por la letra de la verdad**, considerando que el mundo se apoya en la verdad, **y crear el mundo a través de mí.**

El Santo, Bendito Sea le dijo: tú eres digna y merecedora. Pero no eres apropiada para que Yo cree el mundo a través de ti porque estás destinada a marcar la frente de los hombres de fe, que cumplen la *Torah* **desde la** *Alef* **hasta la** *Tav*, es decir, íntegramente, **y que morirán bajo tu señal** (Ezequiel 9:3-4). Es decir, morirán al desviarse del camino de la *Torah*, tal como lo indica la pata izquierda de la letra *Tav*, la cual aparenta desviarse hacia fuera y salir del camino correcto. **Y además eres el sello de la muerte –** ***Mavet.*** Significa: es cierto que sellas la palabra Verdad, pero también la palabra Muerte. **Y por ser así eres inadecuada para que a través de ti se cree el mundo. Inmediatamente** la letra *Tav* salió.

Ingresó la letra *Shin* **ante El** Creador. **Dijo delante de Él: Señor de Mundos, que Te plazca crear el mundo a través de mí, porque a través de mí se pronuncia Tu Nombre** *Shakai* **–Todopoderoso–,** Nombre con el que impusiste límite a Tu creación, **y es adecuado crear el mundo con un Nombre santo.**

Le dijo El Santo, Bendito Sea: **eres digna, eres buena, y eres verdadera. Mas siendo que las letras** hebreas **de la farsa –***ziuf***– te tomaron** y eligieron **por compañía,** es decir, la *Kof* que imita a la *He* y la *Reish* a la *Dalet*, **no quiero crear el mundo a través de ti ya que la mentira –***sheker***– no podría existir si no te toman con ellas** la letra *Kof* y la letra *Reish*. Aprendemos **de aquí que el** hombre **que quiere mentir** en los casos permitidos, tal como el caso de proteger y conservar la armonía en el hogar, **debe utilizar antes una base de verdad para recién luego colocar la mentira** (*véase* Talmud, tratado de *Sotá* 35a). **Pues la letra** *Shin* **es una letra de verdad, una letra de la verdad por la que se unieron los Patriarcas,** ya que la letra *Shin* posee tres extremos asociados con los tres Patriarcas. Por lo contrario, **la** *Kof* **y la** *Reish*, que también denotan la frialdad –*kor*–, **son letras que aparecen del lado del mal y para existir toman a la letra** *Shin* **entre ellas, formando una confabulación –***kesher***–,** palabra hebrea que también combina a estas tres letras. **Al observar esto** la letra *Shin* **se retiró de Su presencia.**

Ingresó la letra *Tzadi* **y dijo ante El** Creador: **Señor del mundo, que Te plazca crear el mundo a través de mí porque yo pongo mi sello sobre los justos –***tzadikim***–,** en referencia a Iosef y Biniamín, **y Tú mismo que eres llamado «Justo» –***Tzadik***–, a través de mí estás señalado, tal como está escrito: «El Eterno es justo y lo justo ama»** (Salmos 11:7), **de modo que es adecuado crear el mundo a través de mí.**

El Santo, Bendito Sea, **le dijo:** *Tzadi*, **eres** *Tzadik*, **eres justa, mas debes permanecer oculta y no debes revelarte tanto para**

no proporcionar un argumento contra el mundo ya que el hombre entonces notaría su carencia e imperfección y tendería a pecar. Además, eres una letra relacionada con el hombre justo –*tzadik*– y existen treinta y seis justos «ocultos» que mantienen el mundo. **¿Qué significa? Eras** una **letra** *Nun*, **sobre la que vino la** letra *Iod* **del Nombre del Pacto Sagrado y se ubicó encima, y se unió a ella.** Según este misterio, cuando El Santo, Bendito Sea, creó al **Primer Hombre, le creó dos Rostros**, uno delante y el otro detrás (*véase* Talmud, tratado de *Berajot* 61a). **Y por ello el Rostro de la** *Iod* **está vuelto hacia atrás (צ), como ésta** y la de la *Nun* hacia adelante, y están de espaldas una de otra, **y no giran y se colocan cara a cara, como ésta (צ), ni observa hacia arriba como ésta (צ), ni observa hacia abajo como ésta (צ). Le dijo El Santo, Bendito Sea: además, algún día te dividiré para que te sitúes cara a cara,** y el mundo no puede ser creado a través de una letra que requiere ser corregida, **pero en otra parte te elevarás** ya que uno de los Nombres divinos, El Eterno de las Legiones –*Hashem Tzevakot*– comienza con la letra *Tzadi* (*véase* Talmud, tratado de *Berajot* 31b). **Entonces la letra** *Tzadi* **salió de Su presencia y se marchó.**

Ingresó la letra *Pe*, **y dijo ante El** Creador: **Señor de Mundos, que Te plazca crear el mundo a través de mí, porque la Redención** –*purkana*– **que Tú habrás de hacer en el mundo está inscrita en mí, y es** *Pdut* –Liberación– **y es adecuado crear el mundo a través de mí** ya que la Redención final está asociada a la perfección del mundo, y es bueno comenzar de este modo.

Le dijo El Santo, Bendito Sea: **tú eres digna, pero el pecado** –*pesha*– **en ti se oculta,** y tu forma particular es **como la forma de una serpiente que ataca y luego oculta su cabeza entre su cuerpo** como si nada hubiera hecho. Y si creara el mundo a través de esta letra sería como dar lugar y preparar a los pecadores a actuar de modo oculto. **De la misma manera, quien ha pecado inclina hacia abajo su cabeza y extiende sus manos** como si realmente no hubiera cometido trasgresión alguna.

Y lo mismo sucede con la letra *Ain*, inicial de la palabra hebrea *avón* –afrenta– que si el mundo hubiera sido creado a través de ella hubiese sido una preparación para los pecadores. **Y a pesar de decir que existía en ella la humildad** –*anavá*–, palabra hebrea que comienza con esta letra, lo cual favorecería a que la humildad y el arrepentimiento se multiplicaran en el mundo, **le dijo El Santo, Bendito Sea: no crearé el mundo a través de ti. Entonces** también ella **se retiró de Su presencia.**

Ingresó la letra *Samej*, **y dijo ante El** Creador: **Señor** (3a) **de los mundos, que Te plazca crear el mundo a través de mí, porque en mí se encuentra el apoyo** –*semijá*– **para quienes caen, como está escrito: «El Eterno sostiene a todos los que caen»** (Salmos 145:14).

El Creador **le dijo: justamente por eso debes permanecer en tu lugar sin moverte del mismo, porque si abandonaras tu lugar, ¿qué será de los que caen, considerando que ellos se apoyan en ti? Inmediatamente** la *Samej* **se marchó de Su presencia.**

La letra *Nun* ingresó y dijo ante El Creador: **Señor del mundo, que Te plazca crear el mundo a través de mí, porque conmigo se escribe** la letra inicial de **«Temible** –*norá*– **en alabanzas»** (Éxodo 15:11) **y «Agradable** –*navá*– **es la alabanza para los justos»** (Salmos 33:1).

El Eterno le dijo: *Nun*, **vuelve a tu lugar porque a causa de ti,** que eres la inicial de la palabra «caída» –*nefilá*–, **la letra *Samej* –apoyo– ha vuelto a su lugar para que puedas apoyarte en ella.** Sin **demora** la *Nun* **volvió a su lugar y se marchó de Su presencia.**

Ingresó la letra *Mem* y dijo ante El Creador: **Señor del mundo, que Te plazca crear el mundo a través de mí, ya que por mi intermedio eres llamado Rey** –*melej*.

El Santo, Bendito Sea, **le dijo: así es, efectivamente, pero no crearé al mundo a través de ti, porque el mundo precisa un rey para que lo guíe y genere el temor a los Cielos. Regresa a tu lugar, tú, la** letra *Lamed* **y la** letra *Kaf* final –ya que entre las tres conforman la palabra *melej*, Rey– **porque no es adecuado para el mundo existir sin un rey.**

En el mismo momento descendió la letra *Kaf* **ante El Creador, desde encima del Trono de Su gloria, tembló y dijo ante Él: Señor del mundo, que Te plazca crear el mundo a través de mí,**

Hakdamá – Prólogo de El Zohar

3a

porque yo soy Tu Gloria –*kavod*. Y el motivo por el cual descendió y compareció ante El Eterno es porque, si bien observó que la *Kaf* final había sido rechazada, ella, la *Kaf* simple, no pertenece a la palabra *melej*, Rey. **Y cuando la *Kaf* descendió desde encima del Trono de Su gloria, doscientos mil mundos temblaron y el Trono tembló** ya que esta letra es considerada asociada con el nivel del Keter, la Corona. **Todos los mundos temblaron, amenazando con caer.**

El Santo, Bendito Sea, le dijo: Kaf, Kaf, ¿qué haces aquí? Yo no crearé el mundo a través de ti, regresa a tu lugar, porque la Exterminación –*klaia*– **reside en ti y por ti se hace escuchar: «Exterminio y asesinato» (Isaías 10:23). ¡Vuelve a tu Trono y permanece allí! En ese momento se marchó de ante Su presencia y regresó a su lugar.**

Ingresó la letra *Iod* y dijo ante El Creador: Señor del mundo, que Te plazca crear el mundo a través de mí, porque yo soy el comienzo del Nombre santo, el Tetragrama, el Nombre de las cuatro letras: *Iod, He, Vav, He,* **y es adecuado para Ti crear el mundo a través de mí.** Además, como la letra *Iod* está asociada en la Cábala con la Sabiduría, entonces la Sabiduría divina se revelaría en el mundo en todo su esplendor.

El Creador le dijo: debe bastarte con estar inscrita en Mi Nombre, y estás grabada en Mí, y toda Mi voluntad a través de ti se eleva. No es adecuado que seas arrancada de Mi Nombre.

Ingresó la letra *Tet* y dijo ante El Creador: Señor del mundo, que Te plazca crear el mundo a través de mí, porque Tú, por mi intermedio, eres llamado Bueno –*Tov*– **y Recto (Salmos 25:8).**

El Creador **le dijo: no crearé el mundo a través de ti porque tu bondad está oculta en tu seno y guardada en tu seno, y eso es lo que está escrito: «¡Cuán grande es Tu bondad que has guardado para los que te temen!» (Salmos 31:20). Como la bondad está guardada en ti, no forma parte de ese mundo que Yo quiero crear** –el cual no podría en ningún caso contener tu Luz– **sino del Mundo Venidero. Más aún: debido a que tu bondad está guardada en tu seno, las puertas del Heijal** –el Templo– **serán hundidas, y esto es lo que está escrito: «Sus puertas serán hundidas por la tierra»**

3a

(Lamentaciones 2:9). **Además la** letra *Jet* **está frente a ti, y** a pesar de que cada una por separado es buena, **cuando se juntan se forma el Pecado** –*jet*. **Por ello estas letras no figuran en** los nombres de **las doce tribus santas,** conformadas por los hijos de Jacob (*véase* Talmud, tratado de *Ioma* 73b). **Sin demora salió de ante Su presencia.**

Ingresó la letra *Zain*. **Le dijo** al Creador: **Señor del mundo, que Te plazca crear el mundo a través de mí, porque por mi causa Tus hijos guardan el Shabbat, tal como está escrito: «Recuerda** –*zajor*– **el día del Shabbat para santificarlo»** (Éxodo 20:8). Además, la letra *Zain* es la séptima del abecedario hebreo, lo cual también está asociado con el séptimo día, el Shabbat.

Le dijo El Creador: **no crearé el mundo a través de ti porque en tu seno moran la guerra, la espada afilada y la lanza de combate** –*ziun*–, **semejante a la** letra *Nun* final, la que se parece a una espada y una lanza. Y esto aumentaría en las criaturas el carácter de Rigor. **Sin demora se marchó de Su presencia.**

Ingresó la letra *Vav* **y dijo ante El** Creador: **Señor del mundo, que Te plazca crear el mundo a través de mí, porque yo soy una letra de Tu Nombre.** Y si bien la letra *Iod* fue rechazada precisamente por este motivo, es diferente ya que era la primera letra del Tetragrama.

Le dijo El Creador: **¡***Vav***! A ti y a la** *He*, **debe bastaros con ser letras de Mi Nombre. Pertenecéis al secreto de Mi Nombre, grabadas e inscritas en Mi Nombre. No es a través de vosotras que crearé al mundo.**

Ingresó la letra *Dalet*, **y la letra** *Guimel*, **y también dijeron** sus argumentos.

El Santo, Bendito Sea, **también les dijo a ellas: que os sea suficiente permanecer unidas una con la otra, porque los pobres** –*dalim*– **nunca desaparecerán del mundo y es necesario proveerles** –*gamol*– **bondad. La letra** *Dalet* **representa al necesitado,** y la *Guimel*, **le provee bondad. No debéis separaros una de la otra y os debe bastar con sustentaros mutuamente.** Además, al mantenerse unidas, ellas revelan el objetivo de la Creación divina: dar y otorgar de Su Bien.

Ingresó la letra *Bet* y dijo ante El Creador: **Señor del mundo, que Te plazca crear el mundo a través de mí, porque a través de mí Tú eres bendecido –*Baruj*– en lo Alto y en lo Bajo.** Es decir, cuando las criaturas reciben de Tu Bien, ellas te agradecen y te bendicen, lo cual representa el objetivo y el propósito de toda la Creación: reconocer las bondades permanentes e ininterrumpidas del Creador.

Por lo tanto, **le dijo El Santo, Bendito Sea: he aquí que ciertamente a través de ti habré de crear al mundo, y tú serás el comienzo de la creación del mundo.**

La letra *Alef*, la primera del abecedario hebreo, **se detuvo y no ingresó** ante El Creador. **El Santo, Bendito Sea, le dijo:** *Alef, Alef,* **¿por qué no ingresas ante Mí como todo el resto de las letras?** En este caso vemos que el modo en el que El Creador llama a la letra *Alef*, repitiendo dos veces su nombre, expresa un signo de especial aprecio. Los Sabios nos enseñan que la letra *Alef*, la primera del abecedario hebreo, incluye a todo el resto de las letras, y es la fuente y la raíz de la cual todas las demás letras toman su capacidad de influencia y su poder. La *Alef* dijo ante El Creador: **Señor del mundo, debido a que he visto a todas las otras letras salir de ante Ti sin resultado ¿qué puedo hacer yo allí,** ante Ti? También considerando que la palabra hebrea *arur*, maldito, comienza conmigo. **Más aún: he aquí** (3b) **que ya has otorgado este gran obsequio a la letra *Bet*, y no es digno del Rey supremo quitar un obsequio que ha entregado a su siervo para otorgárselo a otro.**

El Santo, Bendito Sea, le dijo: *Alef, Alef,* **pese a que decidí que se cree el mundo a partir de la letra *Bet*, tú serás la primera de todas las letras** del alfabeto. **Yo no tendré unidad salvo en ti** –considerando también que el valor numérico de la letra *Alef* es uno–, **tú serás el comienzo de todos los cálculos y todas las obras del mundo. Toda unificación no existirá sino a partir de la letra *Alef*.**

Y El Santo, Bendito Sea, hizo letras superiores grandes y letras inferiores pequeñas. Es por esta razón por lo que encontramos en el primer versículo del *Génesis* de modo continuo **Bet, Bet: «*Bereshit*»** –En el principio–, **«*Bará*»** –creó–, seguidas de **Alef,**

Alef: «*Elohim Et*» –Dios a…–, **las letras de lo Alto, y las letras de lo Bajo, y todas se unifican, las del Mundo Superior y las del Mundo Inferior.**

«En el principio» –*bereshit*. La pregunta que se formula aquí es por qué la *Torah* comienza con la palabra hebrea *bereshit* y no con *barishoná*, la cual señalaría aparentemente con mayor claridad y exactitud la idea de «En el principio». **Rabbí Iudai dijo: ¿Qué significa «En el principio»** –*bereshit*? Significa: **«Con Sabiduría»** –*jojmá*. (*Véase*: Najmánides a Génesis 1:1). **Es la Sabiduría sobre la que el mundo se sostiene y que permite acceder al corazón de los supremos secretos cerrados. Y aquí han sido grabados los Seis grandes extremos supremos de los cuales todo proviene y de los cuales se han hecho seis manantiales y seis ríos que desembocan en el Gran Mar. Y por eso está escrito «En el principio»** –*bereshit*– **como «Creó seis»** –*bará shit*–, es decir, los Seis extremos **de aquí fueron creados. ¿Y quién los creó? Ese que no es mencionado, Ese que es inaccesible e inconocible.**

Rabbí Jia y Rabbí Iosei se encontraban andando por el camino. Cuando llegaron a un campo le dijo Rabbí Jia a Rabbí Iosei: eso que dijeron que *bereshit* significa **«Creó seis», por supuesto que es así ya que los seis días supremos existen para la** *Torah* **y no más, y los otros,** los más superiores aún, **permanecen ocultos. Sin embargo nosotros hemos visto** en un libro que aclara **los secretos del principio, que dijo así: el Santo inaccesible ha inscrito un signo en el antro de un término disimulado marcado con un punto fijo,** el cual refiere a la letra *Iod*, la primera letra del Tetragrama. **Ha inscrito y escondido este signo como quien lo esconde todo bajo una sola llave, y esta llave lo encierra todo en un Palacio** –*Heijal*–, **y aunque todo está contenido en ese Palacio, lo esencial reside en dicha llave,** porque **ella es la que cierra y abre. En ese Palacio hay tesoros ocultos, unos mayores que otros, y en ese Palacio hay puertas destinadas a ocultar, cincuenta en número. Fueron grabadas en sus cuatro flancos y son cuarenta y**

nueve. **Una puerta no tiene un lado y se ignora si está en lo Alto o en lo Bajo, y por esto esa puerta está cerrada** (*véase* Talmud, tratado de *Rosh Hashaná* 21b).

Cada una de esas puertas tiene una cerradura con un lugar estrecho que permite la introducción de esa llave, marcada solamente con la impronta de la llave, que es la única reconocible. Es decir, la cerradura se abre únicamente por la acción de esta llave. **Y sobre este misterio** está escrito: «**En el principio creó Dios**» –*bereshit bará Elohim*. El término *bereshit* es la llave en la que todo está oculto, es la que abre y cierra, y seis puertas están incluidas en esa llave que abre y cierra. Cuando cierra esas puertas, incluyéndolas en su seno, entonces obviamente está escrito «En el principio» –*bereshit*–, **una palabra que revela seis** –*shit*– **en una palabra que oculta** –*bará*–, **crear. Y en todo sitio el término *Bará* –crear– es una palabra inaccesible, cerrada y no abierta.**

Rabbí Iosei dijo: por supuesto que es así. Yo he oído a la Lámpara Santa –nombre con el que El Zohar denomina a Rabbí Shimón bar Iojai– **decir lo mismo, que la palabra creó** –*bará*– **es inaccesible, cerrada y no abierta. Todo el tiempo que estaba encerrado en la palabra *bará*, «crear», el mundo no tenía ser ni existencia y el caos** –*Tohu*– **lo cubría todo. Y cuando dominaba ese caos, el mundo no tenía ni ser ni existencia. ¿Cuándo abrió esa llave las puertas y se predispuso a actuar y a generar descendencia?** En pocas palabras: ¿cuándo comenzó el proceso concreto de creación de almas? **Cuando llegó** el patriarca **Abraham,** asociado esencialmente con la bondad –*jesed*– **tal como está escrito: «Éstas son las crónicas de los Cielos y la Tierra cuando fueron creados»** (Génesis 2:4). **Y aprendimos** que la expresión «cuando fueron creados» –*behibaram*– **debe leerse «***beabraham***», es decir «con Abraham»...**

Y el hecho que estaba todo oculto en la palabra «creó» –*bará*–, **las letras volvieron a fecundarse y surgió la columna que genera descendencia, el «Miembro»** –*ever*–, **santo fundamento, sobre el que descansa el mundo. Cuando ese «Miembro»** –*ever*– **fue ins-**

crito con la palabra «creó» –*bará*–, entonces el Supremo Oculto trazó por Su Nombre y Su Gloria otra inscripción, y éste es «¿Quién?» y «creó estos».

Y también el Nombre santo que fue bendecido, que es el «¿Qué?», fue inscrito e hizo salir de «creó» –*bará*– al «Miembro» –*ever*–. Y él está inscrito en Estos por este lado y Miembro por este lado por el Oculto Sagrado, y entonces Estos existe, el Miembro existe: cuando uno se completa, el otro se completa. Graba a este Miembro la letra *He*, graba a Estos la letra *Iod* cuando las letras son incitadas de esta manera a perfeccionar a este lado y a este lado, entonces surge la letra *Mem* doble, una es tomada hacia un lado y otra hacia el otro lado, y se completa el Nombre santo y deviene *Elohim*.

También acerca del nombre (4a) **de Abraham,** fue creado a partir de la palabra *«ever»*, la letra *He*, y la letra *Mem*, **y cuando se completó uno** –el Nombre *Elohim*– **se completó el otro** –el Nombre de Abraham– **y entonces hubo descendencia** de almas **y emergió el Nombre completo, lo que no sucedió antes de esto, tal como está escrito: «Éstas son las crónicas de los Cielos y la Tierra cuando fueron creados»** (Génesis 2:4). Y **todo estaba en suspenso hasta que fue creado el nombre de Abraham, y una vez que se completó este nombre de Abraham, el Nombre sagrado** *Elohim* **se completó. Tal como está escrito: «el día que El Eterno, Dios** –*Elohim*–, **hizo la Tierra y los Cielos»** (Génesis 2:4).

Rabbí Jia se postró sobre la tierra, besó el polvo de la tierra sobre la tumba de Rabbí Shimón bar Iojai, **y dijo llorando** dos veces, como signo de aprecio y amor por el justo allí enterrado: **«¡Polvo, polvo, cuán duro eres, cuán presuntuoso eres que todas las delicias de los ojos corroes, todos los pilares luminosos del mundo devoras y pulverizas.** Es decir, que aunque todos te pisan eres capaz de llevarte a los grandes hombres del mundo. **¡Cuán presuntuoso eres** que te has llevado a **la Lámpara Santa que iluminaba el mundo** de un extremo al otro a través de los secretos de la *Torah*, **el grande**

HAKDAMÁ – PRÓLOGO DE EL ZOHAR

4a

y encargado del mundo entero, tal como José lo era en Egipto, **por cuyo mérito el mundo existe,** razón por la cual durante toda su vida el arco iris no se vio en los Cielos, y ahora **será corroído por ti.** Y pasando a dirigirse directamente al gran Maestro, dijo: «**Rabbí Shimón, luz de la llama, luz de los mundos, tú,** es decir, tu cuerpo, **se corroe en el polvo** de la tierra **y tú existes y diriges el mundo** porque continúan estudiando tus enseñanzas de *Torah* mientras tus labios se mueven en tu tumba». **Se calló** Rabbí Jia **un instante,** reconsideró si realmente cabía afirmar acerca de Rabbí Shimón que sería corroído por el polvo de la tierra, **y** después **dijo** regresando al sitio de la sepultura: «**Polvo, polvo, no te enorgullezcas pues los pilares del mundo no serán entregados a ti ya que Rabbí Shimón no ha sido corroído en ti**» (*véase* Talmud, tratado de *Bava Metzía* 84b). **Rabbí Jia se levantó y lloraba. Partió mientras Rabbí Iosei lo acompañaba.**

A partir de ese día ayunó cuarenta días, imitando a Moisés, **para ver a Rabbí Shimón,** ya fuera despierto o en sueños. **Le dijeron: «No eres digno de verlo».** Entonces **lloró y ayunó otros cuarenta días. Entonces le mostraron en una visión a Rabbí Shimón y a su hijo Eleazar, ocupados en algo que había dicho Rabbí Iosei** anteriormente, **mientras miles** de almas de justos **atendían sus palabras. Entretanto observó alas inmensas, supremas,** de ángeles, para que los justos se montaran para ascender cada vez más alto, **y subían sobre ellas Rabbí Shimón y su hijo, y ascendieron a la Ieshivah Celestial,** *Gan Eden,* Paraíso supremo, sitio en el que se encuentran los espíritus. **Y todas aquellas alas,** es decir, los ángeles supremos, **permanecieron esperándolos.** Rabbí Jia **vio que regresaban y que su resplandor se renovaba** debido a la *Torah* aprendida en la Ieshivah Celestial, **y que su luz era más radiante** en sus rostros **que la del resplandor del Sol.**

Abrió Rabbí Shimón y dijo: que Rabbí Jia entre y que contemple cuánto El Santo, Bendito Sea, renovará los rostros de los justos en el futuro. Porque así como ellos renovaron la profundidad de sus enseñanzas de *Torah,* así El Creador renueva la luminosidad de sus rostros. **Admirable es aquel que entra aquí sin vergüenza** –sin

4a

carencia en el estudio de la *Torah* y en las buenas acciones– **y admirable es aquel que se yergue en ese mundo**, el Mundo Terrenal, **como un pilar firme en todo** para enfrentarse al Mal Instinto. **Y Rabbí Jia observó que** él **entraba en la Ieshivah Celestial y que Rabbí Eleazar y el resto de los pilares** del mundo **que se encontraban sentados allí se ponían de pie** en su honor. **Él se avergonzó, retrocedió, y entró,** mas **se sentó a los pies de Rabbí Shimón. Salió una voz** de un ángel **y dijo** a Rabbí Jia: **«¡Baja tus ojos, no levantes tu cabeza y no mires** por encima de los pies de Rabbí Shimón!». **Bajó sus ojos y vio una luz brillando en la lejanía. La voz** del ángel **volvió como antes y dijo** a las almas de los justos que fallecieron y que se encuentran ahora en el *Gan Eden*: «¡Seres **superiores, ocultos e inaccesibles,** ángeles **con los ojos abiertos, estos que sobrevuelan todo el mundo** para supervisar las acciones de los hombres –en referencia a los siete ojos de El Eterno citados en el texto del profeta (Zacarías 4:10)– **observad y ved!** ¡Seres **inferiores cerrados en vuestro sueño, despertad** y observad la Supervisión divina! **¿Quién de ustedes ha convertido** a través de sus buenos actos **la oscuridad en luz y el sabor amargo** de los sufrimientos **en dulzura** aceptándolos con amor, estando aún en el mundo físico, **antes de llegar aquí? ¿Quién de ustedes espera cada día el brillo de la luz** de la llegada del Mesías **cuando el Rey recuerda a la cierva** (Proverbios 5:19) **y es glorificado, y proclamado como el Rey de reyes del mundo? ¡Quien no aguarda esto,** es decir, la Redención, **día a día en ese mundo, no tiene porción aquí** junto a Rabbí Shimón!» (*véase* Talmud, tratado de *Shabbat* 31a).

Entretanto vio a muchos de sus compañeros del pasado, del mundo físico, que habían sido grandes justos durante su vida, **que se congregaban a su alrededor, todos los pilares** del mundo allí existentes. **Y los vio ascender a la Ieshivah del Rakía.** Vio que **unos subían y otros bajaban** de los distintos niveles de los mundos espirituales superiores, todo para escuchar las enseñanzas de Rabbí Shimón. **Y, por encima de todos, vio al Señor entre los seres alados**, es decir, el ángel superior, **que venía** y se aproximaba. Y este ángel superior **le juró que escuchó detrás de la Cortina** –*Pargod*–

(*véase* Talmud, tratado de *Jaguigá* 15a) **que cada día el Rey toma en cuenta a la cierva que yace en el polvo, y en ese instante, Él golpea** con sus pies **a los trescientos noventa firmamentos –** *rakiim***–, y todos tiemblan y se estremecen** (4b) **ante El Rey.** La palabra hebrea *shamaim*, Cielos, posee el valor numérico trescientos noventa. **Y,** tal lo mencionado, **deja correr lágrimas por esto** (*véase* Talmud, tratado de *Berajot* 59a) **y estas lágrimas ardientes caen como el fuego en el Gran Mar** y transforman la medida del Rigor en la medida de la Piedad. **Y de estas lágrimas el encargado del mar se yergue y emerge y santifica el Nombre del Santo Rey, y** El Creador **asume sobre sí mismo el tragar las aguas del Comienzo y juntarlas en su seno cuando todos los pueblos se unan en contra del Pueblo Santo** en Jerusalén, durante la guerra final de Gog y Magog (*véase* Talmud, tratado de *Bava Batra* 74b). **Y las aguas se secarán y ellos podrán atravesarlas secas** tal como sucedió cuando Israel salió de Egipto durante el cruce del mar (Miqueas 7:15).

Entretanto Rabbí Jia **escuchó una voz que dijo** de modo apresurado: **«¡Abran paso, abran paso, porque el Rey Mesías llega a la Ieshivah de Rabbí Shimón!».** Porque todos los justos que allí estaban habían sido Directores de Ieshivahs –*Roshei Ieshivot*–, y esas Ieshivahs eran conocidas, tal como la Ieshivah de Moisés y de Aharón, **y todos los compañeros de estudio de todas las Ieshivahs ascendían después de la Ieshivah de aquí,** del *Gan Eden*, **a la Ieshivah del Rakía. Y el Mesías viene de todas esas Ieshivahs y pone su sello** de aprobación **en la** *Torah* **sobre la boca de los Sabios** (*véase* Talmud, tratado de *Jaguigá* 15b). **Y en ese momento el Mesías viene a la Ieshivah de Rabbí Shimón** para recibir la corona, **coronado por los directores de las Ieshivahs con coronas supremas.** Estas coronas se refieren a la luz que ilumina a los justos, y el Mesías toma de su luz e ilumina.

En ese momento en el que el Mesías puso su sello de *Torah* en la boca de los Sabios, **se levantaron todos los compañeros y** también **se levantó Rabbí Shimón, y su luz ascendía hasta el extremo del Rakía.** El Mesías **le dijo: «Rabbí,** Maestro, **eres merecedor de que**

4b

tu *Torah* **se eleve en forma de trescientas setenta luces, cada luz y luz subdividida en seiscientos trece significados que ascienden y se bañan en ríos de bálsamo puro. El Mismo Santo, Bendito Sea, posa su sello sobre las enseñanzas de** *Torah* **de tu Ieshivah y las de la Ieshivah de Ezequías, rey de Judea y las de la Ieshivah de Ajia el Silonita** (*véase* Talmud, tratado de *Sanhedrín* 102a). **En cuanto a mí,** el Mesías, **yo no he venido a poner mi sello sobre las enseñanzas de tu Ieshivah** y a ratificarlas, sino a la de tus compañeros. **Porque el ser alado**, el ángel, **es quien viene aquí** a sellar tus enseñanzas de *Torah* y llevarlas delante de El Creador, **porque yo sé que no entrará a ninguna Ieshivah salvo a la tuya».**

En ese momento en el que el Mesías le hablaba, **Rabbí Shimón procedió a comunicarle el juramento solemne proferido por el Ser alado,** el ángel. **Entonces el Mesías tembló y elevó su voz, y los** *rakiim* **se estremecieron y el Gran Mar se estremeció, y el Leviatán se estremeció y el mundo pareció desplomarse** al considerar que no tendría ningún modo de salir de su exilio.

Entretanto observó el Mesías **a Rabbí Jia** sentado **a los pies de Rabbí Shimón. Dijo: «¿Quién dio aquí** permiso para ingresar **a un hombre** aún **vestido con los ropajes de ese mundo** físico?».

Rabbí Shimón dijo: «Éste es Rabbí Jia, flameante luz de la *Torah*». Es decir, posee la luz de los preceptos que proviene del poder de la *Torah*, ya que la ha cumplido en su totalidad. **Le dijo** el Mesías: **«Que se reúnan él y sus hijos, y que sean de tu Ieshivah». Dijo Rabbí Shimón: «Que se le de un tiempo más** antes de morir y ascender a mi Ieshivah», **y le concedieron** más **tiempo.**

Una vez que Rabbí Shimón le contó al Mesías el juramento del Ángel, el Mesías **salió de allí tembloroso, sus ojos bañados en lágrimas** debido al exilio de la Presencia divina –*Shekinah*– y también debido a su imposibilidad de revelarse en el mundo. Al observar al Mesías conmovido **se estremeció** también **Rabbí Jia y sollozando dijo: «Dichosa es la porción de los justos en ese mundo** que pueden cumplir los preceptos y ser considerados de este modo en los mundos superiores **y dichosa es la porción de Bar Iojai que ha merecido esto. Sobre él se ha escrito: «Para hacer que los que me aman tengan su heredad –*iesh*–, y que Yo colme sus tesoros» (Proverbios 8:21), en referencia a los tesoros de Sabiduría.

«**En el principio**». **Rabbí Shimón abrió** su discurso y explicó: «**Y en tu boca pondré Mis palabras**» (Isaías 51:16). **¡Cuánto debe el hombre esforzarse en** el estudio de **la** *Torah* –*Oraita*– **día y noche!** El término *Oraita*, relacionado con la palabra *Or*, Luz, se refiere tanto a la *Torah* Escrita como a la *Torah* Oral. ¿Por qué? **Porque El Santo, Bendito Sea, atiende a la voz de aquellos que están ocupados** del estudio **de la** *Torah*, **y con cada palabra que se innova de la** *Torah*, es decir, los nuevos niveles o comprensiones que se alcanzan, **a través de que éste se esfuerza en** el estudio de **la** *Torah*, **hace un Rakía**.

Aprendimos que en el momento en que una palabra de la *Torah* **es innovada por boca de un hombre, esa palabra se eleva y comparece ante El Santo, Bendito Sea. Y El Santo, Bendito Sea, toma a esta palabra y la besa, y la adorna con setenta coronas** –en paralelo con los *shivim panim*, las setenta «caras» de la *Torah* o setenta modos de explicar cada una de sus palabras– **inscritas y grabadas. Y la palabra de Sabiduría que se ha innovado asciende y se posa sobre la cabeza del Justo Viviente de los Mundos** (Daniel 12:7). **Y de allí** esta palabra **vuela y atraviesa setenta mil mundos hasta ascender** y llegar **al Anciano en Días** (Daniel 7:9). **Y todas las palabras del Anciano en Días son palabras de Sabiduría, misterios inaccesibles y supremos** (*véase* Talmud, tratado de *Pesajim* 119a).

Y esa palabra inaccesible de Sabiduría que se ha innovado aquí, cuando se eleva, se une a las palabras del Anciano en Días, y asciende y toma abundancia espiritual, **y desciende entre ellas** y derrama esta abundancia en los mundos inferiores, **y asciende a los Dieciocho mundos guardados** sobre los **que** se expresa el versículo: «**Ningún ojo ha visto fuera de ti, Dios**» (Isaías 64:3) (*véase* Talmud, tratado de *Berajot* 34b).

Después **sale de allí y sobrevuela y llega colmada** de abundancia espiritual **y completa, y se presenta ante el Anciano en Días. En ese momento el Anciano en Días huele el aroma de esa palabra que le resulta lo más agradable posible.**

Entonces, si pasa esta prueba ante el Anciano en Días, **toma esa palabra y le ciñe trescientas setenta mil coronas. Y esa palabra vuelve a volar, asciende** para recibir más abundancia espiritual, desciende, y se transforma en un Rakía. Y así cada palabra de Sabiduría se transforma en *rakiim* firmemente establecidos ante el Anciano en Días, y Él los denomina «Cielos nuevos», es decir «Cielos renovados» gracias al estudio de la *Torah*. Y este pasaje termina enseñando que lo dicho hasta aquí se refiere al estudio de **los misterios ocultos de la Sabiduría suprema.**

Y todo el resto de palabras de la *Torah* que se innovan, además de los misterios ocultos de la Sabiduría suprema, **se presentan ante El** (5a) **Santo, Bendito Sea, se elevan y devienen en «Tierras de vivientes»** (Salmos 116:9), si bien no alcanzan a presentarse ante el Anciano en Días, **y** después **descienden, se acogen en una Tierra y se renueva toda y se transforma en una Tierra nueva, a partir de la palabra renovada de la *Torah*.**

Y sobre esto está escrito: «Porque como los Cielos nuevos y la nueva Tierra que Yo hago permanecerán ante Mí...» (Isaías 66:22). **No está escrito** «que Yo **hice**» sino «que Yo **hago**», es decir, **que hace constantemente a partir de esas innovaciones y secretos de la *Torah*.**

Y sobre esto está escrito: «Y en tu boca he puesto Mis palabras y con la sombra de Mi mano te cubrí, plantando Cielos y estableciendo una Tierra» (Isaías 51:16). **No está escrito «los Cielos»** en referencia a los del principio de la obra de Creación **sino «Cielos»** en referencia a Cielos nuevos.

Rabbí Eleazar dijo: ¿Qué significa «con la sombra de Mi mano te cubrí»? Rabbí Shimón, su padre, **le dijo: cuando la *Torah* le fue entregada a Moisés, vinieron millares de ángeles superiores para consumirlo con las llamas de sus bocas, pero el mismo Santo, Bendito Sea, lo protegió. Y ahora, cuando esa palabra** y enseñanza de la *Torah* **se eleva, es coronada y comparece ante El Santo, Bendito Sea, Él protege a esta palabra y cubre al hombre para que los ángeles no lo conozcan sino El Santo, Bendito Sea, y no tengan celos de él, hasta que se hace de dicha palabra Cielos nuevos y una nueva Tierra. Tal como está escrito: «con la sombra de Mi mano te cubrí, plantando Cielos y estableciendo una Tierra».

De aquí aprendemos que todo aquello oculto a la mirada se eleva y se convierte en algo supremo, tal como está escrito «con la sombra de Mi mano te cubrí». ¿Y por qué es protegido y cubierto de la mirada? Para que se convierta en algo supremo. Tal como está escrito: «plantando Cielos y estableciendo una Tierra», tal lo mencionado.

El versículo anterior prosigue: «y decirle a Sión: tú eres Mi pueblo». Para decir a esos portales de Sabiduría y a esas palabras de excelencia –*tziun*–, unos sobre los otros: «Tú eres mi pueblo». No se debe leer «Mi pueblo» –*amí*– sino «Conmigo» –*imí*–, es decir, siendo socio conmigo, tal como aprendimos que los justos, a través del estudio de la *Torah*, provocan la creación de nuevos Cielos y Tierras: así como con Mi palabra he hecho Cielos y Tierra, como está escrito: «Por la palabra de El Eterno fueron hechos los Cielos» (Salmos 33:6), tú debes hacer lo mismo a través del estudio de la *Torah*. ¡Dichosos aquellos que se esfuerzan en el estudio de la *Torah*!

Y si dices que toda palabra de *Torah* de todo hombre, aunque sea un ignorante en los secretos de la Sabiduría, actúa de este modo, creando nuevos Cielos y nueva Tierra, ven y observa y no te equivoques en tu evaluación: aquel que no está acostumbrado a los secretos de la *Torah* y que innova palabras que no conoce como corresponde sino que simplemente piensa y considera que ésta es la explicación de un texto determinado de la *Torah*, entonces esa palabra se eleva pero no hasta los mundos superiores, pero sale al encuentro de esa palabra el «Ser de la perversidad» (Proverbios 16:28), del lenguaje mentiroso, el ángel Samael. Emerge de las cavernosas profundidades del gran abismo y da un salto de quinientas *parsaot* para recibir esa palabra de *Torah* que no es verdadera. La atrapa y vuela a su caverna. Allí hace con ella un *Rakía* vano denominado Tohu –caos.

Y ese «Ser de la perversidad» vuela en ese Rakía, seis mil *parsaot* de una sola vez. Vemos el poder que toma de esta enseñanza vana, ya que este «Ser de la perversidad» antes recorría quinientas *parsaot* y ahora seis mil; antes saltaba y ahora vuela. **Después que el *Rakía* vano ya existe, inmediatamente surge «La prostituta»** (Oseas 1:2), Lilit, pareja del Ser de la perversidad, **que se fortifica** gracias al poder de la mentira **en ese *Rakía* vano y se asocia a él**, al «Ser de la perversidad». **Y de allí sale y asesina a millares y miríadas**, sin distinguir entre el justo y el malvado, **ya que mientras se encuentra en ese *Rakía* tiene la autoridad y el poder de volar por todo el mundo en un instante** (*véase* Talmud, tratado de *Berajot* 4b). **Y sobre esto se ha escrito: «¡Ay de** estas enseñanzas equivocadas de *Torah* **quienes traen la iniquidad** –*avón*– **con cuerdas vanas y el pecado** –*jataá*– **como con coyundas de carreta!»** (Isaías 5:18). El *avon*, en hebreo, iniquidad, **es lo masculino**, Samael; «y el pecado como con coyundas de carreta» **y ¿quién es el pecado** –*jataá*–? **Es lo femenino**, Lilit. **El** hombre que ha enseñado palabras vanas **tira** y atrae **él** mismo al *avon*, **con esas cuerdas vanas, y después, a continuación,** tira y atrae **el pecado** –*jataá*– **como con coyundas de carreta**, es decir, **a ese ser femenino denominado «pecado», porque allí** ella **se refuerza volando a asesinar personas. Y sobre esto** está escrito: **«Porque ha causado la caída de numerosas víctimas»** (Proverbios 7:26). ¿Quién ha causado la caída? Ese pecado –*jataá*–, es decir, Lilit, **que asesina a los hombres. ¿Y quién causa esto? Un erudito de la *Torah* que no ha alcanzado el nivel de enseñar y** de igual modo **enseña. ¡Qué el Misericordioso nos salve!** (*Véase* Talmud, tratado de *Sotá* 22a).

Rabbí Shimón dijo a sus compañeros: os suplico que jamás hagáis salir de vuestras bocas una palabra de *Torah* que no hayáis comprendido o que no hayáis escuchado como es debido de un «gran árbol», un gran Sabio, (*véase* Talmud, tratado de *Beitzá* 27a), **para no provocar que esa *jataá*,** Lilit, **asesine a hombres gratuitamente. Abrieron todos y dijeron: «¡Que el Misericordioso nos salve! ¡Que el Misericordioso nos salve!».**

Ven y **observa: El Santo, Bendito Sea, creó el mundo mediante la *Torah*.** Y he aquí que lo establecieron tal como está escrito: «Yo era entonces Su artesano, y era Su delicia día a día» (Proverbios

8:30). **Él la observó a ella,** a la *Torah,* **una vez, dos, tres, y cuatro veces, y después la dijo y después hizo con ella Su obra. Para enseñarles a los hombres** la importancia del estudio de la *Torah,* que recrea y mantiene Cielos y Tierra, y **a no confundirse con ella** –y con su interpretación, entendiéndola de modo incorrecto, ya que esto fortifica las fuerzas del mal– **según está escrito: «Entonces Él la miró, y la enunció; estableció sus límites y la reveló al hombre»** (Job 28:27). **Y en correspondencia a estas cuatro veces que aparecen en lo escrito –Entonces Él la miró, la enunció, estableció sus límites y la reveló– creó El Santo, Bendito Sea, lo que creó. Y antes de comenzar con Su obra, introdujo de antemano cuatro palabras** hebreas, **según está escrito: «En el comienzo», «creó», «Dios», «los»** (Génesis 1:1), **he aquí cuatro** palabras, **y después «los Cielos». Éstas en correspondencia a las cuatro veces que El Santo, Bendito Sea, observó la** *Torah* **antes de realizar Su obra.**

Rabbí Eleazar fue a ver y a visitar **a Rabbí Iosei, hijo de Rabbí Shimón hijo de Lekonia, su suegro,** (5b) **y Rabbí Aba estaba con él**, es decir, lo acompañó. **Detrás de ellos caminaba un hombre que conducía sus animales. Rabbí Aba dijo: abramos las puertas de la** Sabiduría de la *Torah,* porque si no la estudiamos es como si estuviera cerrada y sellada para nosotros, **porque es la hora y el momento de corregirnos en nuestro camino.**

Abrió Rabbí Eleazar y dijo: está escrito «Guardarás mis días de **Shabbat»** (Levítico 19:30). **Ven y observa: en seis días El Santo, Bendito Sea, creó el mundo y en cada día reveló Su obra e impartió Su fuerza en** correspondencia con **cada día. ¿Cuándo reveló Su obra e impartió Su fuerza** concretamente? **El cuarto día, porque los tres primeros días permanecieron cerrados e irrevelados, y cuando llegó el cuarto día hizo emerger la obra y la fuerza de todos** los días precedentes. **Ya que el Fuego, el Agua, y el Aire,** correspondientes con los tres primeros días, **si bien son los tres elementos superiores, permanecieron en suspenso y su acción no se reveló hasta que la Tierra los reveló. Solamente entonces la acción de cada uno de ellos fue conocida.**

5b

Y si dices que esto sucedió el día tercero porque está escrito: «Produzca la Tierra hierba verde» (Génesis 1:11) y está escrito: «Produjo pues la Tierra» (Génesis 1:12). **Mas bien,** en realidad, esto, aunque está escrito el tercer día, sucedió durante el cuarto, y fue incluido en el tercero para que sean uno, sin división. Y después del cuarto día reveló Su obra, al producir al artífice que da forma a cada día, es decir, el cuarto día reveló la obra del primer día, el quinto la del segundo, y el sexto la del tercer día. Y esto, **porque el cuarto día es la cuarta pata del Trono supremo. Y todos los actos de todos** los seis días de Creación, **tanto la de los primeros tres días como la de los últimos** tres, **dependían del Shabbat, tal como está escrito: «Y acabó Dios en el día séptimo»** (Génesis 2:2). **Éste es el Shabbat, y ésta es la cuarta pata del Trono.**

Y si dices, entonces, ¿qué significa «Guardarás mis días de **Shabbat»** (Levítico 19:30), **dos,** en plural? **Sino** que en realidad aunque debemos considerar como si fueran dos aspectos diferentes **la noche del Shabbat y el día de Shabbat, no existe entre ellos división** alguna.

Al escuchar la anterior explicación del versículo, **dijo aquel hombre que conducía sus animales detrás de ellos: Y ¿qué significa** la continuación del versículo anterior: **«Y Mi santuario temeréis»?** (Levítico 19:30). **Le dijo** Rabbí Eleazar: **se refiere a la Santidad del Shabbat** y no al Templo concretamente. **Le dijo: ¿Y qué es la «Santidad del Shabbat»** a la que hace referencia? **Le dijo: es la Santidad** agregada **conferida** al Shabbat **desde lo Alto. El hombre le dijo: entonces transformas al Shabbat en algo propiamente carente de Santidad, ya que la Santidad le fue conferida desde lo Alto.**

Dijo Rabbí Aba: y así es, tal como está escrito: **«y llamarás delicia al día de Shabbat por la Santidad de El Eterno glorificado»** (Isaías 58:13), versículo en el que se pone en evidencia que el Shabbat y la Santidad son citados por separado: **es mencionado por una parte el Shabbat y por otra la Santidad de El Eterno.**

Le dijo el hombre: **de ser así ¿qué es la «Santidad de El Eterno»?** Rabbí Aba **le dijo: es la Santidad que descendiendo de lo Alto se**

posa sobre él, es decir, sobre el Shabbat. **Le dijo** el hombre: **Si es la Santidad que procede de lo Alto la que se llama «glorificada», resulta** evidente **que el Shabbat mismo no posee gloria, y he aquí que está escrito: «Y vosotros lo glorificaréis».**

Rabbí Eleazar dijo a Rabbí Aba: deja a ese hombre porque posee palabras de sabiduría que nosotros no conocemos.

Entonces **le dijeron: ¡Dilo tú!**

Ese hombre que caminaba tras ellos **abrió y dijo** acerca del versículo: está escrito en el hebreo original **«*et shabtotai*»** –«Mis días de Shabbat»– (Levítico 19:30), texto en el que la palabra *et* **viene a incluir** a las treinta y nueve prohibiciones **el límite del** desplazamiento máximo permitido durante el **Shabbat, que es dos mil** *amot* **en cada dirección,** y el cual se considera santificado y marca un límite a las fuerzas malignas. **Y por esto agregó** la palabra *et* de «*et shabtotai*», el plural de la palabra Shabbat, y es como si estuviera escrito «los dos Shabbat», **lo cual refiere al Shabbat de lo Alto** –en correspondencia con la comida matinal del Shabbat, la «segunda comida»– **y al Shabbat de lo Bajo** –en correspondencia con la comida de la tarde del Shabbat, «la tercera comida», **que son dos y están unidos como uno, y son ocultos como uno.**

Quedó otro aspecto del **Shabbat que no había sido mencionado y, estaba avergonzado. Dijo delante del Señor del mundo: desde el día en que me hiciste, fui llamado «Shabbat», y no hay día sin noche** que lo preceda, tal como está escrito: «Y fue la tarde y fue la mañana…», lo cual demuestra que un día es considerado la unión del día y la noche anterior. **Le dijo** El Creador: **«Hija mía, tú eres Shabbat y Shabbat te llamé. Pero Yo te pondré una corona más suprema».** Entonces **un heraldo pasó y dijo: «y mi santuario temeréis», haciendo referencia al Shabbat de la noche de Shabbat,** el viernes por la noche, **que es el temor, y sobre el que descansa el temor.**

Y entonces se termina de explicar el final del mismo versículo, el cual dice: «Yo soy El Eterno»: **«¿Y quién es** éste? El que **El Santo, Bendito Sea, lo incluyó** junto a Él **y dijo: «Yo soy El Eterno».** Es el tercer aspecto del Shabbat, el de la noche.

5b - 6a

El hombre continúa diciendo: **y yo escuché a mi padre decir así, y especificó** que la palabra hebrea *et* **incluye el límite** de desplazamiento autorizado del día **de Shabbat.** Sin embargo, y **«Mis Shabbat»,** «*shabtotai*», en plural, lo explicó de modo diferente: **es un círculo en el interior del cual se encuentra un cuadrado, y son dos, y en correspondencia con éstos hay dos Santidades que debemos mencionar: uno** el *Vaiejulu* (los versículos que comienzan por «Y fueron acabados» (Génesis 2:1-3) **y uno** la pronunciación del *Kidush*. El *Vaiejulu* tiene treinta y cinco palabras, y en el *Kidush* que nosotros santificamos también hay treinta y cinco palabras, y todo suma como los setenta Nombres del Santo, Bendito Sea, y la Asamblea de Israel es coronada con ellos.

Y como este círculo y este cuadrado son «Mis Shabbat», ambos están incluidos en «guarda» –*shamor*– **tal como está escrito: «guardadlos»** (Deuteronomio 5:12), **ya que el Shabbat de lo Alto no está incluido en el «guarda» sino en el «recuerda» debido a que el Rey Supremo termina en el «recuerda», y por esto es denominado «El Rey que posee la paz»** ya que es capaz de lograr la paz entre los aspectos masculino y femenino. **Su «paz» es el «recuerda» y por eso no hay disputa en lo Alto ya que en lo Bajo hay dos «paces»** que son las que generan la paz en lo Alto: **una de Jacob y una de José, y por eso está escrito dos veces: «Paz, paz, para el lejano y para el cercano»** (Isaías 57:19). **«Para el lejano» es Jacob** que hace la paz en los mundos superiores (6a), **y para «el cercano» es José** que genera la paz en mundos más próximos.

«Para el lejano», tal como está escrito: «El Eterno se apareció ante mí de lejos» (Jeremías 31:3) **y «Su hermana estaba a lo lejos»** (Éxodo 2:5). **«Para el cercano», tal como está escrito: «Nuevamente se acercaron»** (Deuteronomio 32:17).

«De lejos» es el punto supremo que reside en Su Palacio y sobre eso está escrito: «Guardaréis», porque está incluido en el «guardar». «Y mi Santuario temeréis» (Levítico 19:30), **es el punto que se encuentra en el centro y al que se debe temer por encima de todo, porque su castigo es la muerte, tal como está escrito: «Aquel que lo profane** –*mejalelea*– **morirá»** (Éxodo 31:14).

Hakdamá – Prólogo de el Zohar

6a

El término hebreo profanar, *lejalel*, está relacionado con «ahuecar», «vaciar». ¿Quién es el que lo profana? **Aquel que penetre al interior del círculo y del cuadrado, al lugar en el que reside el punto y atente contra él, morirá. Y sobre esto está escrito: «temeréis». Y ese punto se denomina «Yo» –*Aní*– y sobre él descansa el secreto supremo e inaccesible y que es El Eterno, y todo es Uno,** tal como está escrito: «Yo soy El Eterno» (Levítico 19:30).

Rabbí Eleazar y Rabbí Aba descendieron de sus asnos **y lo besaron. Dijeron: «¡Qué es toda esa sabiduría que hay bajo tu mano y tú conduces los animales detrás de nosotros!» Le dijeron: «¿Quién eres?».** El hombre les respondió: **«No preguntéis quién soy. Antes, yo y ustedes caminemos juntos y ocupémonos** del estudio **de la *Torah*. Y cada uno dirá palabras de Sabiduría para iluminar el camino».**

Le dijeron: «¿Quién te puso a andar aquí y a conducir animales?». El hombre les dijo: **«La letra *Iod*** –la chispa, el *nitzotz*, de Moisés que todo justo recibe estando aún en vida– **libró una batalla contra dos letras, la *Kaf*** –asociada con el nivel del alma denominado *neshamá*– **y la *Samej*** –asociada con el nivel llamado *ruaj*– **para que se unieran conmigo. Pero la *Kaf* no quiso abandonar su puesto y unirse** a mí para venir al mundo físico y revelarme ante ustedes, **ya que no podía estar ni un instante sino ahí**, en su nivel. **La *Samej* no quiso abandonar su puesto porque debía servir de apoyo a los que caen, los que sin la *Samej* no pueden existir.** Por esta razón **sólo la *Iod* vino hacia mí,** y como llegó sola, sin los demás niveles, **me besó y me abrazó, y lloró conmigo, y me dijo: «Hijo mío ¿qué puedo hacer por ti? Pero** aunque los niveles superiores no hayan bajado conmigo, **yo partiré y me colmaré de innumerables cosas buenas y de letras secretas, supremas y valiosas,** es decir, me colmaré con los secretos y los misterios de la *Torah*, y **después de esto volveré a ti y te ayudaré, y te daré el legado de dos letras aún más eminentes que las que se han ido, que son la *Iod* y la *Shin*,** –las que también conforman la palabra hebrea *iesh* (Proverbios 8:21)– **son la *Iod* superior y la *Shin* superior, y serán para ti tesoros colmados de todo. Y por esto, hijo mío, ve y conduce los animales** porque por

6a

el hecho de revelarles secretos de *Torah* a partir de tu nivel de *nefesh* tienes una gran recompensa. **Y por esto viajo de esta manera».**

Rabbí Eleazar y Rabbí Aba se alegraron y lloraron. Y le dijeron: «Ve, monta sobre el asno y nosotros guiaremos los animales detrás de ti». El hombre **les dijo: «¿No os he dicho que el Rey me ha dado la orden de continuar así** y enseñar los secretos de la *Torah* hasta que aparezca aquel que vendrá montado en un asno, es decir, el Mesías?»** (Zacarías 9:9). **Le dijeron: «No nos has dicho tu nombre. Tu sitio de residencia, ¿cuál es?».** El hombre **les dijo: «Mi sitio de residencia es bueno y de alto valor para mí, y es una Torre que vuela por los aires, grande y querida. Y los que habitan en esta Torre son El Santo, Bendito Sea, y un pobre. Ése es mi lugar de residencia. Y me he exiliado de allí** por mi voluntad **y soy conductor de animales** para iluminar el camino de los justos a través de los secretos de la *Torah*». **Rabbí Eleazar y Rabbí Aba lo contemplaron, degustando sus palabras, que eran dulces como el maná y la miel.**

Le dijeron: «Si nos dices el nombre de tu padre, besaremos el polvo de tus pies». El hombre **les dijo: «¿Para qué? No es mi costumbre ésta de vanagloriarme de la *Torah*** diciendo que soy Sabio, hijo de un Sabio. **Pero mi padre habitaba en el Gran Mar,** las profundidades de la *Torah*, sus misterios y secretos, y **era como un pez que rodeaba el Gran Mar de un extremo al otro. Y era grande, inestimable y anciano en días,** tanto **que hubiese podido tragar al resto de los peces del mar**, es decir, a los demás eruditos de la *Torah* por su extensa sabiduría, **y volverlos a liberar vivos y colmados de todas** las cosas **buenas del mundo. Atravesaba el mar en un solo instante con su fuerza, y me disparó**, es decir, me gestó **a mí como una flecha en manos de un guerrero poderoso y me ocultó en aquel lugar del que os hablé, y él regresó a su lugar** para continuar su estudio en las profundidades de la *Torah* **y permaneció oculto en aquel mar»** (véase Talmud, tratado de *Jaguigá* 15a).

Rabbí Eleazar contempló sus palabras. Dijo: «¡Tú eres el hijo de la Llama santa! ¡Eres el hijo de Rabbí Amnuna, el Anciano! El nombre «Amnuna» es asociado con el término arameo *«nuna»*, pez.

¡Eres el hijo de la Luz de la *Torah* y caminas detrás de nosotros conduciendo animales!». Cabe destacar que los Sabios asocian a Rabbí Amnuna con el mismo Moisés. **Lloraron juntos y lo besaron y siguieron andando. Le dijeron: «Tal vez le plazca a nuestro maestro revelarnos su nombre».**

El hombre **abrió y dijo** los siguientes versículos: «Después, **Benaiahu hijo de Iehoiadá,** hijo del hombre vivo, grande en proezas, de Kabetzel, castigó a dos leones de Moab y él mismo descendió y castigó al león en medio del foso en un día de nieve. Y él castigó al hombre egipcio, hombre de apariencia, y tenía el egipcio una lanza en su mano, pero descendió hacia él con un cayado y arrancó la lanza de la mano del egipcio y lo mató con su propia lanza. Fue el más glorioso de los treinta pero a tres no alcanzó; David lo admitió en su consejo» (2 Samuel 23:20-21,23). **«Ese versículo ya ha sido explicado** (*véase* Talmud, tratado de *Berajot* 18a) **y bien, pero este versículo viene a enseñar supremos secretos de la *Torah*».** Y comenzó a revelarlos.

«Benaiahu hijo de Iehodiadá» alude al secreto de la Sabiduría, es una palabra cerrada y su nombre influye.

«Hijo del hombre vivo» designa al Justo viviente de los mundos. «Grande en proezas»: maestro de todas las acciones y de todas las legiones de lo Alto, porque todas proceden de él; es «El Eterno de las legiones». Es signo de todas Sus legiones, es considerable y exaltado por encima de todo. Es «grande en proezas».

«De Kabetzel», este árbol grande y prominente. Más grande que todo ¿de qué lugar procede? ¿De qué grado proviene? Vuelve el versículo y dijo: «De Kabetzel», del grado supremo e inaccesible (6b) que «Ningún ojo ha visto...» (Isaías 64:3). Un grado que posee todo y que reúne en su seno de la luz suprema y a partir del que todo emerge. Él es el Palacio santo y oculto donde todos los grados se reúnen y son confinados, y dentro del cuerpo de este Palacio moran todos los mundos y todas las santas legiones se sustentan y mantienen su existencia gracias a él.

«Él castigó a dos leones de Moab»: dos Templos existían por Su intermedio, y se sustentaban gracias a él, el Primer Templo y el Segundo Templo. Debido a que él se retiró, el flujo que se derramaba desde lo Alto se interrumpió. Es como si Él los hubiera castigado, destruido y aniquilado. Y el santo Trono cayó, como está escrito: «Estando yo en medio del exilio...» (Ezequiel 1:1). Ese grado denominado «Yo» está en el exilio. ¿Por qué «junto al río Kvar» (ibid)? Junto al río que corría y fluía y cuyas aguas fueron interrumpidas y ya no corre como antes. Tal como está escrito: «El río está agotado y seco» (Job 14:11), «agotado» por el primer Templo y «seco» por el segundo. Por esta razón «castigó a los leones de Moab». «Moab», que eran del Padre –*ab*– que está en el Cielo, y fueron destruidos y aniquilados por él, y todas las luces que iluminaban a Israel se oscurecieron.

Y además, «descendió y castigó al león»: en tiempos antiguos, cuando ese río derramaba sus aguas en lo Bajo, los hijos de Israel existían con integridad, ofrecían sacrificios y oblaciones para expiar por su alma, y entonces de lo Alto descendía la figura de un león. Y todos podían verlo sobre el altar, agazapado sobre su presa, devorando los sacrificios como un hombre poderoso. Y todos los perros se escondían ante él, y no salían afuera.

Pero cuando prevalecieron los pecados, Él descendió a los grados inferiores y mató a ese león, porque al no entregarle su presa como antes es como si lo hubiese matado. Él «castigó al león» ciertamente.

«En medio del foso», a la vista del «Otro Lado malo». Viendo esto, el Otro Lado cobró fuerza y envió a un perro para consumir las ofrendas. ¿Y cuál era el nombre de ese león? Oriel, porque su rostro es el de un león. ¿Y cuál es el nombre de ese perro? Baladón es su nombre, porque no es para nada un hombre sino un perro, y su rostro es el de un perro. «En un día de nieve»: cuando los pecados influyeron y el juicio fue pronunciado por arriba del tribunal de lo Alto, y sobre esto está escrito: «No temerá su casa por la nieve» (Proverbios 31:21): es el juicio supremo. Y ¿por qué? Porque «toda su casa está cubierta de carmesí» (ibid) y puede soportar un fuego poderoso.

Hasta aquí el misterio del versículo.

¿Qué está escrito después? «Y él castigó al hombre egipcio, hombre de apariencia.» Aquí el secreto del versículo viene a enseñarnos que cada vez que los hijos de Israel pecaron, él se alejó y los privó de todo bien y de todas las luces que los iluminaban.

«Y él castigó a un hombre egipcio»: era la luz, porque esa luz iluminaba a ellos, a Israel. ¿Y quién es? Moisés, porque está escrito: «Y dijeron: un hombre egipcio nos ha salvado» (Éxodo 2:19), porque allí nació, y allí creció, y allí ascendió hasta la luz suprema.

«Hombre de apariencia» –*maré*–, tal como está dicho: «en clara apariencia –*maré*– y no en enigmas» (Números 12:8).

«Hombre» –*ish*–, tal como está dicho: «Un hombre de Dios» (Deuteronomio 33:1). Es como si fuera el esposo de esa Gloria de El Eterno pues mereció conducir ese nivel sobre la Tierra a su voluntad, lo que ningún otro hombre mereció.

«Y tenía el egipcio una lanza en su mano»: es el cayado de Dios que le fue entregado en su mano, tal como está escrito: «El cayado de Dios está en sus manos» (Éxodo 17:9). Y éste es el cayado que fue creado en la víspera del Shabbat, entre el día y la noche –*bein hashmashot*–, en el que está inscrito el Nombre santo, la santa inscripción. Y con ése pecó en la roca, tal como está dicho: «Él golpeó la roca con su cayado en dos ocasiones» (Números 20:11). El Santo, Bendito Sea, le dijo: «¡Moisés! No te he dado Mi cayado para eso. Por tu vida, de aquí en adelante no estará en tus manos». Inmediatamente «Descendió hacia él con un cayado», con un duro juicio y «arrancó la lanza de la mano del egipcio». Desde ese momento fue privado del mismo y no estuvo ya más en su mano.

«Y lo mató con su propia lanza»: por ese pecado que golpeó con el cayado, murió y no entró a la Tierra santa, y se privó esta luz de Israel.

«El más glorioso de los treinta»: son los treinta años supremos de los que él tomó de ellos para llevar a lo Bajo. Y de ellos él tomaba y se acercó.

6b - 7a

«Pero a tres no alcanzó»: ellos llegaban a él y le daban con todo su corazón, mientras que él no llegaba a ellos. Y aunque no entró en su numeración y cuenta «David lo admitió en su consejo», pues no lo alejó nunca de su corazón (7a) y no existe jamás separación entre ellos. David volvió su corazón hacia él, pero él no hacia David, porque la Luna dirige sus alabanzas, cánticos y acciones de gracia al Sol para atraerlo a ella y establecer su residencia junto a él. Y esto es: «David lo admitió en su consejo».

Rabbí Eleazar y Rabbí Aba, no pudiendo soportar tanta luz **ante ellos, cayeron ante él y entretanto no lo vieron** más. Se pusieron de pie y miraron en todas las direcciones y no lo vieron. Se sentaron llorando y no pudieron hablar uno con el otro. Pasado un tiempo dijo Rabbí Aba: «Es cierto lo que aprendimos que en todos los caminos que recorren los justos y hay entre ellos palabras de la *Torah*, se tornan merecedores que justos de Ese Mundo, aquellos que comparten con ellos la misma raíz espiritual, salgan a su encuentro. Es claro que era la revelación del alma de **Rabbí Amnuna, el Anciano**, que vino a nosotros de Aquel Mundo para revelarnos estas palabras, y antes de que hayamos podido reconocerlo ha partido y se ha escondido de nosotros».

Se levantaron e intentaron hacer caminar a los animales, pero no se movieron. Lo intentaron de nuevo pero los animales **no se movieron** y notaron entonces que no era un hecho casual. Los animales **se atemorizaron** y ellos **dejaron a los asnos. Y hasta hoy denominan a ese lugar «El lugar de los asnos».**

Rabbí Eleazar abrió y dijo: «Cuán grande es Tu bondad que has guardado para aquellos que te temen» (Salmos 31:20). **Cuánta es la bondad suprema y valiosa que El Santo, Bendito Sea, hará con los hombres, con los merecedores supremos que temen el pecado dedicándose al estudio de la** *Torah*, **cuando entren en Ese Mundo,** el Mundo Venidero. Es decir, las dos condiciones son necesarias: el temor al pecado y el estudio de la *Torah*, ya que el ignorante no puede temer verdaderamente. **No está escrito «Tu bondad» sino**

«grande es Tu bondad». (¿Y cuál es?) Y encontramos la misma expresión también en otro versículo: «La memoria de Tu gran bondad proclamarán –*iabiu*» (Salmos 145:7), palabra hebrea relacionada con la fuente del manantial del que surge agua de modo permanente, lo cual sugiere a la abundancia divina. **Y éste es el placer de la vida que se derrama desde el Mundo Venidero sobre el Viviente de los mundos que es «La memoria de Tu gran bondad» y ciertamente es** también: **«La gran bondad para la casa de Israel»** (Isaías 63:9).

Otra explicación (*véase* Talmud, tratado de *Jaguigá* 12a): **«Cuán grande es Tu bondad» es la luz creada el primer día**, la cual era utilizada por el Primer Hombre para observar desde un extremo al otro del mundo. Y continúa el versículo: **«que has guardado para aquellos que te temen»**, porque la guardó para los justos en Ese Mundo, el Mundo Venidero. La expresión del versículo: **«que Tú has hecho», refiere al Jardín del Edén superior, tal como está escrito: «El lugar, El Eterno, que Tú has hecho como Tu morada»** (Éxodo 15:17). **Y éste** es el significado de: **«Has hecho para quienes confían en Ti»** (Salmos 31:20). El versículo continúa: **«Ante los hijos del hombre», refiere al Jardín del Edén inferior.**

Porque todos los justos allí existen como espíritus vestidos de gloria semejantes a formas de este mundo. Es decir, así como en este mundo el alma habita dentro de un cuerpo, en el Jardín del Edén el espíritu del hombre justo que ya ha fallecido se encuentra revestido de luz, y a esta vestimenta se denomina «vestidos de gloria». A **esto refiere** el versículo cuando escribe: **«Ante los hijos del hombre», con la misma forma de los hombres de este mundo. Y permanecen allí y vuelan** y escalan espiritualmente **por los aires y ascienden a la Ieshivah Celestial que se encuentra en el Jardín del Edén superior. Y vuelan y van a bañarse en la corriente de rocío de bálsamo puro** (*véase* Talmud, tratado de *Taanit* 25a), **y descienden y permanecen en lo Bajo.**

Y a veces, tal como sucedió con el caso de Rabbí Amnuna, a pesar de que su lugar es el Jardín del Edén de lo Bajo, **se manifiestan «ante los hijos del hombre»** en el mundo físico **para hacerles milagros**

7a

como ángeles superiores, como vimos ahora la luz de la Llama suprema, pero no merecimos observar y conocer más los secretos de la Sabiduría.

Rabbí Aba abrió su enseñanza **y dijo: «Y dijo Manoaj a su esposa: ciertamente moriremos porque hemos visto a Dios»** (Jueces 13:22). Aunque Manoaj desconocía el sentido de este hecho, dijo: considerando que está escrito: «Porque ningún hombre Me verá y vivirá» (Éxodo 33:20), **y nosotros ciertamente hemos observado, por lo tanto, moriremos. Y nosotros,** dijo Rabbí Aba, **que hemos visto y merecido esa luz que nos acompañó, continuaremos existiendo en el mundo, porque El Santo, Bendito Sea, la ha enviado a nosotros para darnos a conocer los secretos de Sabiduría que nos reveló. ¡Bienaventurados somos por la porción que nos ha tocado** y no debemos afligirnos por haber visto al alma con su cuerpo!

Siguieron su camino y llegaron a una montaña, y el Sol comenzaba a declinar. Comenzaron las ramas del árbol de la montaña a golpearse una con otra y ellas, las ramas, **pronunciaron un cántico.**

El Talmud de Babilonia (*véase* Talmud, tratado de *Sucá* 28a) relata acerca de Rabbí Iojanan ben Zakai que, **aún caminaban cuando escucharon una voz** celestial **poderosa** y diferente a una voz humana **que decía** en referencia a las almas recientemente reveladas en el mundo: **«Santos hijos de Dios, que fueron dispersos entre los vivientes de este mundo. Estas llamas de la Ieshivah: ¡reuníos en vuestros lugares** celestiales **y regocijaos con la** *Torah* **con vuestro maestro».**

Ellos temieron, se detuvieron en su lugar y se sentaron. Entretanto, salió una voz como la anterior para insistir y convocar nuevamente a las almas esparcidas en el mundo a regresar a la Ieshivah, **y dijo: «Rocas poderosas, mazas elevadas, he aquí que el Maestro de los Colores, tramado en formas, se ubica en su tarima. Entrad y reuníos».**

En ese instante escucharon la voz de las ramas de los árboles, fuerte y poderosa, diciendo: «La voz de El Eterno quiebra los cedros» (Salmos 29:5). **Rabbí Eleazar y Rabbí Aba se desploma-**

ron de cara a tierra, y un gran temor cayó sobre ellos porque pensaron que ellos eran quienes demoraban a las almas en el mundo físico. **Se incorporaron velozmente y se marcharon, y no escucharon nada más. Se alejaron de la montaña y prosiguieron su viaje.**

Al llegar a casa de Rabbí Iosei, hijo de Rabbí Shimón ben Lekonia, vieron a Rabbí Shimón ben Iojai allí y se alegraron (7b). **Rabbí Shimón se alegró, y les dijo** a modo de afirmación: **«Seguramente habéis atravesado un camino de milagros y signos supremos. ¿Y** cómo lo sé? **Porque en el momento de caer dormido os he visto junto con Benaiahu hijo de Iehoiadá que os enviaba dos coronas**, es decir, dos profundas y maravillosas enseñanzas, **por intermedio de un anciano para coronaros a vosotros. Ciertamente El Santo, Bendito Sea, estaba en ese camino. Y además, veo que vuestros rostros se han transfigurado»** –debido al temor o al nivel espiritual agregado a sus personas.

Rabbí Iosei, consuegro de Rabbí Shimón, **dijo** en referencia a Rabbí Shimón: **bien han dicho que un Sabio es preferible a un Profeta** (*véase* Talmud, tratado de *Bava Batra* 12a). **Rabbí Eleazar se aproximó, apoyó la cabeza sobre las rodillas de su padre y le contó lo sucedido. Rabbí Shimón temió y lloró** por no haber podido merecer también él presenciar tal revelación, **y dijo: «El Eterno, he oído tu palabra y temí»** (*Habakuk* 3:2). **Este versículo fue enunciado por Habakuk cuando vio su muerte y fue resucitado por Eliseo** –Elisha. **Y ¿por qué se llamaba Habakuk? Porque está escrito: «En esta época, el año próximo, abrazarás** –*jobeket*– **un hijo»** (2 Reyes 4:16), **y él era el hijo de la Sunamita.**

¿Y por qué el nombre Habakuk refiere a dos abrazos, en plural, y no a uno, el de su madre? **Y dos abrazos hubieron: uno de su madre y otro de Eliseo, tal como está escrito: «Posó su boca sobre la suya»** (2 Reyes 4:34).

Encontré en el Libro del rey Salomón que el Nombre grabado de setenta y dos nombres fue grabado sobre él con sus letras, sobre Habakuk, **porque las letras del alfabeto que su padre había inscrito sobre él, en un comienzo,** en el momento de la gestación, **se volaron de él cuando murió.** Porque los Sabios nos enseñan que cuando el hombre emite simiente primero, ha de nacer una mujer. Y como el padre de Habakuk emitió primero simiente, antes que su esposa, debió nacer una niña, pero sólo debido a la promesa del profeta que habría de nacer un niño, varón, llegó al mundo Habakuk. **Y cuando Eliseo lo abrazó, grabó sobre él todas las letras de los setenta y dos nombres.**

Y las letras de estos setenta y dos nombres grabados son doscientas dieciséis letras, equivalente al valor numérico de la palabra hebrea *Jabakuk* –Habakuk. **Y todas esas letras de los setenta y dos nombres las grabó Eliseo en su espíritu,** el del niño, **para resucitarlo con las letras de los setenta y dos nombres. Y lo llamó Habakuk, nombre completo por todos los lados: completa a los dos abrazos, tal como se ha dicho, y completa el secreto de las doscientos dieciséis letras del Nombre sagrado. Gracias a las palabras le fue devuelto su espíritu y gracias a las letras retomó existencia su cuerpo, y por ello el niño fue llamado Habakuk.**

Y él, Habakuk, **dijo: «El Eterno, he oído tu palabra y temí»** (Habakuk 3:2): **«He oído lo que me ha sucedido, que degusté de Aquel Mundo y estoy amedrentado».** Entonces, **comenzó a pedir piedad por su alma y dijo: «Oh El Eterno, que Tu obra»** lo que has hecho por mí **«durante los años»** sea *jaiehu,* cumplida, **«es decir con vida»,** porque la vida se apega a aquel que se adhiere a los años anteriores. **«Durante los años» manifiéstala,** es decir, en el nivel en el que no hay vida alguna.

Rabbí Shimón lloró y dijo: «Yo también, por lo que he escuchado, siento temor ante El Santo, Bendito Sea». Levantó los brazos sobre su cabeza y dijo: «¡Rabbí Amnuna, el Anciano, luz de la *Torah*! Tuvisteis el mérito de verlo cara a cara y yo no he tenido este mérito». Cayó sobre su rostro y lo vio a Rabbí Amnuna **desarraigando montañas** a través de su estudio aguzado y profundo de la *Torah* **y encendiendo las llamas en el Palacio del Rey Mesías.** Rabbí Amnuna **le dijo: «Rabbí, en Ese Mundo de allí los directores de Ieshivahs** de estudio de la *Torah* **seréis vecinos de los Sabios que estudian delante del Santo, Bendito Sea».** Desde ese día Rabbí Shimón **llamaba a Rabbí Eleazar, su hijo, y a Rabbí Aba,** con el nombre de «**Peniel**» –rostro de lo divino–, **tal como está escrito: «Porque yo he visto a Dios cara a cara»** (Génesis 32:31).

«**En el principio.**» **Rabbí Jia abrió** las puertas de la *Torah* relacionadas con su raíz espiritual y luego enseñó: «**El principio de la Sabiduría es el temor a El Eterno, es la buena comprensión de todos los que lo practican. Su alabanza subsiste siempre**» (Salmos 111:10). ¿«**El principio de la Sabiduría**»? **Este versículo debería ser así** escrito: «**El fin de la Sabiduría es el temor a El Eterno**», **porque el temor a El Eterno es el** objetivo **final de la Sabiduría. Sino que él es la entrada inicial que conduce al grado de la Sabiduría suprema, tal como está escrito: «Abridme las puertas de la justicia… Ésta es la puerta hacia El Eterno»,** ciertamente (Salmos 118:19-20). **Sin atravesar esa puerta no es posible entrar jamás** ante el **Rey supremo, que es supremo, secreto y oculto, e hizo una puerta tras otra, y al final de todas las puertas hizo una puerta con innumerables cerraduras e innumerables aperturas** pequeñas, **para muchos palacios, uno sobre otro. Dijo: «Aquel que desee entrar a Mí debe antes franquear esa primera puerta. Aquel que entre por esa puerta, ingresará». También aquí, la primera puerta de acceso a la Sabiduría suprema es el** «**temor a El Eterno**». **Y éste es el** *reshit* –principio (*véase* Talmud, tratado de *Shabbat* 31a).

La letra *Bet* de *bereshit*, «en el principio», **son dos que se unen como si fueran uno, y son dos puntos, uno guardado y oculto y uno que existe revelado. Y como no hay separación alguna entre ambos, se denominan** *reshit* –principio–, **uno y no dos.** Y por lo tanto, **aquel que logra asir a uno logra asir al otro, y todo es uno, porque Él y Su Nombre son uno, tal como está escrito: «Ellos conocerán que Tú, Tu nombre, El Eterno, es único**» (Salmos 83:19).

¿**Por qué es denominada** «**el temor a El Eterno**»? **Porque ella**, esta puerta, **es el Árbol del bien y el mal. Si el hombre lo merece** a través de su servicio espiritual al Creador y sus buenas acciones, **he aquí que es «bien», y si no lo merece, he aquí que es «mal»** (8a). **Por lo tanto**, al poder ser afectado por las transgresiones humanas,

el temor reina en ese lugar, y esta puerta no sólo recibe las desviaciones y los pecados sino que también **es la entrada a todo lo bueno del mundo.**

¿El concepto de «la buena comprensión» –*Sejel Tov*– citado anteriormente, a qué se refiere? *Sejel* y *Tov* son otras **dos puertas que son como una. Rabbí Iosei,** por su parte, **dijo:** *Sejel Tov* **es el Árbol de la Vida que es la comprensión sin ningún mal** (*véase* Talmud, tratado de *Berajot* 32b), **y siendo que el mal está excluido, es** *Sejel Tov*, **sin mal alguno.**

«De todos los que lo practican» –lit. «*oseihem*», «los hacen»–. ¿A qué se refiere? **Éstos son «los actos bondadosos de David y fieles»** (Isaías 55:3), es decir, **los que sustentan** el estudio de **la** *Torah*. **Y aquellos que sustentan** el estudio de **la** *Torah* **es como si la hubiesen hecho. Porque todos los que se ocupan** del estudio **de la** *Torah*, **mientras estudian, no «hacen». Mas los que apoyan** el estudio de los eruditos de la *Torah*, **se considera que «hacen», y sobre el poder éste encontramos escrito: «Su alabanza subsiste siempre» y el Trono se reafirma sobre su base, como corresponde** (*véase* Talmud, tratado de *Sanhedrín* 99b).

Estaba Rabbí Shimón sentado y ocupado del estudio **de la** *Torah*, **durante la noche** de la Festividad de Shavuot, la Fiesta de la entrega de la *Torah*, **en la que la Novia se une a su Esposo.** Más precisamente, durante esta noche, en la que se acostumbra a no dormir y a dedicarse al estudio de la *Torah*, se prepara a la Novia para el encuentro de la mañana siguiente. **Porque hemos estudiado que todos los integrantes del Palacio de la Novia, durante la noche en la que la Novia se prepara para unirse a su Esposo al día siguiente bajo el palio nupcial, deben acompañarla durante toda la noche y regocijarse con ella en todos sus preparativos, ocupándose** del estudio **de la** *Torah*, **y** pasando **del** estudio del **Pentateuco a los Profetas y de los Profetas a los Hagiógrafos, y de los** *midrashim* **de los versículos a los secretos de la Sabiduría, ya que estos** estudios **constituyen sus preparativos y ornamentos,** que alcanzan el número de veinticuatro, como los libros bíblicos. Y los Sabios nos enseñan que aquel que permanece despierto durante toda esta noche y estudia la *Torah*, se le asegura que nada malo ha de sucederle durante el año siguiente.

Y ella con sus siete **doncellas, llega y permanece sobre sus cabezas,** las de aquellos que estudian la *Torah* durante esa noche, **se adorna gracias a ellos y se regocija con ellos toda esa noche.**

Y al día siguiente ella no entra al palio nupcial sino en su compañía, y ellos son denominados «Hijos de su palio nupcial». Y una vez que la Novia **ha entrado bajo el palio, El Santo, Bendito Sea, pregunta por ellos, los bendice y los ciñe con las coronas de la Novia. ¡Felices ellos!**

Y Rabbí Shimón y todos sus compañeros estudiaban exaltados la *Torah* –lit.: «entonaban el cántico de la *Torah*»– (*véase* Talmud, tratado de *Eruvín* 18b), **e innovaban uno tras otro** distintos niveles de comprensión de **las palabras de la *Torah*. Y Rabbí Shimón estaba alegre como el resto de sus compañeros. Les dijo Rabbí Shimón: «¡Hijos míos, bienaventurados sois, pues mañana la Novia no entrará al palio nupcial sino en vuestra compañía! Porque todos aquellos que durante esta noche se consagran a los preparativos de la Novia y se regocijan con ella, todos serán inscritos y anotados en el Libro del Recuerdo. El Santo, Bendito Sea, les prodigará las setenta bendiciones y coronas del Mundo Supremo».**

Rabbí Shimón abrió su nueva enseñanza **y dijo: «Los Cielos relatan la Gloria de Dios»** (Salmos 19:2). **Este versículo ya lo hemos comentado, pero en este momento** –la noche de la Festividad de Shavuot– **en el que la Novia está despierta** durante toda la noche **para entrar mañana bajo el palio nupcial, ella se prepara y se ilumina con sus** veinticuatro **ornamentos junto con los compañeros que la han regocijado durante toda esa noche, y ella se alegrará con ellos. Y al día siguiente,** durante los rezos matutinos de *shajarit* y *musaf,* **una cantidad de tropas, guerreros y campamentos se apiñan en torno a ella, y ella y todos esperan a cada uno de quienes la han preparado** a través de su estudio de la *Torah* **durante esa noche.**

8a
Cuando finalmente **se unen y Ella observa a su Esposo** cara a cara, **¿qué está escrito** acerca de esto? «**Los Cielos relatan la Gloria de Dios**». Los «Cielos» se refieren al Esposo –*jatán*– que entra al palio nupcial y de aquí que en una boda el novio entra bajo el palio nupcial antes que la novia. «**Relatan**», palabra hebrea, *mesaprim*, cuya raíz se relaciona con el zafiro, es decir, **iluminan como el resplandor del zafiro que proyecta su luz deslumbrante de un extremo del mundo al otro**. «La Gloria de Dios» es la gloria de la Novia denominada «Dios» –*Kel*–, **tal como está escrito: «*Kel* –Dios– está airado todos los días»** (Salmos 7:12). **Todos los días del año** –incluso en Shabbat y el resto de las festividades– **ella es llamada «*Kel*», pero ahora, que entra bajo el palio nupcial, es llamada «Gloria». Y es llamada** *Kel* **como una gloria agregada a otra gloria, una luz a otra luz, un dominio a otro dominio.**

Entonces, en ese momento, por la mañana, cuando se comienza a pronunciar el rezo matutino de *shajarit* y de *musaf*, **cuando el Cielo**, el Novio, **entra al palio nupcial y lo ilumina, todos esos compañeros que la han preparado** a la Novia estudiando la *Torah*, **todos son mencionados por sus nombres** y se enfatiza que tal persona hija de tal otra, se dedicó al estudio de la *Torah* durante toda la noche para acompañar y adornar a la Novia, **tal como está escrito: «Y la obra de Sus manos relata el Rakía»** (Salmos 19:2). «**La obra de Sus manos**» **son los poseedores de la señal del pacto, acompañantes de la Novia, y estos poseedores de la señal del pacto son llamados «obra de Sus manos», tal como está escrito: «Haz prosperar la obra de nuestras manos»** (Salmos 90:17), **que es el pacto sellado en la carne del hombre.**

Rabbí Amnuna, el Anciano, dijo así: «No permitas que tu boca haga pecar a tu carne» (Eclesiastés 5:5). **El hombre no debe permitir que su boca**, dominada por el poder del Mal Instinto, **lo lleve a malos pensamientos y que le provoque pecar con la carne santa** –el órgano sexual– **sobre el que está sellado el pacto de Santidad. Porque si así lo hiciera** y no cuidara su boca ni su lengua, **será arrastrado al Infierno** –*Guehenóm*. **Y aquel** ángel **encargado del** *Guehenóm* **se denomina Duma** (*véase* Talmud, tratado de *Berajot*

HAKDAMÁ –PRÓLOGO DE EL ZOHAR

8a - 8b

18b). **Y muchas miríadas de ángeles destructores lo acompañan y se ubican en la puerta del** *Guehenóm*. **Y todos aquellos que han guardado el pacto sagrado en este mundo, él no tiene permiso de acercarse a ellos** y dañarlos (*véase* Talmud, tratado de *Eruvin* 19a).

El rey David, cuando le sucedió aquel asunto con Batsheva (2 Samuel 11.12) **estaba temeroso** pues temía haber cometido una trasgresión. **En ese momento Duma ascendió** para acusarlo **ante El Santo, Bendito Sea, y le dijo: «Señor del mundo** (8b), **está escrito en la** *Torah*: «Un hombre que comete adulterio con la esposa de otro...»** (Levítico 20:10) **y está escrito: «No te acercarás a la mujer de tu prójimo»** (Levítico 18:20). Siendo que **David ha corrompido el pacto con impudicia, ¿qué será de él? El Santo, Bendito Sea, le dijo: «David es inocente,** justo, **y el pacto de Santidad permanece inviolado, porque es revelado ante Mí que Batsheva le estaba destinada desde los días de la creación del mundo»** (*véase* Talmud, tratado de *Sanhedrín* 107a). Como los Sabios nos enseñan, las almas de David y Batsheva estaban asociadas en su raíz espiritual a las de Adán y Eva, y David vino a corregir el hecho de que Adán mantuviera relaciones íntimas con Eva antes de que llegara el Shabbat. **Le dijo** Duma: **«Si delante de Ti es revelado, delante de él no era revelado** y entonces cabría suponer que, aparentemente, de algún modo transgredió». **Le dijo** El Santo, Bendito Sea: **«Además era lícito lo que hizo, porque cada uno que partía a la guerra, no salía ninguno hasta no otorgar a su esposa un acta de divorcio».** En pocas palabras, se trataba de una mujer libre de todo compromiso matrimonial (*véase* Talmud, tratado de *Shabbat* 56a).

Duma **le dijo: «En ese caso** David **hubiera tenido que esperar tres meses y no lo hizo,** lo cual evidencia, aparentemente, un fuerte deseo motivado por el Mal Instinto» (*véase* Talmud, tratado de *Ievamot* 42a). El Eterno **le dijo: ¿A qué caso nos referimos** cuando enseñamos que debe esperar el lapso de tres meses? Sólo **cuando se sospecha que la mujer está encinta, pero es revelado ante Mí que Uriá**, su primer marido, **no se acercó a ella jamás** ni mantuvo relaciones íntimas, **ya que Mi nombre está sellado en él como un testimonio:** a veces **está escrito** su nombre como *Uriá* **y** otras veces

8b

está escrito como *Uriahu*, es decir, **Mi nombre** conformado por las letras hebreas *Iod* y *He* **está sellado en él, lo que indica que jamás tuvo relaciones conyugales con ella».**

Duma le dijo: «Señor del mundo, es lo que dije: «Si delante de Ti te ha sido revelado que Uriá no mantuvo relaciones con ella, ¿delante de quién más **fue revelado? ¡Debió esperar tres meses! Y además, si sabía que Uriá nunca se allegó a su mujer ¿por qué le dio la orden de irse** a su casa **y tener relaciones conyugales con su mujer, tal como está escrito: «Vete a tu casa y lava tus pies»** (2 Samuel 11:8), lo cual refiere a mantener relaciones íntimas? (*Véase* Talmud, tratado de *Eruvin* 63b). El Santo, Bendito Sea, **le dijo** lo principal, tras demostrarle a Duma que Él supervisaba y sabía absolutamente todo acerca de David: **es cierto que no lo sabía, pero** igualmente **esperó más de tres meses** lo cual demuestra que David no estaba provocado por ningún deseo bajo, **y he aquí que transcurrieron cuatro meses** entre el momento en que Uriá le dio el acta de divorcio y el momento en que David se allegó a ella. Hasta aquí el diálogo entre El Creador y Duma.

Porque así aprendimos: el veinticinco del mes **de Nisán, David convocó a todo Israel** para salir a la guerra, y en ese momento los hombres entregaron el documento de divorcio a sus mujeres; **y estuvieron con Ioav el siete de Siván, y fueron y arrasaron la tierra de los Hijos de Amón.** Durante los meses de **Siván, Tamuz, Av y Elul aguardaron allí** y combatieron **y el 24 de Elul sucedió lo que sucedió con Batsheba. Y el día de Iom Kipur, El Santo, Bendito Sea, le perdonó** a David **ese pecado.**

Y hay quienes dicen: el 7 de Adar convocó al pueblo para la guerra **y se reunieron el 15 de Iar** y en este día le entregaron los hombres el documento de divorcio a sus mujeres, **y el 15 de Elul sucedió lo que sucedió con Batsheva, y el día de Iom Kipur se anunció: «También El Eterno ha remitido tu pecado, no morirás»** (2 Samuel 12:13). ¿Qué significa «no morirás»? «No morirás en manos de Duma».

Duma dijo: Señor del mundo, una palabra más **tengo sobre él ya que él,** David, **abrió su boca y dijo: «Por El Eterno viviente,**

el hombre que ha hecho esto merece la muerte» (2 Samuel 12:5) y con estas palabras **se ha juzgado a sí mismo y,** por lo tanto, **tengo acusaciones contra él. El Santo, Bendito Sea, le dijo: «Tú no tienes permiso** para hacerle mal alguno, **porque he aquí que ha admitido ante Mí y ha dicho: «Yo he pecado ante El Eterno», y a pesar de no haber pecado. En cuanto a lo que pecó contra Uriá, prescribí un castigo sobre él y lo recibió»** (2 Samuel 12:9-23).

Inmediatamente Duma regresó a su lugar, decepcionado. Y sobre esto dijo David: «Si no me ayudara El Eterno, poco faltó para que mi alma sea entregada a Duma» (Salmos 94:17). **«Si no me ayudara El Eterno», que fue mi Apoderado** y mi responsable **«poco faltó...». ¿Qué significa «poco»? Como un hilo fino, como la medida que me separa del «Otro Lado». Como esa medida hubo para que mi alma no «Sea entregada a Duma».**

De todo lo anterior aprendemos la gravedad de los malos pensamientos, **y por lo tanto el hombre debe guardarse de pronunciar palabra semejante, tal como David** dijo: «Pruébame, El Eterno, y cerciórate de mí...» (Salmos 26:2), **porque no podrá decirle** a Duma que **«fue por inadvertencia»** (Eclesiastés 5:5), **tal como sucedió con David,** quien siempre había actuado rectamente ante los ojos de Dios, **y en el** caso en el **que El Santo, Bendito Sea, triunfó en su juicio.** Y acerca de la continuación del versículo: **«Por qué irritar a Dios con tu voz», por la voz misma**, es decir, sus propias palabras, **que él dijo** y que por ser malsana lo condujo a malos pensamientos. **«Y destruir la obra de tus manos» refiere a la carne sagrada del pacto de Santidad que atenta y es arrastrado por ello al** *Guehinom* **por Duma.**

Ahora Rabbí Shimón vuelve al tema anterior y agrega: **y debido a esto: «Y el *Rakía* relata la obra de Sus manos»** (Salmos 19:2): **éstos son los compañeros que se unieron con esta Novia** durante la noche de la Festividad de Shavuot, **y los que son considerados guardianes del pacto de ella; «relata»,** enuncia e **inscribe a cada uno por uno. ¿De qué *Rakía* se trata** considerando que existen muchos niveles? **Es la *Rakía* en el que se encuentra al Sol, la Luna, las** estrellas y las constelaciones y que es el Libro del Recuerdo. Él relata y los inscribe para que ellos devengan habitantes del Palacio y para que sus voluntades sean siempre cumplidas.

«Un día instruye al otro día» (ibid 3). Un día santo, entre los días supremos del Rey, alaban a los compañeros y dicen esa palabra que dijo cada uno a su compañero. Un día instruye al otro lo que ha sido dicho y lo alaba. «Y una noche a otra noche» (ibid): todo grado que se completó en la noche alaba uno al otro el saber de cada uno de los compañeros y con gran amor se transforman en amigos y amantes. «No hay dicho ni palabras» (ibid 4) en el resto de palabras mundanas que no sean escuchadas por el Rey santo. Y no desea escucharlas.

Pero estas palabras, «su resonancia recorre toda la Tierra» (ibid 5): hacen (9a) sus palabras las medidas de los residentes en lo Alto y los residentes en lo Bajo. De éstos se forman los firmamentos y de éstos la Tierra, de esa alabanza.

Y si dices que estas palabras sobrevuelan en el mundo en su solo sitio: «y hasta el extremo del mundo, sus palabras» (ibid).

Y considerando que se hicieron firmamentos a partir de ellos ¿quién habita en ellos? Y vuelve y dice: «En ellos puso tabernáculo para el Sol» (ibid): ese santo Sol establece su morada y su residencia en ellos y se adorna con ellos. Y debido a que establece su morada en estos firmamentos y se adorna con ellos, entonces «se asemeja a un novio que sale de su palio nupcial» (ibid 6), alegre y corriendo por esos firmamentos. Sale de ellos y entra y corre en otra Torre, en otro lugar. «De un extremo del Cielo sale» (ibid 7), ciertamente del Mundo de lo Alto sale, que es la extremidad superior del Cielo. «Su curso» (ibid): ¿Quién es «su curso»? Es la extremidad inferior del Cielo que es el curso del año que hace un circuito completo y se une desde el Cielo hasta este firmamento. «Y nada hay que se esconda de su calor» (ibid): De ese circuito y del circuito del Sol que gira en todas las direcciones. «Y nada hay que se esconda»: no hay quien se esconda de él, de todos los grados superiores que giraban y retornaban a él, y cada uno y uno, ninguno puede ocultarse de él. «De su calor»: cuando vuelve a calentarse y vuelve hacia ellos después con un deseo completo.

Y toda esa alabanza y toda la elevación descritas en el Libro de El Zohar a partir de este versículo **están destinadas a la *Torah*, tal como está escrito: «La *Torah* de El Eterno es íntegra»** (Salmos 19:8), capaz de crear Cielos y Tierra nuevos.

Seis veces está escrito aquí, en este versículo, **el Nombre del Tetragrama, y** hay **seis versículos desde «los Cielos relatan» hasta «la *Torah* es íntegra».** Y sobre este misterio está escrito y sugerido al principio de la *Torah* a través de las letras de la palabra **«*Bereshit*»** –En el principio– **que tiene seis letras,** y a través de las palabras hebreas: **«Creó Dios el Cielo y la Tierra»** (Génesis 1:1), **he aquí seis palabras. Los** cinco **versículos finales,** posteriores a la mención de los seis Nombres del Tetragrama, **corresponden** aquí **con** los versículos, cada uno de cinco palabras, que contienen **los seis Nombres del Tetragrama. Los seis Nombres** del Tetragrama, a partir del versículo «la *Torah* es íntegra» en adelante, **corresponden con las seis palabras de aquí,** a partir del término *Bereshit* en adelante.

Mientras estaban sentados con Rabbí Shimón, **entraron Rabbí Eleazar, su hijo, y Rabbí Aba.** Les dijo: ¡Ciertamente los rostros de la Presencia divina han llegado, y por eso los he llamado *Peniel* ya que visteis el rostro de la Presencia divina cara a cara!

Y ahora que conocéis y os ha sido revelado el versículo acerca de Benaiahu hijo de Iehoiadá, ciertamente que es algo del Santo Anciano, y el versículo siguiente, y ése es el más oculto de todos, les fue dicho, y este versículo, en otro lugar, es como éste. Abrió y dijo: «Y él castigó al hombre egipcio, hombre de cinco codos de estatura» (1 Crónicas 11:23). **Y todo es un mismo secreto: ese «egipcio» es el conocido, «muy grande en la Tierra de Egipto, a los ojos de los siervos…»** (Éxodo 11:3). **Era grande y honora-**

9a

ble, como lo reveló ese Anciano. Y ese versículo fue dicho en la Ieshivah de lo Alto: «El hombre grande», es todo uno. «El hombre de apariencia» y «El hombre grande» es todo uno, porque es el Shabbat y sus límites, tal como está escrito: «Y sus medidas fuera de la ciudad» (Número 35:5) y está escrito: «Vosotros no cometeréis iniquidad ni en juicios ni en medidas» (Levítico 19:35). Y sobre esto: «el hombre grande» –lit.: de medida». Y él ciertamente es «hombre de medida»: su largo del final del mundo y hasta el final del mundo. El Primer Hombre era así.

Y si dices: he aquí que está escrito «cinco codos», esos cinco codos eran del final del mundo hasta el final del mundo.

«Y en la mano del egipcio una lanza» (1 Crónicas 11:23), como está dicho: «Como el tejedor», es el cayado de Dios que estaba en su mano, y sobre el que estaba grabado el Nombre explícito, trazado por la luz de la fusión de las letras que fueron grabadas por Betzalel y su Ieshivah, llamado «tejedor», como está escrito: «y los ha colmado… para bordar y tejer…» (Éxodo 35:35). Y ese cayado irradiaba el Nombre grabado en todas las direcciones gracias a la luz de los Sabios que habían grabado el Nombre explícito con cuarenta y dos tonalidades. Y el versículo de aquí en adelante es como lo dijo. ¡Qué suerte la suya!

¡Sentaos, queridos, sentaos, y renovaremos la preparación de la Novia en esa noche, porque quienquiera que se asoció a ella en esa noche será protegido Arriba y Abajo durante todo ese año, y transcurrirá ese año en paz. Sobre ellos, los que estudian *Torah* durante la noche de la Festividad de Shavuot, **está escrito: «El Ángel de El Eterno acampa alrededor de los que le temen y los salva. ¡Gustad y ved cuán bueno es El Eterno!»** (Salmos 34:8-9).

Rabbí Shimón abrió nuevamente su enseñanza **y dijo: «Al principio creó Dios»** (Génesis 1:1). **Este versículo debe ser observado,** y se debe reflexionar en él, hasta llegar a conocer que Dios, solo, es Quien creó los Cielos y la Tierra. **Porque cualquiera que dijese que existe otra divinidad, será tronchado de los mundos, tal como**

está dicho en la carta enviada por el profeta a quienes se encontraban en la Diáspora y eran tentados a servir a otros dioses por los Caldeos: **«Les diréis así: los dioses que no hicieron los Cielos ni la Tierra serán excluidos de la Tierra y de debajo de los Cielos estos** –*ele*–**»** (Jeremías 10:11). **Porque no hay otro Dios fuera del Santo, Bendito Sea, solamente.**

Y este versículo (9b) está en arameo salvo la última palabra del final del versículo. **Y si dices que** la utilización del idioma arameo **se debe a que los santos ángeles no atienden el arameo y no lo comprenden** o no desean ni escucharlo ni comprenderlo (tal como se explica y detalla en el Talmud, tratado de *Shabbat* 12b y tratado de *Sotá* 33a), entonces **esto debería haber sido enunciado** por el profeta Jeremías **en la lengua sagrada**, hebreo, **para que los santos ángeles atendiesen y reconociesen por esto** y maldijesen la idolatría de las naciones. ¿Entonces, por qué lo dijo en arameo? **Sino que ciertamente** los ángeles saben arameo, pero también saben que cuando escuchan una plegaria en este idioma, la misma no necesariamente debe ser llevada y presentada ante El Creador, y fue precisamente **debido a esto** que **fue escrito en arameo: para que los santos ángeles no la atendiesen** y no la presentaran ante Dios y de este modo molestarlos, **y** para que los ángeles dañinos, los cuales realmente no entienden el idioma arameo, **no envidiasen al hombre y lo perjudicasen, debido a que el versículo incluye a estos ángeles, los cuales son denominados** *Elohim* **y forman parte de** *Elohim*, **pero no han creado ni el Cielo ni la Tierra.**

La Tierra posee cuatro nombres en hebreo: *eretz, tevel, adamá* y *arka*. Por consiguiente, si tal lo mencionado, la última palabra está en idioma arameo, en lugar de *vearka* –en la Tierra–, **debería estar escrito** *veara*. **Pero** utilizó esta palabra **debido a que** *Arka* **es una de las siete Tierras inferiores. Y en ese sitio habitan los descendientes de Caín** pues **después de ser expulsado de la faz de la Tierra, bajó a ese lugar y tuvo descendencia, y enloqueció allí, y no supo más nada** de este mundo. **Y es una Tierra doble, duplicada en** zonas de **oscuridad y en** zonas de **luz**, es decir, las dos se entremezclan tanto de día como de noche.

9b

Y hay allí dos encargados gobernantes, uno sobre la oscuridad y el otro sobre la luz. Y allí se acusan uno al otro, por tratarse de dos opuestos que no han alcanzado la unidad, **y al descender allí Caín, se asociaron uno al otro y se complementaron como si se tratara de uno solo. Y todos ven que son la descendencia de Caín** ya que éste se impurificó y se asoció con la Serpiente. Y como fueron creados en esa zona en la que se entremezclan la luz y la oscuridad, **por eso tienen dos cabezas como de serpientes, excepto cuando** el encargado de **la luz reina,** y luego el encargado de la oscuridad **lo vence,** y luego el encargado de la luz **vence al otro, y por ello se han fundido éste en la luz y éste en la oscuridad para ser uno solo.**

Esos dos encargados –Afrira y Kastimon–, su aspecto es similar al de los santos ángeles, con seis alas. Uno de ellos tiene el aspecto de un buey y uno tiene el aspecto de un águila, y al unirse, cuando la luz prevalece, **asumen el aspecto de un hombre. Cuando están en la oscuridad asumen el aspecto de una serpiente de dos cabezas y se arrastran como una serpiente, y sobrevuelan el abismo y nadan en el Gran Mar. Y al llegar a las cadenas de Aza y Azael,** quienes se encuentran en las montañas de oscuridad, **los provocan y los despiertan** (*véase* Talmud, tratado de *Ioma* 67b). **Y estos,** Aza y Azael, llevados por el miedo, **saltan en las montañas de oscuridad pensando que El Santo, Bendito Sea, los reclama para juzgarlos. Y esos dos encargados** –Afrira y Kastimon– **sobrevuelan el Gran Mar y vuelan de allí, y al llegar la noche llegan hasta Naamá, la madre de los demonios** –*shedim*– **que confundió tras ella a las primeras deidades,** en referencia a los ángeles y los príncipes antiguos sobre los que se relata en el libro del (Génesis 6:2). **Y cuando piensan acercarse a ella,** y unirse a ella, **ésta da un salto de seis mil *parsaot* y se transforma en varias representaciones ante el parecer de los hombres,** las mismas formas con las que se les aparece en sus sueños, **para que los hombres se confundan detrás de ella** y emitan poluciones nocturnas, de las que nacen demonios. Y **estos dos encargados vuelan y sobrevuelan por todo el mundo, y regresan a sus lugares,** Arka, y estos despiertan a procrearse a esos descendientes de Caín con el espíritu de las malas pasiones.

El texto de El Zohar continúa describiendo el sitio llamado Arka. **Los Cielos que gobiernan allí no son como éstos** de este mundo, que tienen el poder de hacer llover y provocar el crecimiento y la vegetación, **y no genera la Tierra con su vigor simiente ni cosecha como ésta, y** los planetas **no vuelven a comenzar** su ciclo **sino al cabo de muchos años y tiempos. Y sobre estos** encargados está dicho: «**dioses que no hicieron los Cielos ni la Tierra**» (Jeremías 10:11), es decir, incluso aquellos Cielos y Tierra, Arka, incapaces de generar vegetación, **serán destruidos de la más alta de las Tierras del universo** –Tevel–, **no impondrán su reino en ella y no la sobrevolarán, y no podrán hacer que los hombres pequen con incidentes nocturnos**: poluciones nocturnas (*véase* Talmud, tratado de *Eruvín* 18b). **Y por eso «serán destruidos de la Tierra y de debajo de los Cielos», porque han sido gestados por el nombre *Ele*, tal como fue dicho. Por esta razón el versículo mencionado es una traducción** al arameo **de modo que los ángeles superiores no piensen que** esta maldición **fue enunciada respecto a ellos y no nos acusen. Y por eso el misterio de** la palabra *Ele*, **como se ha dicho, es una palabra sagrada que no ha podido ser sustituida por la traducción** al idioma arameo, por formar parte del Nombre divino *Elohim*.

Rabbí Eleazar le preguntó a Rabbí Shimón: **ese versículo que está escrito: «¿Quién no te temerá, Rey de los pueblos? Porque a Ti te corresponde»** (Jeremías 10:7), **¿qué alabanza es ésta?** ¿Ser el Rey de los pueblos y no de Israel?

Le dijo: Eleazar, hijo mío, este versículo ha sido interpretado en varios sitios, pero en efecto no es así, porque está escrito a continuación: «**Porque entre todos los Sabios de los pueblos y en todos sus reinos** no hay semejante a Ti». **Porque este** versículo **viene a abrir la boca a los pecadores que piensan que El Santo, Bendito Sea, no conoce sus reflexiones y pensamientos, y por lo tanto cabe dar a conocer su estupidez.**

9b - 10a

En cierta ocasión se presentó ante mí un filósofo de las naciones del mundo y me dijo: «Ustedes dicen que vuestro Dios rige todas las alturas de los Cielos, y todos los ejércitos y campamentos de ángeles **no pueden aprehender ni conocer Su lugar**. Y este versículo no exalta tanto Su Gloria, porque está escrito: «Porque entre todos los Sabios de los pueblos y en todos sus reinos no hay semejante a Ti». ¿Qué es esta comparación con hombres desprovistos (10a) de verdadera **existencia**? Además, ustedes dicen: «no surgió en Israel otro como Moisés» (Deuteronomio 34:10), es decir, **que en Israel no surgió, pero que en las naciones del mundo surgió** otro como él. Entonces, **aquí también yo digo** que «entre todos los Sabios de los pueblos» no hay semejante a Él, pero lo hay entre los Sabios de Israel. Y de ser así, una divinidad que tuviera un igual entre los Sabios de Israel no sería un soberano supremo. Examina el versículo y encontrarás que he sido preciso como corresponde».

Le dije: ciertamente bien has dicho. ¿Quién resucita los muertos sino El Santo, Bendito Sea, sólo? Vinieron Elías y Eliseo e hicieron revivir a los muertos. ¿Quién hace llover sino El Santo, Bendito Sea, sólo? **Vino Elías y las detuvo** a las gotas de lluvia **y después las hizo caer a través de su rezo** (1 Reyes 17:1). ¿Quién hizo los Cielos y la Tierra sino El Santo, Bendito Sea, sólo? Vino Abraham, y los Cielos y la Tierra cobraron existencia por él. ¿Quién conduce el Sol sino El Santo, Bendito Sea, sólo? Vino Josué, lo acalló y le ordenó permanecer en su lugar, y se acalló, tal como está escrito: «El Sol se acalló y la Luna se detuvo» (Josué 10:13). El Santo, Bendito Sea, decreta justicia y también así Moisés decretó justicia que fue ejecutada. Y además, El Santo, Bendito Sea, decreta juicios y los justos de Israel los anulan, tal como está escrito: «El justo gobierne en temor de Dios» (2 Samuel 23:3). **Y además, Él les prescribió caminar concretamente por Sus caminos y parecerse a Él en todo** (Deuteronomio 29:9; 13:5) (*véase* Talmud, tratado de *Sotá* 14a).

Fue aquel filósofo y se convirtió al judaísmo **en el pueblo de Shejalim** (*véase* Talmud, tratado de *Guitín* 57a) **y lo llamaron Iosei**

Katina, y estudió tanta *Torah* que fue uno de los Sabios y justos de ese lugar.

Ahora debemos contemplar el versículo. Y he aquí que está escrito: «Todos los pueblos son como nada ante Él» (Isaías 40:17). ¿Qué agrega esto? ¡Resulta evidente que es así! Sino: «¿Quién no te temerá, Rey de los pueblos?» ¿Es Él solamente el Rey de los gentiles sin ser el Rey de Israel? Sino que en todas partes El Santo, Bendito Sea, ha querido glorificarse por Israel y no ha sido llamado sino sólo a través de Israel, tal como está escrito «El Dios de Israel» (Éxodo 5:1), «El Dios de los hebreos» (Éxodo 5:3), y está escrito: «Así dijo El Eterno, Rey de Israel» (Isaías 44:6). Ciertamente Rey de Israel.

Dijeron las naciones del mundo: nosotros tenemos otro protector en los Cielos porque vuestro rey no domina sino sobre vosotros, exclusivamente, mientras que sobre nosotros no domina. Viene el versículo y dice: «¿Quién no te temerá Rey de las naciones?» Rey supremo que los somete a ellos, los castiga y les impone Su voluntad.

«Porque a Ti te corresponde...» que se tema de Ti en lo Alto como en lo Bajo.

«Porque entre todos los Sabios de las naciones» refiere a los setenta **grandes gobernantes** y ministros espirituales **encargados sobre ellos.**

«Y en todos sus reinos» se refiere: **en aquel Reino Supremo. Porque he aquí que existen cuatro reinos gobernantes en lo Alto que gobiernan,** por encima de las setenta naciones, **de acuerdo con Su voluntad, a todo el resto de los pueblos.** Y son: Egipto, por encima de todo, equivalente al Keter, la Corona, la cual no es contada entre las *Sephiroth*. Y después los cuatro reinos: Babilonia, Persia, Grecia, y Edom junto con Ishmael. **Y con todo esto** que estos cuatro reinos se encuentran por encima de las setenta naciones, **no hay quien haga una mínima acción sino como se lo han ordenado, tal como está escrito: «que actúa según Su voluntad con los poderes de los Cielos y los habitantes de la Tierra»** (Daniel 4:32).

10a

«Los Sabios de las naciones» son los encargados y los ministros de lo Alto de quienes los pueblos extraen su sabiduría, es decir, de aquellos cuatro reinos.

«Y en todos sus reinos» refiere al Reino que gobierna, tal como ha sido dicho. Y éste es el versículo de acuerdo con su explicación llana.

Sin embargo, sobre el pasaje «en todos los Sabios de las naciones y en todos sus reinos», he encontrado en los libros de los Sabios antiguos que se refiere a los campamentos y las legiones, que a pesar de haber sido puestos a cargo de los asuntos del mundo y a cada uno El Eterno le ordenó cumplir su función, ¿quién es el que actuará contra Tu voluntad, incluso uno de ellos, como el Oculto Sagrado, como Tú? Porque Tú eres señalado por Tu superioridad y Tú eres señalado por Tus obras por encima de todos. Y esto es lo que dice el profeta: «El Eterno, nada es similar a Ti» –*meein kamoja*: ¿Quién es el Oculto Sagrado que actuará y será como Tú, en lo Alto y en lo Bajo, y será semejante a Ti, en todo acto del Rey Santo, en los Cielos y en la Tierra? Mas ellos son «Caos y lo más bello de ellos es inservible» (Isaías 44:9). Sobre El Santo, Bendito Sea, está escrito: «Al principio creó Dios» (Génesis 1:1) y, en oposición a esto, de sus reinos está escrito: «Y la Tierra era caos y vacío» (Génesis 1:2).

Rabbí Shimón dijo a sus compañeros, participantes en esta boda: «Cada uno de vosotros que adorne con un ornamento a la Novia, los cuales surgen de nombres de los veinticuatro libros de la Biblia». Le dijo a Rabbí Eleazar, su hijo, quien era el principal entre sus compañeros de estudio: «Eleazar, ofrécele un presente a la Novia, porque mañana, durante los rezos matutinos de *shajarit* y *musaf*, observará el Novio, cuando entre al palio nupcial, a aquellos cánticos y alabanzas que le dirigieron a la Novia los miembros del Palacio que durante toda la noche estudiaron la *Torah* y que ahora se encuentran ante Él».

Rabbí Eleazar abrió su enseñanza y dijo en honor a la *Shekinah*: «¿Quién –*Mi*– es ésta –*Zot*– que sube –*ola*– del desierto?» (Cantar de los Cantares 8:5). Las palabras *Mi* –¿quién?– y *Zot* –ésta–, son la suma de dos Santidades, de dos mundos con una sola unión y un solo enlace, «sube», concretamente para ser el Santo de los Santos, porque el Santo de los Santos es *Mi* y se une a *Zot*, para ser *ola* que es el Santo de Santos, ya que *Mi* es el Santo de los Santos.

«Del desierto»: porque del desierto heredó el poder de ser Novia y entrar al palio nupcial. Y además: «del desierto», –*midbar*–, término relacionado con la palabra *dibur*, habla, en referencia a la palabra que pronuncia el erudito de la *Torah* cuando la estudia, **ella sube, tal como está escrito: «Y tu palabra** –*umidbarej*– **es hermosa»** (ibid 4:3), es decir, a través del murmullo del estudio de la *Torah* del sabio que se instruye durante la noche en los secretos y los misterios de la *Torah*, lo mismo que por el poder de la palabra de la plegaria, **de ese desierto** (10b) **de palabras murmuradas por sus labios, ella «sube». Y aprendimos: ¿Qué significa** «Quien nos salva de la mano de **estos dioses poderosos** que hirieron a Egipto con toda plaga en el desierto» (1 Samuel 4:8), tal como se expresaron los filisteos cuando el Arca del Pacto de El Eterno cayó en sus manos? **Éstos son los dioses poderosos que golpean a Egipto en toda plaga en el desierto.** Mas cabe preguntar: **¿Y es que todo lo que les hizo El Santo, Bendito Sea,** a los egipcios **fue en el desierto? Mas he aquí que fue en un lugar habitado. Sino que** la expresión del versículo, **«en el desierto»,** –*bamidbar*– **refiere a «por la palabra»** –*badibur*–**, lo cual demuestra y evidencia el peso y el valor de la palabra, tal como está escrito: «Y tu palabra** –*midbarej*– **es hermosa»,** y está escrito: **«Por la palabra** –*mimidbar*– **las montañas** se alzan» (Salmos 75:7). **También aquí: «Ella sube del desierto»,** significa: **ciertamente del desierto, ella se eleva con esa palabra emitida por la boca y se introduce entre las alas de la Madre. Y después, con la palabra ella desciende y se posa sobre las cabezas del pueblo santo.**

¿Cómo se eleva por la palabra? Pues al comienzo, cuando el hombre se levanta por la mañana, debe bendecir a su Señor apenas abre los ojos (*véase* Talmud, tratado de *Ioma* 20b). **¿Cómo**

bendice? Esto es lo que hacían los piadosos de antaño: ponían ante ellos un recipiente –*natlá*– con agua y cuando se despertaban por la noche se lavaban las manos a modo de ablución, es decir, tres veces echaban agua sobre cada mano del recipiente, de modo intercalado, después **se levantaban para ocuparse** del estudio **de la** *Torah* **y pronunciaban la bendición por su estudio. Cuando canta el gallo y es precisamente medianoche, entonces El Santo, Bendito Sea, se encuentra en compañía de los justos en el Jardín del Edén** y es considerado un momento propicio para levantarse y servir al Creador (*véase* Talmud, tratado de *Berajot* 3b). **Y está prohibido pronunciar una bendición con las manos impuras y sucias, y así en cada momento. Porque cuando un hombre duerme, su espíritu** –*ruaj*– **lo abandona, y cuando su espíritu lo abandona** entonces inmediatamente **un espíritu de impureza ya está dispuesto y se posa sobre sus manos y las impurifica** (*véase* Talmud, tratado de *Shabbat* 109a). **Y** por lo tanto **está prohibido pronunciar una bendición sin realizar la ablución** de las manos.

Y si dices que, considerando que el motivo de la impureza es por el acto de dormir, **entonces, como durante el día no duerme, y su espíritu no lo abandona, el espíritu de impureza no se posa sobre él,** ¿no aprendimos acaso que **cuando entra al retrete no puede pronunciar una bendición ni leer palabra alguna de la** *Torah* **sin haber realizado la ablución de sus manos? Y si dices que es porque están sucias, no es así, pues ¿con qué se han ensuciado? Si no, ¡ay de los hombres que no atienden y que no conocen la Gloria de su Señor, y no conocen sobre qué se mantiene el mundo! Un espíritu existe en todos los retretes del mundo, que mora allí, y goza de esa suciedad y contaminación, e inmediatamente se posa en los dedos de la mano de la persona** (*véase* Talmud, tratado de *Berajot* 62b).

Rabbí Shimón abrió su enseñanza **y dijo: todo el que se regocija en las festividades, sin otorgar al Santo, Bendito Sea, la parte que le corresponde,** es decir, no se aflige verdaderamente por el exilio de la *Shekinah*, **ese avaro, el Satán, lo odia, lo acusa y lo expulsa del mundo**, e innumerables desgracias lo persiguen.

La parte que corresponde al Santo, Bendito Sea, del servicio espiritual, es la alegría que uno procura a los pobres de acuerdo con sus posibilidades. Porque en estos días festivos de peregrinaje, El Santo, Bendito Sea, viene a observar sus recipientes rotos, en referencia a aquellos que Lo sirven espiritualmente con el corazón contrito, y por eso el texto los denomina «sus recipientes», (Salmos 51:19) y entra por ellos y ve que no tienen por qué alegrarse, y llora por ellos, y asciende a lo Alto para destruir el mundo. Los miembros de la Ieshivah Celestial, los justos que perciben la aflicción del pueblo de Israel también en este mundo, comparecen ante Él y dicen: «Señor del mundo, Tú que eres llamado Compasivo y Clemente (Éxodo 34:6), concede Tu compasión a tus hijos», o más exactamente, permite que Tu compasión descienda desde los Mundos Superiores a través de todos los mundos, hasta alcanzar los mundos inferiores. Él, El Creador, les responde: ¿Pero es que acaso no he hecho el mundo por bondad? Tal como está escrito: «Dije: El mundo será edificado por la bondad» (Salmos 89:3), y el mundo por esto subsiste. Y entonces, ¿por qué solicitan Mi compasión? Dicen ante Él los ángeles de lo Alto: «Señor del mundo: he aquí que alguien particular que ha comido y bebido lo suficiente, y que podría haber hecho el bien con los pobres, no les ha dado nada». Mas, ¡por qué castigar a todo el mundo! (Números 16:22) Por consiguiente, ¿cómo podrías Tú comportarte hacia este hombre con bondad? Y como aparentemente El Creador coincide con lo dicho por los ángeles, viene ese Acusador, y pide permiso y se lanza en persecución de ese hombre para provocarle cometer transgresiones y daños físicos.

Quién en este mundo es para nosotros más grande que Abraham, asociado por los Sabios de modo esencial con la bondad, que hacía el bien con todas las criaturas. El día que hizo un banquete dice el texto: «Y creció el niño y fue destetado; e hizo Abraham un gran banquete el día que fue destetado Isaac» (Génesis 21:8). Abraham hizo un banquete, comida a la que invitó a todos los grandes hombres de la generación. Y aprendimos que en cada comida de alegría el Acusador se acerca y observa. Si esa persona se anticipó e hizo el bien a los pobres y hay pobres en su casa, aquel Acusador se aleja de la casa y no entra allí. Y si no, se introduce, y contempla a la multitud que se regocija sin los indigentes, y sin que se haya anticipado a hacer el bien a los pobres, asciende a lo Alto y los acusa.

Abraham, cuando invitó a los grandes de la generación al banquete, **el Acusador descendió y se colocó en la puerta como un indigente, pero nadie le prestó atención. Abraham estaba atendiendo a los reyes y a los grandes hombres de la generación. Sara amamantaba a los hijos de todos los que no creían que ella había dado a luz**, debido a su edad avanzada, **sino que decían que era un niño encontrado, y que lo habían traído del mercado. Por eso, cuando sus hijos fueron traídos con ellos** al banquete, **tomó Sara a sus hijos y los amamantaba delante de ellos. Tal como está escrito: «¿Quién dijera** (11a) **a Abraham que Sara habría de dar de mamar a** *hijos*?**»** (Génesis 21:7). **Ciertamente «hijos»** dice el versículo, lo cual refiere también a los hijos de los invitados (*véase* Talmud, tratado de *Bava Metzía* 87a). **Y el Acusador estaba en la puerta** y recordó lo que Sara **dijo: «Dios me ha hecho objeto de risa»** (Génesis 21:6). **Al escucharla, el Acusador ascendió ante El Santo, Bendito Sea, y le dijo: «Señor del mundo, Tú has dicho: «Abraham, Mi bienamado»** (Isaías 41:8), y **he aquí que Abraham hizo una comida sin darme nada y sin dar nada a los indigentes, y no ha sacrificado delante de Ti ni siquiera una paloma** (*véase* Talmud, tratado de *Sanhedrín* 89b) **y, además, Sara dice que Te has reído de ella». El Santo, Bendito Sea, le dijo: «¿Quién en el mundo es como Abraham** en grandeza espiritual y fe?». Sin embargo, **el Acusador no se movió de allí hasta que logró generar confusión en toda esa alegría.** Entonces **El Santo, Bendito Sea, ordenó** a Abraham **que ofreciera a Isaac por sacrificio y decretó que Sara muriese de aflicción a causa de su hijo.**

Toda esta aflicción fue causada a Abraham **porque no dio nada al indigente** mientras todos los demás se encontraban en medio de un abundante banquete.

Rabbí Shimón abrió su enseñanza **y dijo: ¿Qué significa lo escrito: «Entonces volvió Ezequías su rostro a la pared y rezó a El Eterno»?** (Isaías 38:2). **Ven y observa cuán fuerte es el poder de la** *Torah***, y cuán superior es a todo**, doble lenguaje que refiere por un lado a la *Torah* Oral y por el otro a la *Torah* Escrita. **Porque todo el que se esfuerza en** el estudio y el cumplimiento de **la** *Torah*, es decir, en ambos, **no teme a** los acusadores de **lo Alto ni a** las naciones del Mundo de **lo Bajo, ni teme a las malas enfermedades del mundo, porque está unido al Árbol de la Vida y aprende de él cada día** comiendo de sus frutos, **ya que he aquí que la** *Torah* **enseña al hombre a seguir el camino de la verdad, y le enseña el consejo de cómo regresar ante su Señor para anular el decreto** de muerte. **Porque incluso si se ha decretado que no puede anularse ese decreto** de muerte, tal como el profeta Isaías le dijo al rey Jizkiahu, **inmediatamente es anulado y se aleja de él, y no se posará sobre ese hombre en este mundo. Por lo tanto, el hombre debe esforzarse en** el estudio y el cumplimiento de **la** *Torah*, **día y noche, y no desviarse de ella, tal como está escrito: «Y meditarás en ella día y noche»** (Josué 1:8). **Y si él se desviare de la** *Torah* completamente **o se alejare de ella** de modo temporal, **equivale a separarse del Árbol de la Vida.**

Ven y observa un consejo que se da al hombre: cuando llegada la noche se prepara para acostarse, debe aceptar sobre sí mismo el reino de lo Alto con el corazón íntegro a través de la pronunciación del *Shemá Israel* (*véase* Talmud, tratado de *Berajot* 4b), **y comenzar por entregarle** al Creador **el cuidado de su alma** (Salmos 31:6), ya que es posible que durante la noche sea acusado en los mundos superiores por sus transgresiones y su alma no regrese a su cuerpo, pero si entrega su alma bajo el cuidado del Creador, entonces no cabe que Él no se la devuelva. **E inmediatamente** al pronunciar el *Shemá Israel* **será salvado de toda mala enfermedad y de todos los malos espíritus que no ejercerán dominio sobre él** porque será cuidado por ángeles superiores. **Y por la mañana,** o más exactamente al comienzo de la mañana, **al levantarse del lecho debe bendecir a su Señor** a tra-

11a

vés de las bendiciones de la *Torah* y demás, **y** después **entrar en Su Morada,** en la sinagoga, **y prosternarse ante Su Santuario con gran temor, y luego pronunciar su rezo y tomar consejo de los santos patriarcas, tal como está escrito: «Pero yo, por la abundancia de Tu bondad, entraré en Tu casa, y me postraré en Tu santuario temeroso de Ti»** (Salmos 5:8). **Y así fue establecido: una persona no debe entrar en una sinagoga sin haberse antes encomendado a Abraham, Isaac y Jacob,** lo cual refiere al acto de aceptar el yugo de los Cielos al igual que los patriarcas, **porque ellos son quienes han instituido la plegaria delante del Santo, Bendito Sea:** Abraham el rezo matutino –*shajarit*–, Isaac el rezo de la tarde –*minjá*– y Jacob el rezo de la noche –*arvit*. **Tal como está escrito: «Pero yo, por la abundancia de Tu bondad»** (Miqueas 7:20), **refiere a Abraham; «entraré en Tu casa», refiere a Jacob** (Génesis 33:17), **y «temeroso de Ti», refiere a Isaac** (Génesis 31:53). **Por lo tanto debe acoplarse a ellos al comienzo y después entrar a la sinagoga y pronunciar su rezo. Asimismo está escrito: «Él me ha dicho: Israel, tú eres Mi siervo y en ti Me glorificaré»** (Isaías 49:3).

Rabbí Pinjas ben Iair **acostumbraba a presentarse ante Rabbí Rejumai en la costa del mar de Guinosar,** el Lago Kineret. Rabbí Rejumai **se trataba de un gran hombre, anciano, y cuyos ojos ya no veían** visiones físicas y materiales. **Le dijo a Rabbí Pinjas: «Ciertamente he oído decir que Iojai, nuestro compañero, posee una gema, una piedra preciosa, y yo he logrado ver** a través de mi mente **el destello de su luminosidad que se expande como los rayos del Sol cuando sale de su estuche e ilumina todo el mundo.** Y en realidad se refiere a que en ese momento salía Rabbí Shimón de la caverna, en la que se ocultó de los romanos con su hijo, para iluminar al mundo con su Sabiduría oculta. **Y esa luminosidad se extiende de los Cielos a la Tierra, e ilumina el mundo entero, hasta que el Anciano en Días venga y se siente sobre el Trono como corresponde.**

Y esa luz de Rabbí Shimón **está toda contenida en tu casa,** considerando que Rabbí Pinjas era el suegro de Rabbí Shimón bar

Iojai, **y de la luminosidad contenida en tu casa surge una luz fina y tenue**, en referencia al hijo de Rabbí Shimón, Rabbí Eleazar, quien aún era joven, **que irradia hacia afuera e ilumina al mundo entero. ¡Bienaventurada es tu porción** por conseguir un yerno y un nieto de tal nivel espiritual! Rabbí Rejumai le dijo también a Rabbí Pinjas de modo afectivo: **Ve, hijo mío, ve detrás de esa joya que ilumina el mundo, porque tu hora ha llegado».** **Rabbí Pinjas salió de delante de él,** Rabbí Rejumai, **y se aprestaba a subir a ese barco, y dos hombres estaban con él,** o más exactamente, dos ángeles lo acompañaban. Rabbí Pinjas **vio dos aves que llegaron y sobrevolaban el mar. Elevó su voz y dijo** al percibir que venían a comunicarle el sitio en el que se encontraba Rabbí Shimón: **«¡Aves, aves que voláis por encima del mar! ¿Habéis visto el sitio donde se encuentra el hijo de Iojai?». Se detuvieron un instante** y como no respondieron **dijo: «Aves, aves, id y traedme una respuesta». Las aves volaron y se alejaron, entraron por encima del mar y se fueron. Antes de que partiera, he aquí que las aves regresaron y en el pico de una de ellas había una nota, en la que estaba escrito que Bar Iojai había salido de la caverna con Rabbí Eleazar, su hijo** (*véase* Talmud, tratado de *Shabbat* 33b). **Rabbí Pinjas salió a su encuentro, pero lo encontró transfigurado, con el cuerpo cubierto de heridas. Lloró** (11b) **con él y dijo: «¡Ay que te he visto de este modo** repleto de heridas!». Rabbí Shimón **dijo: «¡Por el contrario! Bienaventurada es mi porción ya que me has visto de este modo, porque si no me hubieses hallado así** por esconderme de los romanos durante trece años en la caverna, **no sería el que soy** y no hubiese alcanzado el nivel espiritual que ahora poseo».

Rabbí Shimón, con la intención de enseñar que todos los preceptos ya se encuentran incluidos de modo general en el relato de la obra de Creación, **abrió** su enseñanza **sobre los preceptos de la *Torah* y dijo: «Los preceptos de la *Torah* que El Santo, Bendito Sea, otorgó a Israel están escritos todos en la *Torah*, de modo general».** O para ser más precisos, en los primeros versículos de la *Torah*.

11b
Primer precepto

«En el principio creó Dios» (Génesis 1:1) **Éste es el primero de todos los preceptos y se denomina ese precepto «el temor a El Eterno», debido a que es llamado «El principio»,** tal como está escrito: «El temor a El Eterno es el principio de la Sabiduría» (Salmos 101:10) y «**El temor a El Eterno es el principio del conocimiento**» (Proverbios 1:7). En pocas palabras, sin temor a Dios no se puede acceder a la Sabiduría de la *Torah* y cumplir con sus enseñanzas. **Siendo que esta palabra,** «temor», **es denominada «principio», ciertamente constituye el portal de acceso a la fe y sobre este precepto se sostiene el mundo entero.**

El temor se divide en tres modos. Dos de ellos carecen de una raíz adecuada, y uno, el tercero, **es la raíz del temor** tal como El Creador lo desea.

Hay hombres que temen al Santo, Bendito Sea, para que sobrevivan sus hijos y no mueran. O que temen los castigos corporales o pecuniarios. Y por esto Le temen permanentemente. Resulta que el temor al Santo, Bendito Sea, que experimenta, no es lo principal.

Y hay personas que temen al Santo, Bendito Sea, porque temen del castigo en Aquel mundo, del castigo del Infierno.

Estos dos no son lo principal del temor y no son su raíz.

El temor que es el principal y el requerido por El Creador, **es el temor del hombre que teme a su Señor porque Él es Grande y Soberano, lo Principal y la Raíz de todos los mundos,** y de Él todas las criaturas se nutren y toman su propia vitalidad para continuar existiendo, **y todos ante Él son como nada, tal como está dicho: «Todos los habitantes de la Tierra son como nada»** (Daniel 4:35). **Y debe colocar toda su voluntad en ese lugar denominado «temor».**

Rabbí Shimón lloró y dijo: «¡Ay de mí si hablo, ay de mí si no hablo! Si hablo, los pecadores sabrán cómo servir a su Señor. Si no hablo, los compañeros se perderán esto y los que desean servir a Dios con toda su alma no sabrán cómo hacerlo». (*Véase* a este respecto Zohar III - 127b y también II - 100b y Talmud, tratado de Baba Batra 89b).

En el sitio en el que mora el «santo temor», por debajo se encuentra el «temor maligno» que castiga, golpea y acusa, y es el azote que flagela a los réprobos. Y aquel que tema al castigo de ser flagelado y acusado, tal lo dicho, no habita sobre él el «temor de El Eterno» denominado «temor que trae la vida» (Proverbios 19:23). **Sino ¿quién habita sobre él? Ese temor maligno,** es decir, encontramos que habita sobre él ese azote, el temor maligno, y no el «temor de El Eterno».

Y por eso el lugar denominado «temor de El Eterno» es llamado el «principio del conocimiento» (Proverbios 1:7). **Y debido a esto está incluido aquí este precepto,** en el primer versículo del Génesis y en la primera palabra hebrea de la *Torah,* **y es** porque el temor es **la raíz y el fundamento de todos los otros preceptos de la *Torah*. Quien cuida el** precepto del **temor** verdadero a El Eterno, **cuida todo** el resto de los preceptos de la *Torah,* ya que todos sus pasos están marcados por la Santidad. Y **quien no cuida** el precepto del temor verdadero a El Eterno sino que lo hace motivado por su miedo personal a los castigos divinos, **no cuida los preceptos de la *Torah* ya que es el portal de todo** camino que conduce al servicio verdadero al Creador. **Y por eso está escrito: «En el principio», que es el temor,** y debido al mismo, **«creó Dios los Cielos y la Tierra»** (Génesis 1:1) ya que el objetivo de la Creación es corregir el mundo a través de que los hombres implanten el reino de Dios por medio del cumplimiento de los preceptos de la *Torah,* y el temor es la puerta principal que conduce a este objetivo. **Quienquiera que traspase esto,** es decir, al precepto del temor a El Eterno, **traspasa los preceptos de la *Torah*, y el castigo de quien traspasa esto, es que ese azote maligno lo flagela.**

Y esto es a lo que se refiere el segundo versículo de la *Torah*: **«Y la Tierra era Tohu y Bohu, y las oscuridad estaba sobre la faz del abismo y el espíritu de Dios...»** (Génesis 2:2). **He aquí que tienes los cuatro castigos**, relacionados con las cuatro penas capitales bíblicas que podían ser ejecutadas por el Sanhedrín, **para castigar a los culpables** (Mishná, *Sanhedrín* 7:1). Y los Sabios nos enseñan que a pesar de que las cuatro penas capitales fueron anuladas porque el Sanhedrín no ejerce sus funciones en la actualidad, las cuatro penas, a un nivel espiritual, no fueron anuladas. **El Tohu es la estrangulación, tal como está escrito: el «cordel de Tohu»** (Isaías 34:11), **que es la «cuerda de medida»** (Zacarías 2:5). **El Bohu es la lapidación, las piedras que se sumergen en el gran abismo para castigo de los malvados** (*véase* Talmud, tratado de *Jaguigá* 12a). **La oscuridad es la quema,** es decir, la muerte a través del fuego, **tal como está escrito: «Y aconteció que cuando oísteis la voz en medio de la oscuridad y visteis al monte que ardía en medio del fuego»** (Deuteronomio 5:20; 4:11), pasaje del cual se aprende que la oscuridad se relaciona con el fuego. **Refiere al fuego poderoso sobre la cabeza de los pecadores para consumirlos** (*véase* Talmud, tratado de *Jaguigá* 13b). **El espíritu es la muerte por decapitación, que es un viento tempestuoso** (Ezequiel 1:4) **como una espada afilada girando, tal como está escrito: «Y la llama de la espada giratoria»** (Génesis 3:24) **que es denominada «viento»,** ya que tras el golpe de la espada llega un viento que es quien realmente mata a la persona.

Éste es el castigo destinado a aquellos que transgreden los preceptos de la *Torah*, y esto **está escrito después** de la palabra hebrea *Bereshit*, la cual refiere al concepto **del temor, el «principio», porque incluye a todos** los preceptos. **De aquí en adelante el resto de los preceptos de la *Torah*.**

Segundo precepto

Es un precepto al cual se une el precepto del temor y no lo abandona jamás, y es el amor. Y el temor y el amor deben ir siempre juntos ya que de lo contrario pueden manifestarse en sus modos más superficiales y vanos. ¿Y a qué refiere el precepto del amor? **Que el hombre ame a su Señor con un amor íntegro. ¿Y qué es el amor íntegro? Es el gran amor, tal como está escrito** que El Creador ordenó a Abraham: **«Anda delante de Mí y sé íntegro»** (Génesis 17:1), es decir, íntegro en su amor. **Y así está escrito: «Y dijo Dios: Sea la luz»** (Génesis 1:3), **la cual refiere al amor íntegro denomi-**

nado «el gran amor». Y aquí éste es el precepto: que el hombre ame a su Señor como corresponde.

Rabbí Eleazar dijo: «Padre, el amor íntegro, yo he escuchado sobre él». **Le dijo** Rabbí Shimón: «**Habla, hijo mío, delante de Rabbí Pinjas, porque él se encuentra en ese nivel**». **Rabbí Eleazar dijo: «El gran amor es el amor íntegro, es decir, que ha completado los dos aspectos,** es decir, la bondad o el amor –*jesed*– y el rigor –*guevurah*– y si no estuviera integrado por estos dos aspectos –*jesed y guevurah*– no (12a) sería un amor como corresponde a su integridad. Y sobre esto hemos aprendido que el amor se divide en dos aspectos, el amor al Santo, Bendito Sea. Algunos lo aman porque tienen riqueza, largos días, hijos a su alrededor, dominan a sus enemigos y sus caminos les son favorables. Y por todo esto lo aman. Pero si fuera al revés y El Santo, Bendito Sea, hace que se invierta en su contra la rueda del duro rigor, entonces lo odiarán y no lo amarán en absoluto. Y por lo tanto, este amor, no es el amor principal** (Mishná, *Pirkei Avot* 5:16).

«**El amor denominado íntegro es el que contiene los dos aspectos, tanto en el rigor como en el bien, y la rectificación de su camino es amar al Señor, como aprendimos, «aunque tomara tu alma de ti»** (*véase* Talmud, tratado de *Berajot* 54a). **Ése es el amor íntegro que consta de dos aspectos. Y por esta razón la luz de la obra de Creación, surgió y fue después guardada** (*véase* Talmud, tratado de *Jaguigá* 12a). **Y cuando fue guardada surgió el duro rigor, y se integraron ambos aspectos en uno para alcanzar el amor íntegro correspondiente**».

Rabbí Shimón lo tomó y lo besó en gesto de amor y unión. **Rabbí Pinjas**, su abuelo, también **se aproximó y lo besó y lo bendijo. Y dijo: «¡Ciertamente que El Santo, Bendito Sea, me ha enviado hasta aquí! Ésta**, la de Rabbí Eleazar, **es la sutil luz que, según me dijeron, se encuentra en mi casa y hacia afuera ilumina el mundo entero**».

Dijo Rabbí Eleazar: «Ciertamente no debe olvidarse el temor a El Eterno **en ninguno de los preceptos,** ya que el temor es el primer paso que conduce a la Santidad, **y con más razón en este precepto debe el temor apegarse a él. ¿Cómo se apega? El amor es bueno**

según uno de sus aspectos, como se ha dicho, porque** El Creador le otorga riqueza y bien, largos días, hijos, y prosperidad, y **es entonces** cuando **debe despertar el temor** en su interior **para no pecar** ya que, cuando se recibe abundancia, es muy peligroso servir a El Eterno solamente con amor. **Y así está escrito: «Bienaventurado del hombre que siempre teme»** (Proverbios 28:14). ¿Y a qué caso se refiere el pasaje bíblico? Bienaventurado **porque el temor está incluido en el amor** que experimenta por Dios a pesar de recibir riqueza y abundancia.

De la misma manera, tal como la persona que recibe abundancia debe despertar su temor a los Cielos, **conviene despertar el temor en el otro aspecto del rigor implacable y cuando ve al duro rigor que se le impone, debe despertarse en él el temor y temer a su Señor, como corresponde,** considerando que todo lo que le sucede es justo y merecido, **sin endurecer su corazón** cuando se ve afectado por el sufrimiento y la aflicción. **Tal como está escrito: «Quien endurece su corazón caerá en el mal»** (Proverbios 28:14), y no sólo que el sufrimiento no cesará sino que también se incrementará, **en ese otro aspecto denominado «mal». Resulta un temor unido a los dos aspectos, y se incluye en ellos, y constituye el amor íntegro correspondiente.**

Tercer precepto

Es conocer que hay un Dios grande y que gobierna el mundo, y declarar Su unidad a diario, la unidad como corresponde en las seis direcciones supremas (*véase* Talmud, tratado de *Berajot* 13b) **y transformarlas en una sola unidad en las seis palabras** hebreas **del** *Shemá Israel* –*Escucha Israel, El Eterno es nuestro Dios, El Eterno es Uno*– **y concentrarse en la Voluntad Suprema a través de ellas. Por esta razón debemos prolongar en ella** –la palabra Uno– **todo el tiempo que lleva decir las seis palabras** anteriores. **Tal como está escrito** y sugerido en el versículo: **«Júntense las aguas que están debajo de los Cielos en un lugar»** (Génesis 1:9): **Que los niveles que están bajo los Cielos se reúnan en él, para que él**

acceda íntegramente a las seis direcciones como corresponde. Y de todos modos, a esa unificación es necesario unir el temor, por lo cual se debe prolongar la letra *Dalet* en la palabra *Ejad* –Uno–, y por eso la letra *Dalet* de Uno es grande en el original hebreo, es decir, mayor que el resto de las demás letras de la *Torah*. **Tal como está escrito: «y descúbrase lo seco» (ibid), es decir, que sea puesta en evidencia y conectada la** letra *Dalet* **que es «lo seco», en esa unificación. Y una vez que** la *Dalet* **ha sido conectada a lo Alto, debe volver a conectarla a lo Bajo, a las otras seis direcciones inferiores** a través del texto que pronunciamos tras el *Shemá Israel*: **«Bendito Sea el Nombre de la Gloria de Su reino por siempre jamás»,** la cual contiene en hebreo **las otras seis palabras de unificación. Entonces lo que era «seco» deviene en una «Tierra» capaz de producir frutos, verduras y plantar árboles. Y es lo que está escrito: «Y llamó Dios a lo seco Tierra» (ibid). Es decir que gracias a la unificación del Abajo aparece la Tierra y se colma con la voluntad íntegra, como corresponde. Y por esto,** durante el tercer día, la expresión **«que es bueno» «que es bueno» aparece dos veces: una vez es la unificación de lo Alto y la otra la unificación de lo Bajo. Y una vez que se ha llevado a cabo la unidad en los dos aspectos, de aquí en adelante: «Que la Tierra produzca hierba»** (ibid 11), es decir, **que se disponga para producir frutos y verduras como corresponde.**

Cuarto precepto

Es conocer que El Eterno es Dios, tal como está escrito: «Y conocerás hoy y asentarás en tu corazón que El Eterno es Dios» (Deuteronomio 4:39), **e integrar el nombre Dios con el de El Eterno para conocer que son Uno e indivisibles. Y éste es el misterio de lo que está escrito: «Y sean por luminarias en el firmamento de los Cielos para iluminar la Tierra»** (Génesis 1:15), **es decir, que esos dos Nombres** –Dios y El Eterno– **son uno sin división, integrando la palabra «luminaria»,** escrita de modo **carente, con el nombre «Cielos», porque son uno y no hay entre ellos división**

alguna. **La luz negra** –el rigor– **en la luz blanca** –la bondad–, **no hay división y todo es uno** (12b).

Y esto es como la «nube blanca del día» y la «nube de fuego de la noche» (Éxodo 13:21), cuya unión se logró cuando Israel marchó por el desierto para recibir la *Torah*, **la dimensión diurna y la dimensión nocturna, que deben ajustarse la una a la otra para iluminar, tal como está escrito: «... para iluminar la Tierra»** (Génesis 1:15).

Y éste es el pecado de la serpiente primordial, que generó unificación en lo Bajo pero dividió a lo Alto, y por esto **causó lo que causó al mundo,** es decir, que trajo la muerte al mundo, **ya que se debe separar en lo Bajo y unir en lo Alto, y la luz negra debe unirse en lo Alto y unificarse después con sus fuerzas y separarla del mal.**

Y con todo esto es necesario saber que los Nombres de *Elohim* y El Eterno son totalmente Uno, sin separación alguna. El Eterno es *Elohim*, y los dos modos de conducir el mundo, representados por los distintos Nombres divinos, actúan en conjunto. **Cuando el hombre conozca que todo es Uno y no coloque separación alguna, incluso aquel «Otro Lado» se retirará del mundo** ya que no tendrá de quién nutrirse, **y no influirá abajo. Y éste es el misterio** sobre el que está escrito: **«Y sean por luminarias** –*meorot*–**»** (Génesis 1:15) ya que esta palabra, «meorot», está compuesta por otras dos palabras hebreas: *or* y *mavet*, luz y muerte respectivamente. **La cáscara** –*klipá*– **va detrás del cerebro,** porque ella también quiere elevarse y unirse al nivel de Santidad, y **el cerebro es luz** –*or*– **y el «Otro Lado» es muerte** –*mavet*. En la palabra «luminarias» –*meorot*– **las letras de «luz»** –*or*– **están unidas,** mientras que las de la palabra **«muerte»** –*mavet*– **están separadas. Pero cuando** las letras que forman **la palabra luz salen de allí, se unen las letras que estaban separadas**, formando la palabra *mavet*, **muerte.**

Con estas letras comenzó Eva y provocó el mal al mundo, tal como está escrito: «Y vio –*vatere*– **la mujer que era bueno»** (Génesis 3:6). **Invirtió el orden de las letras, hacia atrás. Quedaron las letras** *Mem* **y** *Vav*, **y ellas fueron y tomaron a la letra** *Tav* **con**

ellas, y provocó la muerte en el mundo, tal como está escrito: «*vatere*».

Dijo Rabbí Eleazar: «Padre, he aquí que aprendí que sólo quedó la letra *Mem* ya que la palabra *meorot* en la *Torah* aparece sin la letra Vav, **y la *Vav*, que refiere siempre a la vida, se invirtió, partió y tomó a la *Tav*, tal como está escrito: «Tomó y dio** – *vatikaj vatiten*». **Y se completó esta palabra y se unieron las letras». Le dijo** Rabbí Shimón: **«Bendito seas, hijo mío, he aquí que hemos explicado** este misterio».

Quinto precepto

Está escrito: «Que pululen en las aguas numerosos seres vivientes» (Génesis 1:20). **En este versículo se encuentran tres preceptos: uno, ocuparse** del estudio **de la *Torah*** (*véase* Talmud, tratado de *Bava Kama* 82a); **dos, procrear y multiplicarse, y tres, circuncidar** al niño varón **el octavo día y quitar el prepucio de allí.**

Ocuparse del estudio **de la *Torah* y esforzarse en ella**, es decir, la comprensión correcta y profunda de cada uno de sus textos y secciones, **e innovar cada día, para** que la persona logre **corregir su alma** –*nefesh*– **y su espíritu** –*ruaj*–. **Porque cuando el hombre se ocupa de la *Torah* establece un alma santa suplementaria, tal como está escrito: «numerosos *nefesh* vivientes», es decir, un *nefesh* de esa fuerza vital sagrada** –*jaiá*–. **Pero si un hombre** que, teniendo la posibilidad de hacerlo, **no se ocupa de la *Torah*** sino de las vanidades de este mundo, **no tiene ese *nefesh* santo y la Santidad suprema no reposa en él. Mientras que cuando se esfuerza en la *Torah*, con el mismo murmullo de sus labios se hace merecedor de ese «*nefesh jaia*» y pasa a ser como los santos ángeles, tal como está escrito: «Bendecid a El Eterno, Sus ángeles»** (Salmos 103:20). **Éstos son los que se ocupan** del estudio **de la *Torah*,** por el valor del estudio mismo, **que son denominados Sus ángeles sobre la Tierra** (*véase* Talmud, tratado de *Nedarim* 20b). Es decir, de la parte oculta de la *Torah*, el *sod*, deben ocuparse aquellos que han alcanzado un nivel espiritual comparable al de los ángeles. **Y esto es lo que está**

escrito: «y aves que vuelen sobre la Tierra» (Génesis 1:20), lo cual refiere a los hombres que estudian la parte oculta de la *Torah*, y que también en el versículo son comparados con seres alados. **Y esto es en este mundo, y sobre el Mundo Venidero aprendimos que El Santo, Bendito Sea, les hará en tiempos futuros alas semejantes a las de las águilas para sobrevolar a través de todo el mundo,** ya que en el futuro, en el mundo espiritual, el cuerpo se espiritualizará y los justos se parecerán a los ángeles, **según está escrito: «Pero los que añoran a El Eterno tendrán nuevas fuerzas, levantarán vuelo como águilas»** (Isaías 40:31), una vez que se vayan de este mundo (*véase* Talmud, tratado de *Sanhedrín* 92b).

Y eso es lo que está escrito: «Y aves que vuelen sobre la Tierra», **lo cual refiere a la *Torah* llamada «aguas», de la cual fecunda y sale el murmullo del *nefesh jaiá*** a partir de las profundidades de la persona que estudia la *Torah* por el valor del estudio mismo. **Y del lugar de esa vitalidad** –*jaiá*– **es tomada hacia lo Bajo,** hacia la misma persona que estudia, **tal como se ha dicho.**

Y sobre esto dijo David: «**Dios me ha creado un corazón puro**» (Salmos 51:12) **para ocuparme de la *Torah*** por el valor del estudio mismo, **y entonces**, cuando alcance este nivel, «**Él ha renovado un espíritu firme en mí**» (Salmos 51:12), tal como lo hemos explicado.

Sexto precepto

Es ocuparse de crecer y multiplicarse. Porque todo el que se ocupa de crecer y multiplicarse como un precepto y se concentra en la intención de generar la unidad de lo Masculino y lo Femenino en los distintos planos, **provoca que esa corriente fluya constantemente**, tal como las aguas fluían del Jardín del Edén bíblico, **y que sus aguas no se interrumpan, y el mar se llena en todas las direcciones. Y almas nuevas se renuevan y salen de aquel Árbol, e innumerables guerreros**, es decir, ángeles, **se multiplican en lo Alto junto a esas almas. Y esto es lo que está escrito: «Que pululen en las aguas numerosos seres vivientes** –*nefesh jaiá*» (1:20).

HAKDAMÁ – PRÓLOGO DE EL ZOHAR

Refiere al pacto sagrado, una corriente que fluye y sale, y cuyas aguas se multiplican y aumentan, y el aumento y la multiplicidad de almas es para esta fuerza vital –*jaiá*–.

Y con esas almas que entran a esa fuerza vital, salen numerosos seres alados y vuelan por todo el mundo, lo cual refiere a cada uno de los ángeles que salen junto con cada alma que desciende a este mundo. **Y cuando un alma sale** de la Fuente de todas las almas, hacia este mundo, ese ser alado que voló y surgió con ese alma desde aquel Árbol, sale con ella.

¿Cuántos seres alados **salen** al mundo **con cada alma? Dos, uno a su derecha y uno a su izquierda. Si** el hombre **lo merece, ellos lo protegerán, tal como está escrito: «Él ha dado a Sus ángeles la orden** de protegerte» (Salmos 91:11). **Y si no** lo merece, **ellos lo acusarán** (*véase* Talmud, tratado de *Shabbat* 119b).

Rabbí Pinjas dijo: (13a) **Tres son estos ángeles que están encargados sobre el hombre si lo merece, tal como está escrito: «Pero si hubiese sobre él un ángel intercesor, uno entre mil que le indique al hombre el camino a seguir»** (Job 33:23)**: «si hubiese sobre él un ángel», he aquí uno; «intercesor», dos; «uno entre mil que le indique al hombre el camino a seguir», he aquí tres.**

Rabbí Shimón, por su parte, **dijo: cinco** ángeles, **porque está escrito además: «que lo agració y que diga»** (ibid 24)**: «que lo agració», uno; «que diga», dos.** Es decir, un total de cinco ángeles. **Le dijo** Rabbí Pinjas: **no es así porque «que lo agració» se refiere al Santo, Bendito Sea, únicamente. En esto no tiene permiso sino Él. Le dijo** Rabbí Shimón: **bien has dicho.**

Y aquel que se abstiene de la procreación (*véase* Talmud, tratado de *Ievamot* 63b) y atenta contra el Pacto sagrado **es como si redujese la Forma que incluye a todas las formas, y provoca a esa corriente que sus aguas no fluyan** debido a la trasgresión. **Y atenta contra el Pacto sagrado en todos sus aspectos. Y sobre esto**, es decir, sobre aquellos que actúan de este modo, **está escrito: «Y saldrán y verán los cadáveres de los hombres que se rebelaron contra Mí»** (Isaías 66:24)**. Ciertamente «contra Mí»,** y se aclara que todo **esto refiere al cuerpo** de la persona que transgrede este

13a

precepto. **En cuanto al alma, no entrará a la «cortina celestial» y será excluida de Aquel mundo** (*Bava Batra* 116a).

Séptimo precepto

Es circuncidar al niño varón **al octavo día** de su nacimiento **y extirpar la contaminación del prepucio.** Y las tres etapas de la circuncisión –*milá*, escisión del prepucio, *priá*, el posterior descubrimiento, y el derramado de la gota de sangre– son para quitar las tres cáscaras o *klipot* malignas, ya que existe una cuarta cáscara, *noga*, la cual no es considerada esencialmente mala. **Porque esa Fuerza vital** –*jaiá*– **es el octavo grado de todos los grados, y ese alma** –*nefesh*– **que vuela a partir de ella** en el momento en el que el niño nace, **deberá comparecer ante ella el día octavo, tal como ella pertenece al octavo grado. Y entonces,** tras el precepto de la circuncisión, **se verá ciertamente que es un** *nefesh jaiá*, **un** *nefesh* **de dicha Fuerza vital sagrada y no del «Otro Lado»,** es decir, del lado malo.

Y esto es a lo que refiere: **«Que las aguas pululen»** (Génesis 1:20). **En el libro de Janoj** se explica: **que las aguas de la santa simiente sean marcadas** a través de la circuncisión **por la impronta del** *nefesh jaiá*. **Ésta es la marca de la letra** *Iod* **impresa en la carne sagrada, más que todo otro signo del mundo**, lo cual refiere al resto de los preceptos.

La expresión bíblica: **«y aves que vuelen sobre la Tierra» se refiere a** el profeta **Elías** –*Eliahu*– **que sobrevuela el mundo en cuatro vuelos,** lo cual alude a las cuatro letras del Tetragrama, **para estar allí durante el corte sagrado** de la circuncisión (*véase* Talmud, tratado de *Berajot* 4b). Según la enseñanza de los Sabios, el profeta Elías se encuentra presente siempre que se cumple el precepto de la circuncisión. **Y se le debe preparar un asiento y proclamar en voz alta** para que el profeta se presente en ese sitio y en ese momento: **«Éste es el asiento de Elías». Y si no, no se encuentra allí.**

«Y creó Dios –*Elohim*– **los grandes peces»** (Génesis 1:21). **Éstas son las dos** primeras partes del acto de la circuncisión: **la** *orlá* –escisión del prepucio– **y la** *priá* –el posterior descubrimiento–, lo cual representa el quitar las dos cáscaras principales o *klipot* malignas para que no se apeguen y se nutran de la Santidad, lo cual debe realizarse en este orden: primero **se corta la *orlá* y después se lleva a cabo la *priá*, y son lo masculino y lo femenino** de las cáscaras o *klipot*.

«Y todo ser viviente que se mueve» refiere a la señal del signo –*ot*– **del Pacto sagrado, que es la Fuerza vital, como se ha dicho.** La palabra «y todo» –*veet*– alude a la palabra «signo» –*ot*–, y la expresión «se mueve» –*romeshet*– a la señal –*reshimo*–.

El final del versículo es: **«Que las aguas pululen»** refiere a **las aguas superiores que son atraídas hacia el signo de esa señal y por esto los hijos de Israel son marcados por dicha impronta santa y pura Abajo**, en el mundo físico en el que vivimos. **Al igual que estas marcas santas permiten conocer** y distinguir en lo Alto la diferencia entre **el «Lado Santo» del «Otro Lado», también el signo que marca a Israel permite conocer** y distinguir **su Santidad de los pueblos** idólatras **que proceden del «Otro Lado», tal como se ha dicho. Y así como los marcó** a los hijos de Israel, **también marcó sus animales y sus aves** a través de los signos de pureza que sirven para diferenciar entre los animales prohibidos y los permitidos –*kasher*–, para distinguirlos **de los animales y las aves de los pueblos** idólatras, los cuales les fueron permitidos sólo a ellos debido a que estas aves y animales provienen de las cáscaras o *klipot* malignas. **¡Feliz es la porción de** los miembros del pueblo de **Israel** que pueden vivir en estado de pureza y Santidad!

Octavo precepto

Es amar al prosélito (Deuteronomio 10:19) **que viene a circuncidarse para entrar bajo las alas de la divina Presencia** –*Shekinah*– (*véase* Talmud, tratado de *Shabbat* 31a). **Y Ella lo acoge bajo sus alas** ayudándolo a purificarse, **a estos que se han apartado del «Otro Lado» impuro y se han aproximado a Ella. Tal como está escrito: «Produzca la Tierra seres vivientes según su especie»** (Génesis 1:24), lo cual demuestra que cada persona posee una raíz espiritual

13a - 13b

particular. **Y si dices que esta «alma viviente»** –*nefesh jaiá*– **que constituye a Israel está destinada a todos**, y quien se convierte puede recibirla, entonces te diré que el versículo **vuelve y dice: «Según *su* especie».**

Y para comprender lo que recién se ha enseñado se cita un ejemplo. **Varios corredores y compartimientos, unos dentro de otros, posee esa «Tierra» denominada «Fuerza vital», bajo sus alas. El ala derecha posee dos corredores** habitados por almas, **y de ese ala se despliegan dos naciones extranjeras, cercanas especialmente a Israel,** que son Egipto y Edom, **para hacerlas entrar a esos corredores. Y bajo el ala izquierda hay otros dos corredores y se despliegan otras dos naciones que son Amón y Moab** sobre las cuales la ley indica que incluso la décima generación no puede convertirse ni pasar a formar parte del Pueblo de Israel. **Y todos son denominados «***nefesh jaiá***»** aunque sus raíces espirituales difieran entre sí.

Y existen otros varios compartimientos cerrados y otros palacios en cada ala y ala, y de ellos salen los espíritus destinados a que se dividan en todos los prosélitos que se convierten. Y son denominados «*nefesh jaiá***» pero «según su especie».**

Y todas las almas de los prosélitos **pueden entrar bajo las alas de la *Shekinah* pero no más allá.** Mas el alma de Israel proviene del cuerpo mismo de ese Árbol y de allí las almas vuelan hacia esa «Tierra» para entrar en lo más profundo de sus entrañas. Y este misterio está sugerido por el versículo: **«Porque vosotros seréis una Tierra deseable»** (Malaquías 3:12). **Y por esto Israel es el hijo amado** (Jeremías 31:20) **que surge de las entrañas de Ella,** la Presencia **y son denominados: «llevados desde la matriz»** (Isaías 46:3), **y no de las alas de afuera.**

Y además, (13b) **los prosélitos no tienen parte del Árbol supremo, ciertamente tampoco de su tronco, sino que su parte es en las alas y no más** ya que nadie puede ascender por encima del origen espiritual de su alma. **Y el prosélito se coloca bajo las alas de la *Shekinah* y no más.**

Los justos conversos –*guerei tzedek*– **son aquellos que allí se encuentran y se aferran, pero no en lo más profundo,** tal como se ha dicho. Y por esto está escrito en el versículo bíblico: «Produzca la Tierra un alma viviente –*nefesh jaiá*– según su especie», de acuerdo con su propia raíz espiritual. ¿Y a quién se refiere la continuación del versículo? A «las bestias, los reptiles, los animales terrestres según su especie», ya que todos toman su alma –*nefesh*– de esta Fuerza vital, pero cada uno según su especie, como es apropiado para él.

Noveno precepto

Es ser compasivo con los pobres y darles comida, tal como está escrito en plural: **«Hagamos al hombre a nuestra imagen, conforme a nuestra semejanza»** (Génesis 1:26). **«Hagamos al hombre»** conjuntamente, comprendiendo lo masculino y lo femenino (*véase* Talmud, tratado de *Berajot* 61a). **«A nuestra imagen», ricos, «conforme a nuestra semejanza», pobres. Según el aspecto masculino, ricos, y según el aspecto femenino, pobres.** Ya que lo masculino siempre representa el aspecto que influye y otorga, y lo femenino el que recibe y toma. **Así como ellos** –masculino y femenino– **se asocian en una unidad, y son compasivos uno con otro, y dan uno a otro, y le hace el bien** uno al otro, **así debe ser el hombre de Abajo, que ricos y pobres se asocien, dando el uno al otro, y haciendo el bien el uno al otro.**

El versículo enseña: **«Que dominen** (lit. «desciendan hacia») **los peces del mar»** (Génesis 1:26). **Este secreto** lo **hemos visto en el libro del rey Salomón, que todo el que se apiada del pobre con todo su corazón,** –llorando y afligiéndose verdadera y sinceramente por el exilio de la Presencia divina, la *Shekinah*, la cual es comparada aquí, en un plano espiritual, con un indigente– **su figura nunca diferirá de la figura de Adán** (*véase* Talmud, tratado de *Bava Batra* 58a) y no deberá regresar al mundo para una nueva vida, asumiendo la imagen de otro hombre. **Y como** se comporta de este modo, llorando y afligiéndose por el exilio de la *Shekinah*, corrige en parte la trasgresión del Primer Hombre y **la figura de Adán está inscrita en él,** y en un futuro, tras la Resurrección de los muertos, **domina**

13b

a todas las criaturas del mundo con esa figura, es decir, al resto de las almas que fueron parte de su alma, **tal como está escrito: «El temor y el miedo de vosotros estarán sobre todo animal de la Tierra»** (Génesis 9:2). **Todas** las demás partes de su alma **experimentan temor y tiemblan ante dicha forma inscrita en él debido a que este precepto supremo** –el de ayudar a los indigentes y afligirse por el exilio de la *Shekinah*– **eleva al hombre a la figura de Adán más que el resto de los preceptos.**

¿De dónde nosotros aprendemos esto? **De Nabucodonosor** (Daniel 4), **porque aunque tuvo aquel sueño** terrible del que tanto temió, **durante todo el tiempo que se apiadó de los pobres no se le cumplió ese sueño** (*véase* Talmud, tratado de *Bava Batra* 4a). Pero **cuando puso mal de ojo para no ocuparse de los pobres** (Daniel 4:27), **¿qué está escrito** después? **«Todavía la palabra estaba en boca del rey»** (Daniel 4:28), **e inmediatamente su figura fue alterada y fue desterrado de los humanos.**

Y por eso está escrito: «Hagamos al hombre». Está escrito aquí «hacer» y está escrito allí: «El nombre del hombre con quien he trabajado hoy –*asiti*– **es Boaz»** (Ruth 2:19).

Décimo precepto

Es ponerse los *tefilín* –filacterias– y completar en sí mismo una forma suprema, considerando que también el mismo Dios se pone los *tefilín*, y tomando en cuenta que el hombre debe imitar y seguir los comportamientos de la divinidad, **tal como está escrito: «Y creó Dios al hombre a Su imagen»** (Génesis 1:27) (*véase* Talmud, tratado de *Berajot* 6a). **Abrió** el rey Salomón su enseñanza **y dijo: «Tu cabeza sobre ti, como el Carmelo...»** (Cantar de los Cantares 7:6). El Carmelo simboliza al sitio de campos colmado de árboles, frutos y demás productos de la tierra, lo cual refiere a los *tefilín* que se colocan en la cabeza. **Este versículo ya ha sido mencionado y explicado. Mas** ahora lo explicaremos del siguiente modo: **«Tu cabeza sobre ti, como el Carmelo» se refiere a la cabeza suprema, la filacteria de la cabeza,** compuesta por cuatro secciones, en correspondencia con **el Nombre**

del Rey superior y sagrado: **el Tetragrama**. La filacteria que se coloca en la cabeza está dividida en cuatro compartimentos. El Nombre **está escrito según sus letras, cada letra y letra una sección**. El Nombre sagrado está grabado según el orden, tal como corresponde.

Y aprendimos (*véase* Talmud, tratado de *Berajot* 6a) **que «El Nombre de El Eterno es invocado sobre ti y te temerán»** (Deuteronomio 28:10) **refiere a la filacteria de la cabeza, que posee el Nombre sagrado en el orden de sus letras**.

La primera sección de las filacterias, la cual se encuentra a la derecha de quien la lee, es **«Conságrame todo primogénito...»** (Éxodo 13:2) y **refiere a la letra** hebrea *Iod*, **que es** la letra **sagrada, primicia de todas las Santidades de lo Alto**. El versículo continúa: «Lo que abre toda matriz» con ese camino estrecho –*shvil dakik*– que desciende de la *Iod*. Es ella quien abre la matriz para producir frutos y verduras, tal como corresponde, y es la Santidad suprema.

La segunda sección a partir de la izquierda de quien se coloca las filacterias, **es: «Y será cuando te traiga...»** (Éxodo 13:5) y **refiere a la** primera letra *He* del Nombre, **Palacio en el que la matriz ha sido abierta por la *Iod*, en las cincuenta puertas, corredores y cámaras cerradas de éste, entreabiertos por la *Iod*, para escuchar la voz** –*kol*– **que surge de ese *Shofar*. Porque este *Shofar* está cerrado en todos sus lados, y viene la *Iod* que lo abre para que su voz emerja. Una vez que lo ha abierto, lo hace resonar y saca de él una voz para rescatar a los esclavos a la libertad.**

Con el sonido de este *Shofar* salió Israel de Egipto. Y así será otra vez al final de los días. Y toda redención procede de ese *Shofar*. Y por esto la salida de Egipto es mencionada en esta sección de las filacterias **porque proviene de este *Shofar* cuya matriz ha sido abierta gracias al vigor de la *Iod*, y ha permitido que su voz emerja para liberar a los esclavos. Ésta es la *He*, la segunda letra del Nombre sagrado: el Tetragrama.**

La tercera sección de las filacterias **es el secreto de la unicidad del** rezo del *Shemá Israel*, **que es** la letra *Vav* que lo incluye todo y en ella se realiza la unicidad total, y ella lo recoge todo.

14a

La cuarta sección de las filacterias de la cabeza es: «Y será si obedecieres...» (Deuteronomio 11:13), y es la que incluye los dos aspectos (14a) mediante los que se unifica la Asamblea de Israel: el Rigor de Abajo. Y es la última *He* del Nombre conformado por cuatro letras, que las toma a ellas y se constituye a partir de ellas.

Los *tefilín* –filacterias– son ciertamente las letras del Nombre santo. Por lo tanto: «Tu cabeza sobre ti, como el Carmelo» designa a la filacteria de la cabeza, y los «rizos –*dalat*– de tu cabeza» designa la filacteria de la mano que es pobre –*dalet*– respecto a la superior, la que se coloca en la cabeza, y a pesar de esto alcanza una perfección semejante a la superior.

«El rey es prisionero de tus trenzas»: está atado y ligado por los compartimientos de los *tefilín*, con el fin de unirse con ese Nombre sagrado en forma adecuada. Por ello, el que se adorna con ellas colocándose las filacterias, adopta la «Imagen de Dios». Es decir: así como Dios está unido al santo Nombre, también en él, en la persona que se los coloca, se unifica el santo Nombre como corresponde.

«Varón y hembra los creó» (Génesis 1:27) refiere a los *tefilín* de la cabeza y a los del brazo respectivamente, y todo es uno.

Undécimo precepto

Es separar el diezmo de los productos de la tierra (Levítico 27:30-31). Aquí hay dos preceptos: uno es separar el diezmo de los productos de la tierra y uno las primicias del fruto del árbol (Éxodo 23:19). Según está escrito: «He aquí que he dado toda hierba que da semilla, que está sobre la Tierra» (Génesis 1:29). Está escrito aquí «He aquí que he dado», y está escrito allí: «He aquí que he dado a los hijos de Leví todo diezmo en Israel» (Números 18:21). Y está escrito: «Y el diezmo de la tierra, de la simiente de la tierra, del fruto de los árboles, es de El Eterno» (Levítico 27:30).

HAKDAMÁ –PRÓLOGO DE EL ZOHAR

14a

Duodécimo precepto

Es traer las primicias del árbol, tal como está dicho: «Todo árbol en el que hay fruto y que da semilla» (Génesis 1:29), es decir: **todo lo que me corresponde a Mí** en un futuro, tras la entrega de la *Torah*, es decir, los diezmos y las primicias, **a ustedes les está prohibido comer.** Pero ahora, a Adán, a Eva y a las generaciones posteriores hasta la entrega de la *Torah*, **les permitió y les ha dado a ellos todo Su diezmo y las primicias de los árboles. «A ustedes se los doy»,** al Primer Hombre y a las generaciones hasta la entrega de la *Torah*, **y no a las generaciones posteriores** pues tras la entrega de la *Torah* en el Monte Sinaí quedará prohibida su ingestión para el Pueblo de Israel.

Decimotercer precepto

Es redimir a su hijo –*Pidión haBen*– primogénito **para atarlo a la vida. Porque existen dos** ángeles **encargados** por encima de la persona: **uno de la vida,** que solicita la recompensa por cada precepto realizado, **y otro de la muerte** que exige el castigo por cada trasgresión, **y se encuentran por encima de la persona** y siguen sus pasos (Salmos 91:11) (*véase* Talmud, tratado de *Shabbat* 119b). **Y cuando un hombre redime a su hijo** a través de cinco monedas, **lo redime de las manos del encargado de la muerte y ya no tiene dominio sobre él** ya que su argumento es que, siendo de El Eterno, como todo primogénito, Él puede hacer lo que quiera con este niño. **Y este misterio** está sugerido en el versículo: **«Y vio Dios todo lo que había hecho»** (Génesis 1:31), **en general,** es decir, ya sea bueno o malo, relacionado con la vida o con la muerte; **«y he aquí que era bueno», se refiere al Ángel de la vida; «en gran manera», refiere al Ángel de la muerte.** Y por esto a través de esa redención se mantiene al Ángel **de la vida y se debilita al Ángel de la muerte** pues se queda sin argumento alguno para incriminar. Es decir, **a través de esta redención, adquiere para él la vida, tal como se ha dicho, y ese «Lado Malo» lo libera y no se aferra más a él.**

14a
Decimocuarto precepto

Es guardar el día del Shabbat, que es el día de descanso de todas las obras del Principio de la Creación del mundo. **Aquí están incluidos dos preceptos: uno es guardar el día del Shabbat y uno es santificar ese día con su Santidad. Guardar el Shabbat, tal como lo mencioné y lo destaqué acerca de él, porque es el tiempo de descanso de los mundos, y todas las obras se completaron** y perfeccionaron **en él. Y** toda la obra de Creación y **todos** sus detalles, **fueron realizados antes de que fuera santificado el día,** es decir, antes de que la Santidad del Shabbat llegara al mundo (Mishná, *Pirkei Avot* 5:6).

Debido a que el día fue santificado, quedaron la creación de espíritus cuyos cuerpos no pudieron ser creados. Es decir, no pudo terminarse la tarea de creación de sus cuerpos pues llegó la Santidad del Shabbat y entonces permanecieron como espíritus o demonios. Mas **¿Acaso El Santo, Bendito no sabía retrasar la santificación del día** de *Shabbat* **hasta que fueran creados cuerpos para estos espíritus? Sino que el Árbol del Conocimiento del Bien y del Mal, incitó al Otro Lado del mal** –las tres cáscaras o *klipot* malignas– **y quiso ejercer su poder sobre el mundo, y salieron una proliferación de espíritus armados para apoderarse de los cuerpos del mundo. Al ver El Santo, Bendito Sea, esto,** y como no quería que estos espíritus malignos tuvieran también cuerpos humanos, **incitó a que soplara un viento del Árbol de la Vida que golpeó al otro árbol, se levantó el Otro Lado del Bien y santificó el día** y la Santidad del Shabbat se extendió y se expandió por todos los mundos.

Porque, al igual que lo sucedido durante los días de la Creación, **la creación de los cuerpos y el despertar de los espíritus** que han de entrar en estos cuerpos, es decir, las almas, **provienen en esa noche** del Shabbat **del Lado del Bien y no del «Otro Lado»** como en los días de la semana. **Y si aquella** sexta **noche** de los días de la Creación **el «Otro Lado» se hubiese anticipado, antes de que el Lado del Bien se anticipara, el mundo no hubiese podido existir delante de ellos ni siquiera por un instante. Pero **El Santo, Bendito Sea, anticipó el remedio: adelantó la santificación del día** del Shabbat **y se anticipó al «Otro Lado» y** así **el mundo pudo existir.**

Y lo que pensó el «Otro Lado», es decir, **establecerse y fortalecerse en el mundo,** no logro cumplirlo, y al fin **se estableció aquella noche el «lado bueno» y se fortaleció. Y se generaron cuerpos y espíritus sagrados en esa noche a partir del Lado del Bien, y por esto el tiempo de unión íntima de los Sabios, que saben esto** y conocen estos secretos, **es de Shabbat (14b) a Shabbat** (Mishná, *Ketubot* 5:6). **Porque entonces el «Otro Lado» vio que lo que pensó hacer, lo hizo el lado de la Santidad y por esto lo cela** durante los días de la semana. Entonces **se marcha y sobrevuela en compañía de sus guerreros y sus aspectos** malignos buscando a algún trasgresor, **y observa a todo el que mantiene relaciones con su cuerpo descubierto a la luz de la vela**, lo cual le basta para acusarlos. **Y todos estos hijos surgidos de allí serán epilépticos, porque habitan en ellos los espíritus provenientes del «Otro Lado»** (*véase* Talmud, tratado de *Pesajim* 112b). **Y estos son los mismos espíritus desnudos de los pecadores denominados «demonios»,** que son los mismos que los de la serpiente original que fueron creados a partir de la trasgresión del Primer Hombre, **y Lilit habita en ellos y los mata** porque se trata de espíritus que le pertenecen ya que fueron concebidos a través de la trasgresión de descubrir el cuerpo a la luz de la vela.

Una vez que el día de Shabbat **ha sido santificado y la Santidad domina sobre el mundo, ese «Otro Lado» se reduce a sí mismo y se oculta durante toda la noche del Shabbat y el día del Shabbat** hasta la terminación del mismo, **a excepción de Asimón** —llamado de este modo por carecer de forma humana, tal como la moneda llamada *asimón* carece de la estampa de un rey, como era costumbre en la época— **y de toda su secta, que se aproximan en secreto,** para que la Santidad del Shabbat no los dañe, **a las velas para espiar las relaciones al descubierto, y después se esconden en la caverna del gran abismo.**

14b

Cuando sale el Shabbat, un grupo de guerreros y combatientes vuelan y sobrevuelan sobre el mundo y por eso se estableció **el Cántico contra las calamidades** (Salmo 91), el cual se pronuncia al finalizar el Shabbat, **con el fin de impedirles dominar al pueblo santo.**

¿A qué sitio vuelan durante esa noche? Cuando parten precipitadamente y quieren dominar en el mundo al pueblo santo, **al verlos en su plegaria y recitando ese cántico, y que** además **al comienzo,** cuando finaliza el Shabbat, **hacen la *Havdalá* en la plegaria y hacen la *Havdalá* sobre la copa** de vino, **ellos vuelan de allí y marchan y sobrevuelan y llegan al desierto. ¡Que el Misericordioso nos libre de ellos y del «Lado Malo»!**

Tres son los que traen el mal sobre sí mismos. Uno, aquel que se maldice a sí mismo y permite entonces que el Satán lo acuse (*véase* Talmud, tratado de *Shevuot* 36a). **Dos, aquel que arroja pan o migas que tienen** el tamaño del volumen de **una aceituna,** debido a que si él humilla a la comida, desde los Cielos impiden que le llegue abundancia de sustento, ya que no existe nada en este mundo que no posea una raíz en los mundos espirituales superiores. Y **Tres, aquel que enciende una vela al final del Shabbat, antes de que Israel haya alcanzado a recitar la Kedushá** –Santificación de *Atá Kadosh*–, (*véase* Talmud, tratado de *Sotá* 49a) **porque provoca que el fuego del *Guehenóm*,** el Infierno, el cual se apaga durante el Shabbat, **se enciendan con esta vela antes de tiempo.**

Porque existe un lugar en el *Guehenóm* reservado para aquellos que han transgredido los días de Shabbat, y los que son castigados en el *Guehenón* maldicen al que ha encendido su vela antes de tiempo y le dicen a modo de imprecación: «He aquí que El Eterno te asirá con vigor... te echará a rodar con ímpetu, como a bola por tierra extensa» (Isaías 22:17-18) (*véase* Talmud, tratado de *Menajot* 99b).

Debido a que no corresponde encender el fuego a la salida del Shabbat antes de que Israel haya pronunciado la *Havdalá* durante sus plegarias y pronunciado la *Havdalá* sobre la copa de vino, porque hasta ese momento aún es Shabbat y la Santidad

del Shabbat nos domina. Y en el momento en que se pronuncia la *Havdalá* sobre la copa, todos esos guerreros y todos esos combatientes encargados de los días de semana, cada uno y uno retoma su lugar y las funciones en el Servicio al Creador de las que es responsable.

Porque cuando el Shabbat hace su entrada y es santificado el día, la Santidad se despierta y domina el mundo, y lo profano se aparta de su poder, y hasta la hora en que sale el Shabbat no regresan a sus lugares. Y a pesar de que ha salido el Shabbat no regresan a sus lugares hasta el momento en que Israel dice: «Bendito eres Tú, El Eterno, El que distingue lo sagrado de lo profano» (*véase* Talmud, tratado de *Pesajim* 103b). Entonces, la Santidad se retira y los combatientes encargados de los días de la semana se despiertan y regresan a sus lugares, cada uno y uno a la guardia que le fuera encargada. Y con todo esto no ejercen su dominio hasta que haya luces provenientes del misterio de la vela que se enciende durante la pronunciación de la *Havdalá*. Y todas son denominadas «las iluminaciones del fuego», porque del misterio de la Columna de fuego y del Fundamento del fuego provienen, y dominan sobre el Mundo de lo Bajo.

Y todo esto que hemos mencionado es cuando un hombre enciende una vela antes de que Israel concluyera la *Kedushá* –Santificación. Pero si espera hasta que concluyan la *Kedushá*, aquellos pecadores del *Guehenóm* aceptan sobre ellos el juicio del Santo, Bendito Sea, y ellos confirman para dicho hombre todas las bendiciones pronunciadas por la Asamblea: «Dios te dará del rocío del Cielo» (Génesis 27:28), «Bendito Seas en la ciudad y bendito Seas en el campo» (Deuteronomio 28:3).

«Bienaventurado el que piensa en el pobre, en el día del mal –*raá*, palabra hebrea en femenino– lo salvará El Eterno» (Salmos 41:2). ¡«En el día del mal» debería estar dicho en masculino! ¿Qué es «el día del mal» en femenino? El día en el que domina esa Malvada para llevarse su alma.

«Bienaventurado el que piensa en el pobre», alude al enfermo grave, cuando viene éste a curarlo del pecado que haya cometido

ante El Santo, Bendito Sea. Es decir, lo invita a arrepentirse antes de morir.

Otra explicación: se refiere al día en el que la Justicia es impartida en el mundo, pero en el que este hombre **será salvado de ella,** tal como está dicho: «En el día del mal lo salvará El Eterno», el día en el que la Justicia es entregada a esa Malvada para que domine el mundo.

TERCERA PARTE

SECCIÓN DE BERESHIT

(15a) **En el principio** *–Bereish–* **de la revelación de la Voluntad del Rey** de comenzar con el proceso de creación, **grabó un rastro en la Luz suprema** que permaneció tras la contracción, T*zimtzum*, con **una llama poderosa, y salió desde el Ocultamiento de todo Ocultamiento, del misterio del Infinito** *–Ein Sof–*, como un **horno humeante, informe, inscrito en un anillo circular**, el cual es cerrado, hermético, e impenetrable, y los Treinta y dos senderos de Sabiduría no logran reconocerse en él. Es decir, tras la contracción inicial surge como una materia prima informe, la cual tampoco indica a través de sus colores ningún tipo de conducción determinada: la misma es **no blanca,** por lo que no indica una inclinación hacia el lado de la Bondad, el Jesed, **y no negra,** por lo que no marca la carencia de la Bondad, **y no roja,** color que alude a la Guevurah, **y no verde,** color que indicaría al Tiferet como fuerza dominante, **y no de ninguna tonalidad.**

Resulta muy sugerente notar que el primer libro de El Zohar, el Génesis o *Bereshit*, comienza con la palabra *Berish*, *–Bet, Reish, Iod, Shin–* iniciales del nombre Rabbí Shimón bar Iojai, a quien la tradición adjudica la revelación de los misterios, los secretos y las enseñanzas de El Zohar.

Cuando midió lo conmensurable respondiendo a Su Voluntad de revelar Su Nombre y Su conducción, **hizo tonalidades que ilu-**

15a

minaran dentro del espacio vacío para que posteriormente pudieran conducir los mundos inferiores.

Desde el interior de la llama brotó un manantial de luz **y de él se pintaron las tonalidades Abajo.**

El Ocultamiento de todo Ocultamiento del misterio del Infinito –*Ein Sof*– **irrumpió y no irrumpió,** expresión que alude a su nivel extremadamente sutil, **y su aire no es para nada aprehendido. Hasta que mediante la fuerza de la presión de su irrupción, iluminó un punto** relacionado con la letra *Iod* del Tetragrama, relacionado con el aspecto masculino.

Más allá de ese punto, es decir, por encima de él, **no cabe aprehensión alguna, y por eso**, este nivel que sí puede ser captado, **es llamado «principio»,** *Reshit*, por tratarse del comienzo de todo lo existente, **la primera locución de todas**, es decir, la primera de las diez locuciones a partir de las cuales el mundo fue creado.

«Los sabios resplandecerán como el resplandor del firmamento y los que enseñan la justicia –el camino de Dios– **a la multitud,** iluminarán **como estrellas a perpetua eternidad»** (Daniel 12:3).

El resplandor del Ocultamiento de todo lo Oculto golpeó con sus pies **a su aire, e iluminó en ese punto** sugerido por la letra *Iod* del Tetragrama, **hasta que alcanzó y,** por ser inaprensible, es como que **no alcanzó a ese punto. Entonces ese principio** –*Reshit*– **se extendió y se le hizo un Palacio** –sugerido por la primera letra *He* del Tetragrama– **para su gloria y su alabanza,** pues a partir de ahora ya tenía modo de revelarse y poseía en quién revestirse. **Allí** también **sembró la simiente santa para la fecundación y provecho del mundo,** lo cual sugiere a las fuerzas masculinas y femeninas. **Y este misterio** se expresa en el versículo del profeta Isaías: **«La simiente santa será preservada»** (6:13).

El resplandor sembró la simiente para su gloria, como esa simiente de seda de bella púrpura que se oculta en su interior, tal como actúa el gusano de seda al hacerse para sí como una especie de vestimenta **para ocultarse en su interior, y lo hace como un Palacio, porque él,** es decir, este ocultamiento, **es su alabanza, y** la seda, **el beneficio de todo,** el que hace bellas vestimentas con ella.

Con ese principio creó ese Ocultamiento inaprensible en este Palacio. Ese Palacio se denomina *Elohim*, la Biná, **y éste es el misterio** del primer versículo de la *Torah*: «**En el principio creó Elohim**» (Génesis 1:1): *Be Reshit Bará Elohim* o literalmente: «Por intermedio del Reshit, –el Principio–, creó a *Elohim*...».

También puede entenderse así: **el resplandor a partir del cual fueron creadas todas las** diez **locuciones, mediante el misterio de la expansión del punto de ese resplandor oculto. Y si sobre esto**, el aspecto femenino, **está escrito «creó», no es sorprendente ya que está escrito** también en otro versículo sobre este mismo aspecto femenino: «**Y creó *Elohim* al hombre a Su semejanza**» (Génesis 1:27).

El resplandor es el misterio del principio, *Bereshit*, **anterior a todo, cuyo nombre es: «Yo seré** Quien seré», *Alef-He-Iod-He*, **el Nombre sagrado** revelado a Moisés por El Eterno al ser convocado para sacar a los hijos de Israel de la tierra de Egipto (Éxodo 3:14). **A su lado está grabado** el nombre *Elohim*, **y en su corona está grabado «Quien»,** *Asher,* **Palacio oculto y guardado, la primera** palabra del **misterio del principio. «Quien»** –*Asher*– **es una palabra conformada por las mismas letras que** *Rosh*, **que es la cabeza, que surge del principio** –*Reshit*–, palabra también formada por las mismas letras: *Asher, Rosh, Reshit*.

Cuando (15b) **el punto** –aspecto masculino– **y el Palacio** –aspecto femenino– **se establecieron como uno, entonces «En el principio»** –*Bereshit*– **integró el principio supremo en la Sabiduría.** La fuerza de lo masculino aparece de modo revelado en la palabra *Bereshit* y la de lo femenino de modo oculto en sus letras a través de la palabra hebrea *Asher*.

Después se revirtió la tonalidad de ese Palacio y es denominado «casa» –*bait*– **y el punto supremo se denomina «cabeza»** –*rosh*– de la misma raíz que el término hebreo *Bereshit*. **El uno y el otro se incluyen mutuamente según el misterio del principio. Ellos, todos como uno, en una sola unidad,** que es la palabra hebrea *Bereshit*.

15b

Pero **aún no había quien se establezca en la casa. Cuando se fecunda con el fin de preparar el asentamiento, entonces** lo femenino **es llamada** *Elohim*, **encerrado y oculto.**

El resplandor está oculto y guardado mientras los hijos aún están en él y no han nacido y la casa permanece en su modo simple que es la simiente sagrada.

Y antes de ser fecundada, y todavía **no se expandieron en el asentamiento,** el aspecto femenino **no es llamado** *Elohim*, **sino que todo permanece incluido en el principio. Después que fue establecido con el nombre de** *Elohim*, recién entonces **hizo surgir a sus descendientes de la simiente que había sido sembrada en ella.**

¿Quién es esa simiente que lo masculino entrega a lo femenino? **Son las** veintidós **letras** del abecedario hebreo, letras con las que se crea el mundo, **que han sido grabadas según el misterio de la** *Torah* **Escrita** –masculino– y la *Torah* Oral –femenino– **que surgieron de ese punto.**

Ese punto sembró en el interior de ese Palacio el misterio de tres puntos o vocales: *jolam* –Tiferet–, *shuruk* –Hod– y *jirik* –Netzaj, **y cada uno fue incluido uno en el otro** –aire fuego y agua– **y devienen en un solo misterio:** la voz o el *kol*.

La voz –masculino– **que surge de esa unificación, cuando surge, surge su pareja con ella, la que incluye a todas las** veintidós **letras** del abecedario hebreo, **como está escrito: «*et hashamaim*»** –los Cielos–, la voz y su pareja. El termino hebreo «*et*» representa a lo femenino, conformado por la primera y la última letra del abecedario hebreo, es decir, de la letra *Alef* a la *Tav*, lo cual incluye a todas las letras, que nace junto con lo masculino, representado por el término «Cielos». **Esta voz que es «los Cielos», es el último «Yo seré»** –Alef, He, Iod, He– que aparece en el versículo anteriormente citado del Éxodo.

El resplandor del aspecto femenino **incluye a todas las** veintidós **letras y las tonalidades,** lo cual, como se ha enseñado, alude a los tipos de conducción divina. **Y de este modo hasta aquí.**

SECCIÓN DE BERESHIT

Se nos enseña el *Shemá Israel*, que **«El Eterno es nuestro Dios, El Eterno** es Uno» (Deuteronomio 6:4) **son tres niveles** que se expanden –«El Eterno», aspecto masculino, a la derecha, «nuestro Dios», aspecto femenino, a la izquierda, «El Eterno», relacionado con el Daat, en el centro– **que corresponden con el misterio supremo de «En el principio creó *Elohim*»: «En el principio» es el misterio de lo primero**, raíz primera de los mundos en los que existe el Bien y el Mal, ya que por encima de este nivel sabemos que existe sólo el Bien absoluto en su estado más puro y perfecto. **«Creó» es el misterio de lo oculto**, es decir, está por encima de nuestra posibilidad de aprehensión, **desde el que todo se expande. «*Elohim*» es el misterio que mantiene a todo lo de Abajo. «Los Cielos» para no separar entre ellos, lo masculino** –Cielos– **y lo femenino –«*et*–», como si fueran uno.** Así, de este modo, al no existir separación entre ellos, los mundos inferiores reciben posibilidad de existencia.

La palabra hebrea «*et*» se relaciona con lo femenino **cuando toma todas las** veintidós **letras del abecedario hebreo, la integración de todas las letras, del principio al fin.** Es decir, lo femenino tiene la capacidad de recibir y contener a todas las letras, las vasijas. **Después se agrega la *He*,** la última del Tetragrama, además de las letras anteriores, **para unir a todas las letras con esa *He*,** y entonces **es denominado Tú –*atá*–. Y sobre esto** está escrito: «... y Tú otorgas vida a todos» (Nejemia 9:6). Es decir, a todos los mundos.

La palabra hebrea «*et*» **es el misterio de «mi Señor» –*Adonai*–** y así es llamado. «Los Cielos» es el Nombre de **El Eterno**, el Tetragrama, **el misterio supremo. «Y *et*»,** con la letra *Vav*, **es la rectificación** y unificación **de lo masculino y lo femenino** a través de la letra *Vav*, **y todo es uno.** Y la expresión «Y *et*» **es el misterio de «Y El Eterno», y todo es uno**, es decir, estos misterios aluden al mismo significado.

La expresión **«La Tierra»** del versículo **es *Elohim*,** asociada con lo femenino, **según la forma suprema, para hacer las plantas y los vegetales**, es decir, las almas de los justos.

Este nombre –*Elohim*– **se compone de tres lugares, y desde allí se expande este nombre hacia varios lados**, e incluso también los ángeles del Mundo de Formación son llamados de este modo.

Hasta aquí es el misterio de lo Oculto de los Ocultos que grabó, y construyó y dio existencia a lo femenino **de manera oculta, según el misterio de un solo versículo.** Es decir, todos los niveles implícitos en el primer versículo bíblico resultan inaprensibles para la mente humana.

De aquí en adelante se trata de «En el principio» –*Bereshit*–, lo cual también puede ser interpretado, separando la primera palabra en dos, como: **«creó seis»** –*bará shit*–. **De un extremo de los Cielos al otro extremo de los Cielos, seis direcciones que se expanden a partir del misterio supremo con la expansión de** la palabra **«Creó». Desde el interior del punto primero creó la expansión de un punto supremo y aquí grabó el misterio del Nombre de cuarenta y dos letras**, basado en las combinaciones de las letras hebreas, desde la primera letra de la *Torah* –*Bet*– hasta la misma letra de la palabra hebrea *Bohu*.

«Los sabios resplandecerán como el resplandor del firmamento y los que enseñan la justicia –el camino de Dios– a la multitud, iluminarán como estrellas a perpetua eternidad» (Daniel 12:3). Significa que resplandecerán **como los signos de la melodía** –*taamim*–, **y tras su melodía marchan las consonantes** –*otiot*– **y las vocales** –*nekudot*– **y se mueven tras ellos como los soldados detrás de su rey.**

El cuerpo son las consonantes, las cuales representan al cuerpo y al nivel de *nefesh*; **el espíritu son las vocales, y todos marchan en sus desplazamientos tras los signos de la melodía,** la *neshamá*, **y se mantienen por su existencia.** Es decir, la *neshamá* dirige al *ruaj* y al *nefesh*. Pero **cuando la melodía de los signos se desplaza** de su sitio correcto y la *Torah* no es leída como corresponde, **las consonantes y vocales marchan tras ellos** y no transmiten su luz verdadera, **y cuando ella se interrumpe, ellos no marchan, y se detienen en sus lugares.**

Sección de Bereshit

15b - 16a

Ahora, aplicándolo al versículo citado: «**Los sabios resplandecerán…**» **son las consonantes y las vocales, «como el resplandor» es la melodía de los signos, «el firmamento» es la expansión de la melodía como esos que se propagan en la expansión de la melodía.** Porque al entonar una melodía, la persona corta las letras en sus labios de modo diferente que cuando habla. «**Y los que enseñan la justicia a la multitud**» **son los signos de interrupción que detienen las marchas de la melodía para que la palabra pueda ser escuchada** y comprendida. Es decir, son los que enseñan la *Torah*, los que logran transmitir un mensaje claro y manifiesto. «**Resplandecerán**» **las consonantes y las vocales, que iluminan juntas los movimientos según el misterio de lo que está oculto en el movimiento, en esos senderos ocultos,** es decir, el resplandor de las vocales en las consonantes proviene de los Treinta y dos senderos de Sabiduría. **Desde aquí,** de la unión de lo masculino y lo femenino, **todo se expande.**

«**Los sabios resplandecerán como el resplandor del firmamento** y los que enseñan la justicia –el camino de Dios– a la multitud, iluminarán como estrellas a perpetua eternidad» (Daniel 12:3). Éstos **son las columnas y los soportes de ese palanquín** –*apirión*– que es el Maljut, en referencia al palanquín del rey Salomón, tal como está escrito: «El rey Salomón se hizo un palanquín de madera del Líbano» (Cantar de los Cantares 3:9). **Los «sabios», ellos mismos son las columnas y el soporte supremos que observan atentamente por todo lo que requiere ese palanquín y sus soportes** sin aguardar que lo solicite, **y sobre este misterio está dicho: «Bienaventurado el que piensa en el pobre»** (Salmos 41:2), ya que evita que éste se sienta avergonzado al tener que solicitar la caridad.

El versículo también dice «**Resplandecerán**» para señalar que **si no resplandeciesen y no iluminasen, no podrían observar ni velar por ese palanquín en todo lo que requiere. «Como el resplandor del firmamento», ése que es sostenido** (16a) **por esos Sabios, tal como está escrito: «Y sobre la cabeza de los seres vivientes** aparecía un firmamento como el terrible hielo» (Ezequiel 1:22). Un

16a

firmamento como el terrible hielo y **que su resplandor ilumina la** *Torah*. **Resplandor que ilumina a esas cabezas de ese Viviente** –*jaiá*– **y esas cabezas son los Sabios que resplandecen continuamente y contemplan ese firmamento, en pos de la Luz que de allí sale. Ésta es la Luz de la** *Torah* –también denominada Oraita, de la raíz *or*, luz–, **que ilumina y no se interrumpe.**

En el segundo versículo del Génesis se enseña: **«Y la Tierra era informe y vacía –Tohu y Bohu»** (Génesis 1:2), lo cual alude a dos estados diferentes del nivel de la Tierra, es decir, dos estados del Reinado o Maljut: primero el estado de Tohu y luego el de Bohu. ¿Por qué el versículo del Génesis aclara que la Tierra «era» informe y vacía? **«Era» precisamente, con anterioridad**, al comienzo, en su estado de materia prima e informe, al momento del inicio del proceso de Creación, antes de que se le efectuara ningún tipo de rectificación. **Nieve en el interior de las aguas de la que salía un légamo por el poder de la nieve en las aguas.** Es decir, se produce una especie de purificación al ser separado el légamo de las aguas. **Un fuego poderoso golpeó sobre éste y había en él algo inmundo, y se esclareció y se convirtió en Tohu. Y del lugar donde se hallaba el légamo** sobrante **se hizo el nido de lo inmundo**, de las cáscaras o klipot. **El Bohu es el esclarecimiento que se elucidó en lo inmundo.**

Y se asentó allí, en ese Bohu, **«la oscuridad»** que es mencionada en el versículo y que es **el misterio del fuego poderoso, y esa oscuridad** también **encubre al Tohu a través de lo inmundo,** aunque no se asentó como lo hizo en el primer caso, **y después se rectificó a partir de él.**

«El espíritu de *Elohim*» mencionado se refiere al **espíritu de Santidad que sale del** *Elohim* **Viviente, el que «flotaba sobre la superficie de las aguas». Después de que ese espíritu soplara, se aclaró en lo inmundo un punto ínfimo, como un relámpago de légamo**, que si bien dista de ser sagrado es lo menos impuro. **Y así aclaró y purificó una y otra vez hasta que lo menos impuro de ese**

légamo se encontró totalmente desprovisto de légamo impuro al producirse la purificación y la separación.

Cuando el Tohu se aclaró y se purificó, surgió de él un «Viento grande –la primera cáscara o *klipá*– y poderoso que desgarra las montañas y quiebra las rocas» (1 Reyes 19:12), el mismo que observó el profeta Elías. El Bohu se aclaró y se purificó, y surgió de él un ruido, según está escrito: «Y tras el viento un ruido» (ibid) –la segunda cáscara–. Y cuando se aclaró la oscuridad, se integró en su misterio al fuego, tal como está escrito: «Y tras el ruido un fuego» (ibid) –la tercera cáscara–. El viento se aclaró y se integró a su misterio «una voz de sutil silencio» (ibid), lo cual refiere a la cáscara o klipá llamada *Noga*. En resumen: el Tohu, el Bohu, la oscuridad y el viento son las raíces de las cuatro cáscaras o klipot.

El **Tohu** es un **lugar donde no hay tonalidad ni forma,** lo cual está relacionado con la materia primordial, el *heiuli*, **que no se puede integrar al misterio de la forma,** lo cual describe el estado comparable a la materia prima antes de que se efectuara corrección o rectificación alguna. **Ahora,** tras el proceso de clarificación, es como si aparentemente **poseyera una forma,** pero **a medida que se lo contempla** se descubre que en realidad **no tiene forma alguna.**

Por su parte el **Bohu tiene figura y forma,** misterio de las **piedras sumergidas en la impronta del Tohu que salen del interior de la impronta en la que están inmersas. De allí hacen surgir un beneficio para el mundo** por medio de la abundancia que llega al mismo. **Bajo la forma de vestimenta, este beneficio es atraído de lo Alto hacia lo Bajo y se eleva de lo Bajo hacia lo Alto, y por eso** las piedras **son perforadas y pulidas. Éstas se encuentran suspendidas en el aire. A veces están suspendidas en el aire porque se elevan de allí hacia arriba,** hacia el Keter, para recibir abundancia y trasladarla hacia abajo, **y a veces se esconden, en días nublados,** es decir, días en los que el juicio riguroso prevalece a través del Otro Lado, **y sacan agua del abismo, sustentando desde allí al Tohu. Y he aquí,**

16a

entonces, que hay alegría en lo Alto si el hombre cumple los preceptos y atrae abundancia espiritual al mundo, **y locura**, ya que, como enseñaron los sabios en el Talmud, nadie peca si no es afectado por un espíritu de locura, **y así el Tohu se expande en el mundo.**

En el segundo versículo del Génesis la *Torah* escribe: «… con oscuridad sobre la superficie del abismo». Y a continuación se explica que **la «oscuridad»**, es decir, el Reinado o Maljut, **es fuego negro de poderosa tonalidad**, el cual es asociado con las *Sephiroth* de Netzaj y Hod y es considerado como un duro rigor; **fuego rojo, de poderoso aspecto**, el cual es asociado con la Guevurah y con el rigor, aunque en menor escala, razón por la cual se habla de su «poderoso aspecto»; **fuego verde de poderosa forma**, el cual es asociado con el Tiferet, el que incluye y armoniza a las tonalidades de blanco y rojo; **fuego blanco que lo integra todo** y que en su raíz es misericordia pura.

La oscuridad, el más poderoso de los fuegos, es decir, cuando se despierta el fuego de la Guevurah del Maljut, **fortifica al Tohu**, o más precisamente, a las cáscaras o klipot que llevan este nombre. **La oscuridad es un fuego, pero no es un fuego sombrío salvo cuando fortifica al Tohu, y alude al misterio de** lo sugerido en el versículo: «Isaac envejecía **y sus ojos se debilitaron hasta no ver más, y llamó a Esaú»** (Génesis 27:1). Es decir, cuando el patriarca quedó envuelto en oscuridad debido a la pérdida de su vista, entonces convocó a Esaú, símbolo de la cáscara o klipá, lo cual representa su fortificación.

La oscuridad es el **rostro del mal, ya que concede sus favores al mal, y por eso es llamado oscuridad, porque se asienta en él para fortificarlo, y este misterio** se alude en el segundo versículo del Génesis: **«con oscuridad sobre la superficie** –*lit.*, faz o rostro– **del abismo –Tohu»** (Génesis 1:2).

«El espíritu de *Elohim* flotaba sobre la superficie de las aguas» **es la voz de tenue silencio**, lo cual alude a la cáscara o klipá denominada Noga, **que se asienta sobre el Bohu,** el agua, **y lo fortifica y lo conduce todo lo necesario, y este misterio** se alude en el versículo: «La voz de El Eterno sobre las aguas» (Salmos 29:3).

16a

Y así también el versículo: «**El espíritu de *Elohim* flotaba sobre la superficie de las aguas**» (Génesis 1:2), significa que el espíritu del que sale la cáscara de tenue silencio es el que domina al agua, es decir, al Bohu, que son **las piedras que se sumergen en los abismos de los que salen aguas** (*véase* Talmud, tratado de *Jaguigá* 12a), y por eso son llamadas: «la superficie de las aguas». El espíritu dirige y fortifica estos rostros, «los rostros del abismo», de acuerdo a lo que requiere.

El **Tohu**, del que surge la cáscara del «gran viento», **sobre él se asienta el Nombre** divino *Shakai*, para evitar la completa destrucción del mundo.

El **Bohu**, del que surge la cáscara «del ruido», **sobre él se asienta el Nombre** *Tzevkot* con la intención de someterlo.

La **oscuridad**, de la que surge la cáscara del fuego, **sobre ella se asienta** el Nombre *Elohim* con la intención de someterla.

El **Espíritu**, del que surge la cáscara de Noga, **sobre él se asienta el Nombre El Eterno,** el Tetragrama, con la intención de someterlo.

Y sobre aquello que esta dicho: «**Viento grande y poderoso que desgarra las montañas y quiebra las rocas... pero El Eterno no estaba en ese viento**» (1 Reyes 19:13), **ese Nombre** –El Eterno– **no se asienta en él ya que el Nombre *Shakai* es el dominante en el misterio del Tohu.**

«**Y después del viento un ruido, pero El Eterno no estaba en el ruido**» (**ibid**) pues el Nombre El Eterno no domina sobre el ruido, **sino que el Nombre *Tzevakot* es el dominante en el misterio del Bohu. Y por eso se denomina al Bohu, ruido, porque él no existe sin ruido.**

«**Y después del ruido un fuego, pero El Eterno no estaba en el fuego**» (ibid) porque el nombre *Elohim* es el que domina desde el lado de la oscuridad.

«**Y después del fuego una voz de sutil silencio**» (ibid). **Y aquí se encuentra** por fin **el Nombre El Eterno**, el Tetragrama. Y el motivo es el siguiente: el sutil silencio está asociado con la cáscara denominada Noga, la cual es considerada la más cercana a la Santidad.

16a - 16b

Cuatro partes del cuerpo **hay aquí,** sugeridas a partir de estos cuatro Nombres divinos, **que son los miembros** conocidos del cuerpo **y los órganos conocidos, que son cuatro** –las *Sephiroth* de Tiferet, las de Netzaj y Hod, la de Iesod, y la de Maljut– **y que son doce,** porque cada *Sephirah* posee tres partes, **y aquí está grabado el Nombre de doce letras,** es decir, tres veces el Nombre del Tetragrama, los cuales aparecen en el versículo antes mencionado, y **que le fue transmitido a Elías en la gruta**, y gracias a este Nombre ascendió a los Cielos.

(16b) **«Y dijo *Elohim*: sea la luz y fue la luz»** (Génesis 1:3). **A partir de aquí es el comienzo donde se encuentran los secretos** acerca de **cómo el mundo fue creado en lo particular. Porque hasta aquí**, hasta este versículo, la *Torah* nos describe cómo **fue** el acto de la Creación **en general, y después volvió para ser** nuevamente **general** en el versículo «éstas son las crónicas de los Cielos y la Tierra cuando fueron creados el día que El Eterno Dios hizo la Tierra y los Cielos» (Génesis 2:4), **siendo** entonces la obra de Creación del mundo de acuerdo con el modelo de **general y particular y general** –*klal, prat y klal*–.

Hasta aquí, hasta este versículo en el que se describe la creación de la Luz, **todo estaba pendido en el aire según el misterio del Infinito**, es decir, todo dependía de la Voluntad de El Eterno. **Desde que la fuerza se expandió en el Palacio supremo, según el misterio de *Elohim*, aparece escrito el** acto del **decir** –*amirá*–, la pronunciación, la primera locución explícita*:* **«Y dijo *Elohim*», ya que antes no es mencionado el decir en particular. Y si bien** la expresión **«En el principio» es** considerada por los sabios como **una locución, de todos modos no está escrito allí: «Y dijo». Porque este «Y dijo»** que se menciona en el versículo que indica la Creación de la Luz **da lugar al cuestionamiento y al conocimiento,** ya que de algún modo cabe decir que esta Luz se relaciona con los mundos inferiores y puede ser levemente aprehendida al ser comunicada, lo cual no sucede con ninguna de las creaciones anteriores. **«Y dijo» es la fuerza que**

Sección de Bereshit

eleva, y esta elevación sucede en silencio a partir de misterio del Infinito, en el comienzo del Pensamiento.

La expresión «Y dijo *Elohim*» significa que **ahora este Palacio** –aspecto femenino– **da a luz de lo que fue fecundado de la simiente de Santidad** –aspecto masculino– **y da a luz en silencio. Pero aquél a quien da a luz es escuchado en el exterior**, es decir, en los mundos inferiores. Significa que **quien lo da a luz, da a luz en silencio, porque nada se escucha; pero cuando sale de él, quien sale**, compuesto por aire, agua y fuego, **provoca una voz que se escucha afuera** y cuyos actos repercuten también en los mundos inferiores.

La expresión bíblica **«Que sea la luz»** viene a enseñar que **todo lo que surge** durante la Creación, **de este misterio surge.** Es decir, **«que sea»** –*iehi*– **alude al misterio del Padre y la Madre, que son la *Iod* y la *He*.** Y después regresa nuevamente al punto primero, al Padre, el cual es sugerido por la segunda letra *Iod* de la palabra hebrea *iehi*, **para ser el comienzo de la expansión de otra cosa** denominada **Luz.**

En este versículo en el cual se escribe **«Y fue la luz»,** no está escrita la expresión bíblica «Y así fue», tal como sucede en los demás actos de creación. ¿Por qué? Pues **era una luz que ya existía. Esta luz era el misterio de lo Oculto, expansión que se difunde y que irrumpe del misterio del encierro del aire supremo oculto. Irrumpe en un comienzo y quita un punto de su propio misterio**, es decir, la letra *Iod* de la palabra *Avir*, aire, quedando entonces la palabra *Or*, luz, **ya que el Infinito irrumpe de su propio aire y revela ese punto, la *Iod*. Cuando esta *Iod* se expande, lo que queda deviene luz a partir del misterio de ese aire encerrado. Cuando el punto primero, la *Iod*, aparece a partir del mismo, se revela después sobre ella una luz que** a veces **«llega e ilumina y a veces no llega y no ilumina».**

Cuando se expande, sale y ésta es la luz que queda del aire, y que es «la luz que ya existía», y que existe para iluminar a los mundos inferiores. **Sale y es elevada y es guardada y queda de ella**

un punto de luz, asociado con la letra *Iod*, **de manera tal que llegue siempre por un camino oculto a ese punto**, según el misterio de «llega y no llega» e ilumina en ella el camino del punto primero que surge de ella. Y de esta manera, todo se une, uno a otro, iluminando a uno y a otro. Cuando se eleva, todos se elevan y se unen a ella, y ella llega y se acoge en el lugar del Infinito y todo deviene uno.

Ese punto de luz mínimo restante, **es luz, y se expandió, y siete letras del alfabeto se iluminaron** –más precisamente, las siete primeras letras: *Alef, Bet, Guimel, Dalet, He, Vav* y *Zain*– **pero no se solidificaron y permanecieron húmedas.** Esta misma explicación la cita el comentarista clásico de la *Torah*, Rashi, acerca de la creación del firmamento bíblico: «Que se afirme el firmamento, porque aunque los Cielos fueron creados en el día uno, todavía estaban húmedos y se consolidaron el segundo día, cuando fue la orden de Dios: ¡Que haya un firmamento!».

La oscuridad surge a continuación –es decir, la Guevurah continúa al Jesed– **y de ella emergen otras siete letras del alfabeto,** que son la *Jet*, la *Tet*, la *Iod*, la *Kaf*, la *Lamed*, la *Mem* y la *Nun*, **pero** también ellas **no se solidificaron y permanecieron húmedas.**

Surgió un firmamento –*Tiferet*– **que separa la disputa de los dos lados** anteriores **y surgieron en él otras ocho letras,** las últimas del abecedario, **en total veintidós.**

Luego **siete letras saltean de este lado y siete letras de este lado, y todas se inscribieron en el mismo firmamento pero permanecían húmedas. Se solidificó el firmamento y se solidificaron las letras y se plasmaron,** después **se estableció sus formas y se gravó allí la** *Torah* a partir de las veintidós letras **para iluminar hacia fuera** en dirección al resto de los mundos.

También acerca de la expresión **«Que sea la luz»** se enseña que **es el «Dios grande –***Kel gadol*–**»,** misterio que surge del aire primero.

Y sobre lo que está escrito **«Y fue»**, se enseña que es el **misterio de la oscuridad que se denomina** *Elohim*. Los sabios enseñan que

SECCIÓN DE BERESHIT

cada oportunidad en la que el término hebreo «*vaiehi*», «y fue», es mencionado en la Biblia, se refiere a una situación negativa y de anticipo de desgracias.

También explica que está escrito en el versículo «**Y fue la luz**» y no agrega «y fue así», **pues la izquierda** –Guevurah– **está incluida en la derecha** –Jesed–, **y entonces, del misterio del** Nombre *Kel* **se hace** el Nombre *Elohim,* puesto que sólo las letras *He, Iod* y *Mem* representan a la Guevurah, y entonces he aquí que **la izquierda se incluye en la derecha y la derecha en la izquierda.**

«Y vio *Elohim* que la luz era buena» (Génesis 1:4) **es la columna central**, buena para los justos y los malvados. Y también «**era buena**» pues el Tiferet **iluminó Arriba y Abajo y hacia todo el resto de los lados, por el misterio de El Eterno, Nombre que unifica a todos los lados.**

El versículo continua diciendo: «**Y *Elohim* separó**» (ibid), apartó **la disputa** entre la derecha y la izquierda e hizo la paz entre ambos lados **para que todo sea completo**.

«Y llamó *Elohim* a la luz día» (ibid 5). ¿Qué es «y llamó»? Llama e invita a extraer de esta luz perfecta, que se encuentra en el centro, una luminosidad que se expande y es el fundamento que da vida a los mundos, y ese «**día**» **es del lado derecho** por el Jesed que contiene.

«**Y a la oscuridad llamó noche**» (ibid). Es decir, **llama e invita, y hace surgir del lado de la oscuridad una feminidad,** el Reinado o Maljut, que es **la Luna que gobierna durante la noche, y la llamó «noche», según el misterio de que Mi Señor** –*Adonai*– **el Señor de toda la Tierra,** ya que ejerce Su dominio sobre los mundos inferiores.

La derecha ingresa en esa columna, que es perfecta en el centro, integrada por el misterio de la izquierda y se eleva hacia lo Alto hasta el punto primero. Y recoge (17a) **y unifica allí una palabra de tres puntos** o vocales: *jolam, shuruk* y *jirik,* **simiente de Santidad, porque no existe simiente que pueda ser sembrada**

17a

fuera de este misterio y entonces **todo se une en la columna central y hace surgir el fundamento del mundo, debido a lo cual** el Iesod **es llamado «Todo»** –*kol*–, **porque unifica a todos con la luz del deseo.**

La izquierda se inflama poderosamente y exhala, en todos los niveles exhala olor. Y de esta inflamación del fuego ella hace surgir a esa feminidad, la Luna, pero esta inflamación es oscura, porque proviene de la oscuridad.

Estos dos lados, la izquierda y la derecha, hacen surgir estos dos niveles: uno es el masculino y uno el femenino. El Fundamento se une a la columna central, del agregado de luz que contenía. Porque cuando la columna central se completa y se torna íntegra hacia todos sus lados, entonces se le agregan iluminaciones desde Arriba y desde todos los lados, jubilosa porque todo se encuentra en ella. Y de este agregado de júbilo surge el Fundamento de los mundos, que se denomina *Musaf* –agregado–.

De aquí, del Iesod, **salen todos los ángeles hacia lo Bajo y los espíritus y las almas santas, según el misterio** aludido en el versículo: **«El Eterno** *Tzevaot*» (Números 16:22), *El*, **Dios de los espíritus.** Es decir, el Netzaj y el Hod preparan la simiente y la entregan al Iesod, el cual la traspasa al Maljut, y de ella salen y descienden las almas al mundo para revestirse en sus respectivos cuerpos.

Ahora bien: **la noche, soberana de toda la Tierra,** proviene **del lado izquierdo, de esa oscuridad, y siendo que dicha oscuridad desea integrarse a la derecha** para ser «dulcificada» **y su poder se debilita, se expande de ella esa noche hasta que no termina** su rectificación. **Esa oscuridad entra y se integra a la derecha, y la derecha la unifica, y la noche permanece en carencia.**

De la misma manera que el deseo de la oscuridad es integrarse a la luz, así el deseo de la noche es integrarse al día, debido a que **la oscuridad mengua su luz y, por lo tanto, ella hace surgir un nivel en su vacuidad y sin luz** propia. Y tal como **la oscuridad no ilumina hasta ser integrada en la luz, la noche que surgirá en consecuencia no iluminará hasta que se integre al día.** Por ello, **el**

vacío de la noche no se colma sino mediante el Musaf –agregado–, y lo que se agrega aquí, es quitado aquí. En el Musaf reside el misterio del punto supremo, así como el misterio de la columna central de todos los lados, y por ello se le agregan dos letras –la *Vav* y la *Iod*. Durante la noche esas dos letras faltan, tal como el versículo del Génesis escribe «llamó noche» –«*kará laila*». Estaba escrito: «*vaikrá*», y quitó de esta palabra la *Vav* y la *Iod* y queda escrito «*kará laila*». Aquí es el misterio del Nombre de setenta y dos letras grabadas en la Corona suprema.

«Y dijo *Elohim*: que haya un firmamento en el interior de las aguas» (Génesis 1:6): aquí en particular aparece el misterio de la separación de las aguas superiores –Jesed– y las inferiores –Guevurah– de acuerdo con el misterio de la izquierda, ya que anteriormente se mencionó el tema de modo general. Aquí, en este segundo día de la Creación, surge la disputa según el misterio de la izquierda, ya que estas dos *Sephiroth*, Jesed y Guevurah, son dos fuerzas opuestas, porque hasta aquí, durante el primer día de la Creación, es el misterio de la derecha y aquí es el misterio de la izquierda. Y por lo tanto aumenta la disputa entre ésta y la derecha. Además, la derecha es la que completa a todo, y por eso en la derecha está escrito todo, ya que toda la perfección del resto de las *Sephiroth* depende de ella, de la derecha.

Cuando el segundo día de la Creación se despertó la izquierda, se despertó la disputa entre ella, la Guevurah y el Jesed, y en esta disputa el fuego de la cólera se hizo tan poderoso que de esta disputa surgió el Infierno –*Guehinom*. El *Guehinom* se despertó entonces a modo de cáscara o klipá en la izquierda y se apegó a ella.

Moisés, con su sabiduría, al escuchar la disputa que crecía entre su hermano mayor Aharón, y Koraj, fue esto lo que observó, es decir, cómo de la disputa surge el Infierno, y en la Obra del Principio dirigió su atención. En la Obra del Principio había disputa entre la izquierda y la derecha, y en esa disputa en la que se despierta la izquierda surgió el Guehenom y se apegó a ella. La columna

central, el Tiferet, **que es el día tercero, penetró entre ellos y apartó la disputa, conciliando ambos lados.** Entonces, al lograrse la paz entre ambos lados, **el Guehenóm descendió a lo Bajo, la izquierda se integró a la derecha y la paz reinó en todo** el ámbito de las *Sephiroth*.

De igual modo sucedió en la disputa entre Koraj y Aharón, izquierda y derecha, Guevurah y Jesed. **Observó Moisés la Obra del Principio y dijo: «A mí,** que estoy asociado con Tiferet, **me corresponde apartar la disputa entre la derecha y la izquierda». Intentó llegar a un acuerdo entre ellos pero la izquierda se negó** a colocarse bajo el mandato de Aharón, tal como está dicho: «Entonces designé a los levitas para que sean entregados a Aharón...» (Números 8:19) **y se fortificó Koraj en su poder. Dijo** Moisés: **«Es cierto, el Guehenóm está en el poder de la disputa, y la izquierda se deberá apegar a ella».** Pero él, Koraj, **no quiso apegarse a lo Alto e integrarse a la derecha, y ciertamente cayó en lo Bajo a causa del poder de su cólera. Por lo tanto Koraj no quiso que la disputa fuese resuelta por la mano de Moisés porque no era** una disputa que pudiese ser definida como **«en nombre de los Cielos».** Es decir, se trataba de una disputa motivada por intereses personales sin tomar en cuenta la Voluntad Divina. **Koraj no tuvo contemplación por la Gloria de lo Alto y negó la Obra del Principio** al no actuar de acuerdo con el modelo establecido por el Jesed y la Guevurah cuando intervino el Tiferet para hacer la paz entre ellos. **Cuando Moisés vio que Koraj negaba la Obra del Principio y era expelido hacia fuera** y rechazado para que no interviniera, **«entonces Moisés se irritó en gran manera»** (Números 16:15). **«Moisés se irritó»** porque Koraj **lo rechazó para que no pudiese apartar la disputa.** El mismo versículo dice que Moisés se irritó **«... en gran manera» porque negó** el modelo establecido entre la izquierda y la derecha durante **la Obra del Principio. Lo negaba todo** (17b) **Koraj, en lo Alto y en lo Bajo, como está escrito: «cuando se rebelaron contra El Eterno» (ibid 26:9), he aquí contra lo Bajo y contra lo Alto, y por lo tanto se apegó** Koraj **a lo que era adecuado para él:** las cáscaras o klipot del Infierno.

Un ejemplo de **la disputa que fue establecida según la determinación de lo Alto** –*majloket leshem shamaim*– **que se eleva** hasta el nivel de la Santidad **y no desciende** al Infierno **y se mantiene en el camino recto, es la disputa entre** el sabio **Shamai**, que representa a la Guevurah, lo femenino, la *Torah* oral, y el Nombre Adonai, **y** el sabio **Hilel**, que representa al Jesed, lo masculino, la *Torah* Escrita y el Nombre del Tetragrama. Estos Sabios quisieron unir a la *Torah* Escrita con la *Torah* Oral y unificar los dos Nombres divinos para que no existiese disputa. **El Santo, Bendito Sea,** de acuerdo con el misterio del Tiferet, **se interpuso entre ellos y los concilió**, determinando que la Ley se determinara en este mundo como Hilel, representante del Jesed (*véase* Talmud, tratado de *Eruvín* 13b) y en el Mundo Venidero como Shamai, representante de la Guevurah. **Y ésta es una disputa «en nombre de los Cielos»** ya que ninguno de los sabios buscaba un beneficio personal o defendía una teoría individual, **y** por ello **los Cielos se interpusieron en la disputa y por lo tanto existió y resultó como la Obra del Principio.**

Pero Koraj refutó por completo el modelo de conciliación y paz de **la Obra del Principio, desafió a los Cielos y quiso negar palabras de la *Torah*** en las que se aclara que Aharón, el hermano mayor de Moisés, debía ocupar el lugar del Gran Sacerdote, **y ciertamente fue por el apego que tenía al Guehenóm**, las cáscaras o klipot, que se apegaron a Koraj, **y por eso se apegó a él. Y este misterio se encuentra en el libro del Primer Hombre.**

Cuando la oscuridad se despierta, se despierta con poderío y crea en ella el Guehenóm, o más precisamente, a las cáscaras o klipot que salen de la Guevurah, **y Koraj se apegó a él en esa disputa. Cuando se apaciguan la cólera y el poder, se despierta una disputa de otro orden: una disputa de Amor.**

Es decir, **hay dos disputas** sugeridas en la Obra de Creación: **una inicial**, relatada en el versículo: «Dijo Dios: que haya un firmamento en medio de las aguas y que se separe las aguas de las aguas» **y una final**, representada en la *Torah* por el versículo: «Así Dios hizo el firmamento y separó las aguas que estaban debajo del firmamento de las aguas que estaban por encima del firmamento. Y así fue», **y ése**

es el camino de los justos: su comienzo es duro en búsqueda de la verdad, **pero su fin es sereno** ante la certeza de haberla encontrado.

Koraj era el comienzo de la disputa, y estaba en su mano incluirse en el nivel del Jesed representado por Aharón, pero **estaba con cólera y poderío, y se apegó al Guehenóm. Shamai era el final de la disputa,** cuando se alcanza la serenidad y la certeza del apego a la verdad, **cuando la cólera ya fue apaciguada y necesariamente debe despertar la disputa de Amor y aceptar el acuerdo que vino de manos de los Cielos.**

Y el misterio de esto se encuentra en el versículo: **«que haya un firmamento en el interior de las aguas y separe...»** (Génesis 1:6). **Ésta es la primera disputa que es el despertar de la cólera y del poderío.** Cuando **quiso separar entre ellos se despertó el Guehenóm hasta que la cólera y la violencia se enfriaron** al final de la disputa **y entonces** está dicho: **«Hizo Dios el firmamento y separó»** (ibid): se despertó la disputa de Amor y de aprecio, que es lo que da existencia al mundo.

Éste es el misterio de la disputa de los dos grandes sabios **Shamai e Hilel: porque la** *Torah* **Oral ingresó con amor** para unirse **a la** *Torah* **Escrita y su existencia fue completa.**

La separación que aparece en la *Torah* durante el segundo día de la Creación **ésta ciertamente en la izquierda. Está escrito aquí**, en referencia a la creación del firmamento, el término **separación: «Y separó» (ibid); y está escrito** también aquí «Y separó», y está escrito también en referencia a la tribu de Leví: **«En aquel momento separó El Eterno la tribu de Leví»** (Deuteronomio 10:8). He aquí que ciertamente no hay separación sino en el segundo, en la izquierda.

Y si dices: la separación se efectúa ciertamente en el segundo, entonces **¿por qué la separación** se llevó a cabo **en la tribu de Leví que es el tercero** de los hijos de Jacob? **¡La separación debe entonces hacerse en Shimón que es el segundo** hijo! **Sino que si bien Leví es el tercero, en el pensamiento de Jacob**, su padre, **era el segundo,** ya que al unirse en matrimonio con Lea pensó que se trataba de Raquel, y por lo tanto, en el pensamiento de Jacob, Rubén, que nació de esta unión, es el primer hijo de Raquel, y entonces Leví es el segundo hijo de Lea, **y entonces siempre** la separación **fue en el segundo, y todo de modo correcto, de modo perfecto, tal como corresponde.**

La ceremonia de **separación** –*Havdalá*– que se realiza **al salir el Shabbat,** el sábado por la noche, incluye la pronunciación de las bendiciones correspondientes al vino, a las especias y a la luz del fuego de una llama.

Si bien nos expresamos a través de las frases «entre el séptimo día y los seis días de acción» y «entre lo sagrado y lo mundano», a un nivel más profundo **es** en realidad para separar y distinguir **entre los seres que dominan en los días de la semana de aquellos que dominan en Shabbat. Y cuando sale el Shabbat, del Guehenóm sale un aspecto** o un encargado **relacionado con el mal de ojo,** cuyo objetivo es dañar y perjudicar, **y que quiere dominar a Israel.** Pero **en el momento en que** los miembros de Israel **dicen** el versículo que Moisés pronunció cuando le trajeron el Tabernáculo, para que el mal de ojo no dominara sobre ellos: **«Confirma la obra de nuestras manos»** (Salmos 90:17), **y sale del nivel denominado «izquierda» y quiere mezclarse con la simiente de Israel para dominar sobre Israel,** No puede hacerlo, ya que los integrantes de **Israel realizan el acto con** la rama de **mirto,** cuyo aroma se asocia con el Jesed, **y el vino, y pronuncian la** ceremonia de **Havdalá;** y entonces, este espíritu dañino **se aparta de ellos y este aspecto es rebajado y vuelve a descender hacia su lugar en el** *Sheol,* el Infierno, **lugar donde se encuentran Koraj y su asamblea, como está escrito: «Descendieron vivos al** *Sheol,* **ellos y todas sus pertenencias»** (Números 16:33). **Pero ellos no descienden allí hasta que Israel no se distingue** y separa **de ellos, tal como está escrito: «Separaos de esta asamblea»** (ibid 21).

La separación siempre es en el segundo, que es la izquierda. Al comienzo, el poderío y la cólera que despertó la izquierda estaban en la disputa hasta que no se acalló, y en él se crearon el

17b - 18a

Guehenóm, tal como se crearon todos esos ángeles que acusaron a su Maestro en lo Alto, es decir, delante de Él, para que no creara al hombre. **Y** a estas criaturas **el fuego los devora y los quema** (*véase* Talmud, tratado de *Sanhedrín* 38b), **y así todos el resto de estos** ángeles que son creados a diario del *Nahar Dinur* (*véase* Talmud, tratado de *Jaguigá* 14a) **y que son anulados y carecen de existencia y son consumidos por el fuego** (Ezequiel 15:7), **en forma similar a Koraj en lo Bajo, y todo de este modo.**

Como se ha dicho anteriormente, durante el segundo día de la Creación está escrito: **«Que haya un firmamento** en el interior de las aguas» (Génesis 1:6), es decir, **que una expansión las separe una de otra** —las aguas inferiores de las aguas superiores—. El Nombre divino *El*, **hombro derecho,** *El* **Grande, se expande del interior de las aguas para que se complete este Nombre,** *El*, **y para que se integren en esa expansión uno en otro**: el Nombre divino *El* con las letras *He, Iod y Mem*. Es decir, **se expande de** *El, Elohim,* y este —*haiam*— el mar, **se expande y se invierte para devenir las aguas de lo Bajo:** *iama*.

Esta expansión que se difunde en el segundo día, **las aguas de lo Alto,** *haiam*, es sugerida en el versículo: **«Es el gran mar»** (Salmos 104:25), **el mar** —*haiam*— que son **las aguas de lo Alto, la inversión de las letras** *iama*, hacia el mar, **las aguas de lo Bajo. Cuando ellas se ordenaron todas devienen una única totalidad,** el Nombre *Elohim*, **y ese nombre se expande en numerosos lugares.**

Las aguas de lo Alto son masculinas, y las aguas de lo Bajo femeninas. Las primeras influyen y otorgan abundancia, las segundas la reciben y la acogen. **En un comienzo**, durante el primer día de la Creación, **las aguas estaban** mezcladas **en las aguas, hasta que se separaron para que se reconozca entre aguas superiores e inferiores.**

Ésta es *Elohim* —las aguas superiores— **y ésta es Adonai** —las aguas inferiores—, **ésta es la** *He* **superior y la** *He* **inferior. ¿Qué está escrito? «Y** *Elohim* **hizo el firmamento»** (Génesis 1:7). **Esta expansión tomó el Nombre** *Elohim*, **«agua en lo Alto», y «agua** (18a) **en lo Bajo»,** Adonai. **Sin embargo, siendo que las aguas masculinas se completan con las aguas femeninas, el nombre de** *Elohim* **se expande en todo.**

SECCIÓN DE BERESHIT

Y a pesar de que durante el segundo día **separó las aguas superiores de las** aguas **inferiores** y surgió el firmamento como símbolo del Tiferet, **la disputa no se anuló hasta el día tercero, y concilió la disputa y todo se estableció en el lugar apropiado.**

Y debido a esta disputa, y si bien ella es la subsistencia del mundo, no está escrito en el versículo: «Y vio Dios **que era bueno» en el día segundo, porque la obra no era aún completa** ya que **las aguas de lo Alto y las aguas de lo Bajo estaban unidas** –aunque una espalda enfrentaba a la otra– **y no había descendencia en el mundo, hasta que se separaron y fueron reconocibles** quedando cara a cara. **Y así produjeron descendencia.**

Y con todo esto, aunque la separación tuvo lugar en el segundo día, y la disputa fue en él, el día tercero generó en todo conciliación, porque es el Nombre que se inscribe como El Eterno –el Tetragrama–, **conformado por las letras hebreas** *Iod, He, Vav,* **el que reconcilia las aguas de lo Alto y las aguas de lo Bajo, la** *He* **superior y la** *He* **inferior, y la** *Vav* **entre ambas para hacer la paz entre los dos lados. Y la señal de esto son las aguas del Jordán: las aguas de lo Alto se erigieron como un muro**, permanecieron en lo Alto, **y las aguas de lo Bajo descendieron hacia el mar, e Israel** –Tiferet– **marchó en el medio»** (Josué 3:16).

Cinco firmamentos aparecen aquí escritos –*rakía*– durante el segundo día de la Creación, **y el Viviente de los Mundos marcha por ellos y dirige a través de ellos, y todos están uno dentro del otro. Y si la disputa no hubiese sido reconciliada por la centralidad, no se hubieran amalgamado ni asentado uno al otro.**

Y los quinientos años son del Árbol, el Iesod, **al que la vida se apega para producir frutos y descendencia para el mundo, y todas las aguas del Principio que fluyen y se derraman a partir del Principio, se dividen por su intermedio debajo de él,** del Árbol de la Vida. **El rey David**, asociado al Maljut, **recoge todo y él después las divide, como está escrito: «El distribuyó a todo el pueblo,** a

18a
toda la multitud de Israel» (2 Samuel 6:19) **y está escrito: «Tú se la das** –la alimentación– **y ellos la reciben»** (Salmos 104:28), **y está escrito: «Se levanta aún de noche y da comida** a su familia» (Proverbios 31:15).

Cuando el segundo día **se despertó, la disputa con el poder de la izquierda aumentó y se fortificó una nebulosa de fuego, y de allí surgieron espíritus y se solidificaron inmediatamente, sin que quede ninguna humedad, y fueron masculinos y femeninos y de ellos se separaron una gran variedad de malos espíritus. Y aquí prevaleció el espíritu de impureza sobre todos los poderosos espíritus, y que son el misterio del prepucio.**

Éstos se fortificaron gracias a las especies poderosas: uno, el masculino, **es la víbora** macho –*efeh*– **y otro,** el femenino, **es la serpiente** hembra –*najash*– **y ambas son** como **una: la víbora pare cada setenta años, en una sola unión, y** en la unión **todo deviene en los siete años de la serpiente.**

Aquí, en la parte femenina de cáscara o klipá, **se encuentra el misterio del Guehenom, que tiene siete nombres.** También **el Mal Instinto** –*Ietzer Hará*– **tiene siete nombres. Y en numerosos niveles de impureza se expande desde aquí por el mundo; y todo** proviene **del misterio de la izquierda,** Guevurah, **el Bien y el Mal, y es el asiento** y base **del mundo** ya que dan lugar al trabajo espiritual del hombre y a su recompensa.

Aquí, en el Iesod, **está el Nombre inscrito con dieciocho letras,** compuesto por seis combinaciones del Nombre Shakai, que es el Iesod, o seis combinaciones del Nombre *Iod He* Vav, **encargado de las lluvias voluntarias, las de generosidad y las de bendición,** que son **el asiento** y base **del mundo.**

El significado del versículo: **«Y dijo *Elohim*: júntense** –*ikavú*– **las aguas…»** (Génesis 1:9), es **que se alineen** –*kav*–, lo cual alude a una línea de medida e indica cuánto las *Sephiroth* se extienden o expanden, **que se ubiquen en línea recta, porque del misterio de ese punto primero** –asociado con la letra *Iod* del Tetragrama– **surgió todo ocultamente, hasta que llega y entra al Palacio supremo y** de allí sale en línea recta hacia el resto de los niveles, hasta que llega a ese lugar único que reúne todo, incluyendo lo masculino y femenino. ¿Y quién es? Es el Viviente de los Mundos, el Iesod.

«Las aguas» –*hamaim*–, palabra hebrea precedida por la letra hebrea *He*, que brotan de lo Alto, de la *He* superior, de lo femenino.

«Que están debajo de los Cielos» (ibid), es la pequeña *Vav*, la cual refiere al Iesod, y a esto aluden las dos letras *Vav Vav* de *ikavú*: una los Cielos –Tiferet– y una que está «debajo de los Cielos» –Iesod.

Y entonces «aparece lo seco» (ibid), que es la *He* inferior del Tetragrama que alcanza también al nivel de Maljut. **Esto aparece**, el Maljut, **pero todo el resto se encubre, y de esto último**, del Maljut, **inferimos aquello que permanece oculto.**

«En un lugar» (ibid), que es el Iesod de lo masculino, **porque allí se encuentra el nudo de unificación del Mundo de lo Alto.**

A continuación se expone también el sentido oculto del siguiente versículo: **«El Eterno es uno y Su Nombre es uno»** (Deuteronomio 6:4) la plegaria judía, se pronuncia dos veces al día –en el rezo matutino, *Shajarit*, y en el rezo nocturno, *Arvit*– la sección denominada *Shemá Israel*: «Escucha, Israel, El Eterno es nuestro Dios, El Eterno es uno» (Deuteronomio 6:4). En su original hebreo, esta plegaria está conformada por seis palabras. Tras pronunciar esta proclamación cubriéndonos los ojos con la mano derecha, se agrega en voz baja: «Bendito es el nombre de Su glorioso reinado por toda la eternidad», frase que también en hebreo original está compuesta por seis palabras.

Se trata de **dos unificaciones** –la del *Shemá Israel* y la del *Baruj Shem Kevod Maljutó Leolam Vaed*–: **una del Mundo de lo Alto** –el Shemá– **para que se una con sus niveles** y lograr de este modo que sus seis palabras se separen de las cáscaras o klipot, **y otra del Mundo de lo Bajo** –*Baruj Shem…* – **para que se una con sus niveles**, logrando también que sus seis palabras se separen de las cáscaras o klipot. **El nudo de la unificación del Mundo de lo Alto se efectúa hasta aquí**: el Iesod, y de allí **el Viviente de los Mundos se perfu-**

ma y el Mundo de lo Alto se anuda a su unificación, y por esto se llama al Iesod «un lugar». Todos los niveles y los miembros se reúnen allí y todos son uno, sin disociación alguna, y no hay nivel en el que se reúnan con tal unidad salvo en ese lugar, el Iesod. En él todos se encubren de forma oculta, en un único deseo. Hasta aquí, en este nivel, se unifica el mundo revelado al mundo oculto.

El mundo revelado –Maljut– se unifica también aquí Abajo, pues el mundo que se revela es el Mundo de lo Bajo, sobre lo que está escrito: «Yo veré a Adonai» (Isaías 6:1), «Y ellos vieron al Dios de Israel» (Éxodo 24:10), «Y la Gloria de El Eterno apareció» (Números 14:10), «Y la gloria de El Eterno se mostró» (ibid 16:19), «Como aparece el arco iris en la nube en un día de lluvia, así era el aspecto de esa luz resplandeciente que lo rodeaba, era una visión de la semejanza de la Gloria de El Eterno» (Ezequiel 1:28).

Y esto es el misterio de «y apareció lo seco» (Génesis 1:9).

«Como aparece el arco iris» (Ezequiel 1:28) es el Viviente de los Mundos –Iesod–, y alude a «Mi arco he puesto en las nubes» (Génesis 9:13), y las nubes se refieren al Maljut. Es decir, «lo he puesto» es el Reino, el Maljut, que he puesto a partir de la Creación del mundo en el día (18b) nublado, cuando aparece el arco iris, es decir, cuando el Iesod ilumina en el Maljut. Y el Iesod es la «visión de la semejanza de la Gloria de El Eterno» (Ezequiel 1:28), y el hecho que el Maljut se relaciona con la nube y el juicio es cuando la izquierda se despierta para afirmarse, y entonces surge Rajel, otra denominación del nivel de Maljut: «Ella dio a luz pero sufrió en el parto» (Génesis 35:16). Y así, cuando el juicio quiere afectar al mundo aparecen **Mijael de este lado,** el derecho, **Refael de este lado,** el interior, y **Gabriel de este lado**, el izquierdo, y **éstas son las tonalidades que aparecen en esa «semejanza»,** el blanco –Mijael–, **el rojo** –Gabriel– **y el verde –Refael,** tonalidades del arco iris que está asociado al Iesod.

La descripción: **«Así era el aspecto de esa luz resplandeciente que lo rodeaba»** (Ezequiel 1:28) es aprehendida como **la luz que se encubre en la pupila de la visión del ojo** que también posee estos tres colores o tonalidades, y sobre esto está dicho que es «**la visión de la semejanza de la Gloria de El Eterno**», **tonalidades que agrupan la unificación de lo Bajo según la unificación de lo Alto.**

Sobre la unificación de lo masculino y lo femenino que se asocia con los tres Nombres divinos que son mencionados en la plegaria del Shemá Israel –«**El Eterno**» «**nuestro Dios**» «**El Eterno**»– y se explica que **las tonalidades ocultas no son percibidas y que se anudan a «un único lugar»**, y debido a esto se produce la **unificación única en lo Alto**. Pero **las tonalidades del arco iris en lo Bajo para unificar en él al blanco, al rojo y al verde como tonalidades ocultas, designan otra unificación, en el misterio de** la enseñanza del versículo: «**Y Su Nombre es uno**» (Zacarías 14:9).

La proclamación silenciosa de «**Bendito es el Nombre de Su glorioso reinado por toda la eternidad» es la unificación de lo Bajo. Y la unificación de lo Alto: «Escucha Israel, El Eterno es nuestro Dios, El Eterno es uno». Cada unificación en correspondencia con la otra:** aquí hay seis palabras hebreas y aquí hay seis palabras hebreas: el Maljut en lo Bajo y los niveles de masculino y femenino en lo Alto.

Acerca del versículo: «**Júntense** –*ikavu*– **las aguas**» (Génesis 1:9), se enseña que a través de lo femenino **se mide con línea y medida: aquí seis palabras** en hebreo **y aquí seis palabras**. **La medida** de lo femenino que mide **es la llama poderosa** –*butzina dekardinuta*–, **como está escrito: «¿Quién midió las aguas con el hueco de Su mano?»** (Isaías 41:12). **Y esto es** el misterio de «**Júntense las aguas**». **Aquí** reside **la medida del Formador de los mundos** inferiores, *Iod He Vav He*.

Ahora pasa a referirse al aspecto masculino al interpretar el versículo del profeta Isaías: «**Santo, Santo, Santo es El Eterno, Señor de los Ejércitos, el mundo entero está lleno de Su Gloria**» (6:31): **esto es** lo sugerido por las tres líneas o *kavim* aludidas en el versículo del Génesis: «**Júntense** –*ikavu*– **las aguas**».

«**El Eterno** *Tzevakot*» –«El Eterno, Señor de los Ejércitos»– (ibid) **esto es «en un lugar» en el secreto de ese Nombre.**

18b

«El mundo entero está lleno de Su Gloria» (ibid) es equivalente en significado y sentido a: **«Y apareció lo seco»** (Génesis 1:9), **secreto de la inscripción** de los tres Nombres divinos que aparecen en la plegaria del Shemá Israel, **en el Nombre de la unificación: Kaf-Vav-Zain-Vav, Bet-Mem-Vav-Kaf-Samej-Zain, Kaf-Vav-Zain-Vav**, todas estas letras que continúan a las letras hebreas de los tres nombres que aparecen en el Shemá Israel: «El Eterno, es nuestro Dios, El Eterno…».

Tras la unificación de lo masculino y el Maljut, se produce «descendencia», lo cual es sugerido en el versículo que describe el tercer día de la Creación: **«Produzca la tierra hierba** que da semilla» (Génesis 1:11). Es decir, **ahora saca** el Maljut **su poder de esas aguas que se juntaron en un lugar único y que fluyen hacia su interior de un modo disimulado y oculto, y hacen emerger a los seres escondidos en lo Alto y las santas legiones,** las elevadas almas de los justos y de los ángeles, **pues** depende de **todos los hombres de fe** que **con una restauración fidedigna,** lo logran **a través del servicio** espiritual **a su Señor.**

Y éste es el misterio de lo que aparece escrito en el versículo: «Hace germinar la hierba para el ganado» (Salmos 104:14). **Este ganado** –Maljut– **es el que se posa sobre mil colinas y para el que hacen crecer esa hierba a diario. Esta hierba son los ángeles que gobiernan** y existen **por un momento,** es decir, de modo temporal. **Fueron creados el** día **segundo** por la Guevurah y dejaron de existir inmediatamente, **y están dispuestos como comida de este ganado, porque hay un fuego que devora al fuego,** es decir, el poderoso fuego del Maljut devora a estos ángeles.

«Y hierba para la labor del hombre». «Hierba» son los ángeles que fueron creados durante el primer día y que perduran para siempre, y son llamados *Ofanim* en el Mundo de la Acción, **las fuerzas de la vida** *–Jaiot–* en el Mundo de Formación, **y los Querubines** en el Mundo de la Creación, **y cada uno se rectifica según su propia rectificación,** según el servicio espiritual de los hombres de fe con relación al Maljut, logrando de este modo atraer abundancia desde lo

Alto hacia el Maljut, y provocando así que la misma llegue a nuestro mundo, **y subsisten para volver a rectificarse, cuando los hombres se preparan para servir a su Señor, mediante sacrificios y plegarias. Porque ésta es la labor del hombre. Y esta hierba** que son los ángeles existentes **está destinada y hecha para la labor del hombre, para que se rectifique con sus correcciones tal como corresponde.**

Cuando éstas son rectificadas por la labor del hombre, luego por su intermedio surge nutrición y alimento para el mundo, como está escrito: «Para que la tierra haga surgir pan» (ibid), es decir, los ángeles toman pan y comida del Maljut, llamada tierra, y la vuelcan hacia nosotros, **y esto es: «hierba** –los ángeles– **que da semilla» (Génesis 1:11). Porque la hierba no da semilla,** ya que estos ángeles temporales no generan abundancia, **sino que está destinada a alimentar al fuego santo, y la hierba** –*esev*–, es decir, los ángeles que perduran, **a la rectificación del mundo.**

Y todo esto está sugerido en el versículo: **«Para que la tierra haga surgir pan» (Salmos 104:14). Todas las rectificaciones que el hombre debe efectuar consisten en rectificar las hierbas de la tierra. Porque el servicio** espiritual **de ellos al Señor es para abastecerse de esta tierra a través de sus manos, de alimento y nutrición para este mundo, y para bendecir al hombre con las bendiciones de lo Alto.**

Más acerca de estos ángeles: **«Árbol de fruto que da fruto» (Génesis 1:11): grado tras grado, masculino y femenino.** Es decir, el árbol frutal se refiere al Maljut, el acto de dar fruto se refiere al Iesod, y son dos niveles definidos como masculino y femenino. **Así como el «árbol de fruto» hace surgir soldados** espirituales, ángeles, **del «árbol que da fruto», también aquí él**, el Iesod, **hace surgir. ¿Y qué es** lo que hace surgir? **Éstos son los Querubines y los *Timrot*,** que son otro tipo de ángeles. **¿Qué son los *Timrot*? Son los que se elevan en el humo del sacrificio** o de las plegarias **y se rectifican con él.** Por esto **son llamados: «*Timrot* –columnas– de humo» (Cantar de los Cantares 3:6). Y todas existen en su rectificación por la labor del hombre, lo que no sucede en el caso de la hierba**

18b - 19a

que está destinada a ser comida, como está escrito: «He aquí el animal que he creado contigo, él come hierba –*jatzir*– como el ganado» (Job 40:15).

«**Árbol de fruto que da fruto**» (Génesis 1:11) es la **imagen de lo masculino y lo femenino,** y sobre esto fue dicho: **«La semejanza de su rostro es un rostro de hombre»** (Ezequiel 1:5), y es sabido que el rostro incluye la imagen de lo masculino y lo femenino. **Estos** rostros humanos **no son como estos Querubines: estos** rostros humanos son **rostros grandes, sellados con barba,** mientras que el rostro de **los Querubines** –Uriel, Refael, Gabriel, Mijael y Nuriel– **son rostros pequeños como el de los bebés.** Pero en el **«rostro de hombre» todas las imágenes se integran en él porque hay un gran rostro sobre el que están trazados los rasgos modelados según los signos del Nombre Explícito** –el Tetragrama– **desplegados en las cuatro direcciones del mundo: el Este, el Oeste, el Norte y el Sur.**

Mijael, asociado con la letra *Iod* del Tetragrama, **inscribe su marca en el Sur,** y todos los rostros miran hacia el rostro del hombre: el rostro del león, el rostro del toro, el rostro del águila. El rostro del **Hombre es masculino y femenino** –Tiferet– **y no se denomina «hombre» fuera de aquellos** que incluyen lo masculino y lo femenino.

Porque **es por él**, el rostro del hombre, **que las formas se plasman** en el Mundo de la Creación, **porque los carros de Dios son miles,** es decir, los ángeles del Mundo de la Creación que sirven de «carruaje» para el Maljut, *Elohim*, **tal como está escrito: «Los carros de Dios se cuentan por veintenas de miles y millares de millares»** (Salmos 68:18).

La expresión «por millares» –*shinan*– **comprende todas las formas**, lo cual aparece sugerido en sus iniciales: **la del toro** –*Shor*–, **la del águila** –*Nesher*– **y la del león** –*Arié*–. En cuanto a la segunda *Nun final*, **es el hombre,** y el valor numérico de la expresión hebrea *Haadam*, el hombre, es también 50 y coincide con el valor numérico de esta letra, (19a), **expansión que integra de modo unificado en el misterio de lo masculino y lo femenino.** Y todos los «millares y veintenas de miles» (ibid) de ángeles (Daniel 7:10), **todos surgen de este misterio de** *Shinan*. De allí se desarrollan las figuras, cada una en su dirección correspondiente.

Y éstas se entrelazan la una con la otra y se integran una a la otra para que cada una de las formas de estas cuatro *Jaiot* sea incluida en la otra.

El toro, el águila, el león y el hombre se comportan según el misterio de los cuatro Nombres grabados, y se elevan hasta su raíz **para ser conducidos y contemplados.**

El toro, es decir, el ángel Gabriel, **se eleva con el fin de ser conducido y contemplado por** su raíz que se encuentra en **el rostro del hombre. Asciende un Nombre y se corona y se escribe según el misterio de las dos tonalidades** –Jesed y Guevurah– **y el Nombre es «***El***».** Después de que el ángel Gabriel recibe su iluminación, **vuelve hacia atrás** ya que no puede seguir observando, **y su Trono graba e inscribe para él** un sitio. **Y es inscrito para comportarse según el misterio de ese Nombre:** *El*.

El águila, es decir, el ángel Refael, **se eleva con el fin de ser conducida y contemplada por** su raíz que se encuentra en **el rostro del hombre. Otro Nombre asciende y se corona y se escribe según el misterio de los dos rostros de tonalidades para iluminarse y percibir a la Corona suprema en su ascensión. Y** este nombre **es «Gran»** –*Gadol*–. **Después regresa hacia atrás y su Trono graba e inscribe para él** un sitio. **Y es inscrito para comportarse según el misterio de ese Nombre:** *Gadol*.

Se eleva el león, es decir, el ángel Mijael, **para ser conducido y contemplado por** su raíz que se encuentra en **el rostro del hombre. Otro Nombre asciende y se corona y se escribe según el misterio de los dos rostros de tonalidades para reforzarse y rectificarse con el poder. Y** este Nombre **es «Poderoso»** –*Guivor*–. **Después regresa hacia atrás y su Trono graba e inscribe para él** un sitio. **Y es inscrito para comportarse según el misterio de ese Nombre:** Guivor.

El hombre –Uriel– **los contempla a todos y todos ascienden y lo contemplan. Después todos quedan grabados según sus ras-

19a

gos en esa forma, según el misterio de un Nombre denominado «Terrible» –*Norá*–, relacionado con el Tiferet. **Como está escrito sobre ellos: «La semejanza de su rostro es un rostro de hombre»** (Ezequiel 1:5). **Todos están incluidos en esta imagen, y esta imagen los contiene.**

Y según este misterio es denominado el Santo, Bendito sea: «**El Dios Grande, Poderoso y Terrible**» (Deuteronomio 10:17), **porque estos Nombres están escritos en lo Alto, en el misterio del carruaje supremo, integrado por las cuatro letras** *Iod, He, Vav, He*, **que es el Nombre que incluye a todas estas formas grabadas e inscritas en el trono, y el trono está inscrito y bordado con ellas: una a la derecha**, es decir, Mijael, hacia el Sur; **una a la izquierda**, es decir, Gabriel, hacia el Norte: **una adelante**, es decir, Uriel, hacia el oriente; **y una atrás,** es decir, Refael, hacia el occidente, **trazadas en las cuatro direcciones del mundo.**

Cuando el trono, que ha descendido durante la noche, **se eleva** nuevamente al amanecer, **estas cuatro figuras se han trazado en él.** Entonces **estos cuatro Nombres supremos** –«El Dios Grande, Poderoso y Terrible»– **transportan ese trono y el trono es estructurado por ellos, hasta tomar y recoger almas y** abundancia de **placeres deleitables** para el mundo. **Cuando ha tomado y reunido estos goces y placeres, vuelve a descender colmado** de almas **cual árbol de ramas** que se extienden **en todas direcciones, cargado de frutos.**

Cuando el trono **vuelve a descender surgen las cuatro figuras,** los ángeles, que salen en busca de la abundancia que traen consigo de los mundos superiores, y entonces **son diseñadas cada una según su forma y grabado, iluminando, destellando e irradiando, y siembran su simiente en el mundo. Y son llamadas** por el versículo **«hierba que da semilla»** (Génesis 1:12). **«Hierba» porque ha sembrado su simiente** de abundancia espiritual **en el mundo.**

Debido a que emerge la figura del hombre, que incluye todas las figuras, tal como está escrito: «Árbol de fruto que da fruto según su especie, que su semilla está en él, sobre la tierra» (ibid 11), **no hace brotar la simiente sino para beneficio de la tierra.** Y por eso está escrito: **«Que su semilla está en él»**, precisamente «en él»

164

y **de aquí aprendemos que el hombre no tiene derecho de verter su simiente en vano.**

En cuanto a la hierba (o pasto) (Salmos 104:14) **éste no contiene semilla, y en consecuencia se anula y no subsiste con la existencia de las otras** plantas. **Porque no posee forma alguna que lo defina y lo inscriba en una forma o figura general; sino que es visible e invisible:** existen y se anulan. **Y todo aquello que no está moldeado en una forma y figura no tiene una existencia** perdurable, y por esto **existe en función del momento, y es devorado por el «fuego que devora el fuego», y después vuelve a su primer estado** y se renueva, **y así cada día.**

El hombre en lo Bajo posee figura y forma, imagen y semejanza, tal como los sabios lo denominan *«jaluka»*, la vestimenta que recubre al alma humana, **pero su existencia no es** eterna **como los ángeles que residen en lo Alto. Las formas y las figuras de** los ángeles de **lo Alto se definen según sus formas tales como son** de modo esencial, **sin otra vestimenta que las cubra, y por ello subsisten permanentemente.** Sin embargo, **la figura del hombre en lo Bajo se define según su forma por intermedio de una vestimenta** corporal **y no de otra manera** como los ángeles, **y por ello tiene una existencia temporal y momentánea.**

Cabe preguntar: ¿por qué las almas de los hombres requieren de una vestimenta –el cuerpo– y la de los ángeles no? La razón es que las almas de los ángeles provienen de una copulación espiritual suprema, que los cabalistas denominan *Neshikin* y no requieren de cuerpos, ya que esta copulación es completa. Por el contrario, la copulación suprema que genera las almas de los hombres no es completa, y por lo tanto, se requiere también de la copulación corporal. Y cada uno marcha de acuerdo con su raíz espiritual. Y la rectificación o la perfección se alcanzan a través del guardar los preceptos de la *Torah* que se cumplen a través del cuerpo físico.

Cada noche, el espíritu del hombre **se despoja de esa vestimenta y se eleva, y ese fuego que devora**, el Maljut, **lo devora, y después**, por la mañana, vuelve el espíritu a este mundo, a su

19a - 19b

vestimenta corporal y **retorna a su estado anterior, volviéndose a moldear en su vestimenta. Por eso carece de la existencia de las figuras de lo Alto, tal como está escrito: «Se renuevan cada mañana»** (Lamentaciones 3:23). Es decir, se refiere a **los hombres que se renuevan a diario** (19b).

Y continuando con el mismo texto: **¿Qué significan las palabras: «Grande es tu fe»?** Indican que **es grande y no pequeña** en referencia al Maljut, la cual también es llamada *Emuná*, «fe». Y explica: **«Grande es tu fe» ciertamente, porque puede portar a todos los hombres del mundo e integrarlos a ella, los de lo Alto así como los de lo Bajo.** Es decir, puede recibir a la abundancia que llega de los mundos superiores, como también el servicio espiritual de los hombres que le llega desde los mundos inferiores. **Es un sitio grande y vasto, que lo abarca todo y que nunca está lleno, según el misterio de: «Todos los ríos van al mar y el mar no se llena»** (Eclesiastés 1:7). **Van al mar y el mar los recibe y los toma en su seno y nunca se llena. Después los hace emerger, tal como eran antes y vuelven a partir. Es por ello que** está escrito **«Grande es tu fe».**

En ese día, el tercero de la Creación, **está escrito «que era bueno», «que era bueno»** (Génesis 1:10, 12) **dos veces, porque este día**, asociado con el Tiferet, **reúne a los dos lados** –la izquierda y la derecha, el Jesed y la Guevurah– **y aparta la disputa. Dice a este otro lado «que era bueno»,** es decir, que tiene una función y un sentido en el Plan de la Creación, **y a este otro lado «que era bueno»,** es decir, que también este lado posee una función y un sentido, **y logra la conciliación entre ambos,** lo cual es bueno y positivo para el hombre y para el mundo. **Y por esto hay dos veces** en el versículo la expresión **«Y dijo» «Y dijo»: aquí es el misterio del Nombre de cuatro letras** –en referencia al Nombre asociado al Tiferet, Adonai– **inscrito, grabado, que se eleva hasta tener doce letras en cuatro figuras,** es decir, *Alef, Dalet, Nun, Iod,* **en las cuatro direcciones delineadas sobre el Trono de Santidad.**

El cuarto día está escrito: **«Dijo *Elohim*: que haya luminarias»** (Génesis 1:14). La palabra «luminarias» –*meorot*– aparece escrita de modo **carente** porque le falta la letra *vav*, la cual encierra el misterio de la Luz del Árbol de la Vida, y la palabra queda entonces relacionada con el concepto de maldición, **porque** en este día **fue creada la difteria para los niños**, después de que la primera Luz fuese guardada durante el cuarto día, ya que **después que la Luz primera fue guardada** –*Or Haganuz*–, Luz que fuera creada durante el primer día de la Creación, **fue creada una cáscara para el cerebro** –*mojín*–, es decir, se creó una cáscara o klipá que encubre la Santidad. **Y esta cáscara se extendió y produjo otra cáscara**, es decir, a Lilit y a sus fieles, **y cuando** esta última **se reveló, ascendió** para apegarse a la Santidad pero fue rechazada **y descendió y llegó hasta los pequeños rostros. Quiso adherirse a ellos**, ya que la klipá busca siempre adherirse a la Santidad **y adquirir su forma, y no quiso apartarse de ellos.** Pero **el santo, Bendito Sea, la apartó de allí y la hizo caer a lo Bajo** y separó entre la klipá y la Santidad.

Cuando creó al hombre, para que éste pudiese rectificarse en este mundo a través de su libre albedrío, optando por el camino del bien, **cuando** la cáscara **percibió a Eva adherida al costado de Adán, que es la belleza suprema, quiso apegarse a ellos, y al ver una imagen completa, voló de allí e intentó como al principio apegarse a los pequeños rostros,** pero **los que guardan las puertas de los Alto no se lo permitieron. El Santo, Bendito Sea, la reprendió y la arrojó a las profundidades del mar.**

Y se asentó allí hasta que pecaron Adán y su esposa, y entonces la sacó El Santo, Bendito Sea, de las profundidades del mar, y se le entregó dominio sobre todos aquellos bebés de pequeños rostros de entre los hombres, destinados a ser castigados por la culpabilidad de sus padres en el momento de la concepción. **Y ella siguió sobrevolando a través del mundo**; a partir de ese momento tiene dominio sobre aquellos que merecen ser castigados. **Se aproximó a los portones del Jardín del Edén terrestre y vio a los Querubines, guardianes de los portones del Jardín del Edén, y se estableció allí junto a la espada flamígera porque ella misma procede de esta dimensión flamígera.**

Cuando esa espada flamígera comienza a girar, pasando de Misericordia a Juicio, la cáscara o klipá **huye, prosiguiendo su va-**

19b

gabundeo por la Tierra** para continuar con su función de dañar, **y encuentra a bebés que deben ser castigados** por los impuros y viciados pensamientos de sus padres durante el momento de la concepción, **se ríe de ellos y los asesina. Y esto sucede cuando hay Luna menguante y se empequeñece su luz. Ésta es la «luminaria» carente,** donde falta la *vav*, que guarda el secreto de la Luz del Árbol de la Vida. **Durante el nacimiento de Caín,** la cáscara **no logró adherirse a él, y sólo más tarde,** después de asesinar a su hermano Abel –*Hevel*–, **ella logró acercarse a él**, apegársele, **y dar a luz** a malos **espíritus y seres voladores.**

Adán, durante **ciento treinta años se acopló a los espíritus femeninos,** (*véase* Talmud, tratado de *Eruvín* 18b), es decir, se refiere al tiempo en que se separó de Eva debido al decreto de muerte tras el pecado de haber comido del Árbol del Conocimiento del Bien y del Mal. En realidad, este pasaje señala que espíritus femeninos tomaron gotas de semen de Adán, y a partir de éstas dieron a luz espíritus y demonios, **hasta que vino Naamá**, quien dio a luz a espíritus y demonios masculinos, **y a causa de su belleza, los hijos de** *Elohim*, **Aza y Azael, se desviaron tras ella, y dio a luz de ellos, y de ella salieron malos espíritus y demonios por el mundo.** Aza y Azael son quienes intentaron convencer a Dios para que no creara al hombre, y volvieron a acusarlo tras el pecado, y entonces El Santo, Bendito Sea, les quitó su Santidad para que no pudieran enfrentarse al Mal Instinto –*Ietzer Hará*–, y entonces ellos mantuvieron relaciones con Naamá. **Y ella ronda y sobrevuela por las noches recorriendo el mundo, y sonríe a los hombres** provocándolos durante el sueño, **y hace que viertan su simiente en vano** y de esta manera genera demonios y malos espíritus.

Y en todo lugar que encuentran hombres que duermen solos en su casa, (*véase* Talmud, tratado de *Shabbat* 151b) estos malos espíritus **se posan sobre ellos y se unen a ellos; se apegan a ellos; toman de ellos sus deseos y paren de ellos** demonios y espíritus. **Y también lo afectan con enfermedades y no saben** el motivo de su enfermedad, **y todo con la Luna menguante.**

Y lo que está escrito en el versículo, la palabra **«luminarias»** carente, lo cual sugiere a la Luna menguante, es **cuando la Luna** –el

Maljut– **es rectificada** por el servicio espiritual de los hombres, y **las letras** de esta palabra –*meorot*– **son invertidas y se convierten en «la palabra de»** –*imrat*–, tal como está escrito en el versículo: **«Y probada es la palabra de El Eterno, escudo es a todos los que en Él confían»** (Salmos 18:31). **Es un escudo contra todos esos espíritus malvados que sobrevuelan el mundo durante su carencia,** la Luna menguante, y protege **a quienes se unen a ella con su fe en El Santo, Bendito Sea.**

Cuando el rey Salomón descendió a las profundidades del misterio **de la nuez** –la Santidad se encuentra asociada a la nuez, la cual posee varias cáscaras–, **como está escrito: «Hacia el jardín de los nogales descendí»** (Cantar de los Cantares 6:11), **recogió una cáscara de nuez y examinó todas sus cáscaras.** Es decir, a partir de la estructura y el modelo de la nuez física comprendió el modelo de los mundos superiores. **Y entendió que todos los placeres que procuran los malos espíritus** representados por las cáscaras **de la nuez no son sino para apegarse a los hombres y para impurificarlos, tal como está escrito: «Los placeres del hombre, demonios femeninos y demonios masculinos»** (Eclesiastés 2:8). Es decir, de los placeres promiscuos del hombre surgen demonios.

La expresión «descendió a las profundidades» es anterior a la construcción del Templo, ya que durante los días del mismo «la Luna se encontraba íntegra». Pero también antes de la construcción del Templo el rey no sabía como rectificar a la Novia Cósmica. Por lo tanto «descendió» para ver qué le faltaba al Maljut, para completarla y rectificarla. Y el rey Salomón sabía que tras el pecado del Primer Hombre la *Shekinah* cayó en las profundidades de las cáscaras o klipot junto con todas las almas, y se desprendieron de ella nueve *Sephiroth* y no quedó sino un punto.

Y en este descenso atravesó por tres cáscaras o klipot, hasta llegar al interior –*moaj*– de la nuez. Las primeras tres klipot son muy duras: a) la klipá de tohu de la nuez; b) la klipá de bohu de la nuez; c) la klipá de la oscuridad. Y la cuarta klipá está apegada al interior –*moaj*– de la nuez y es comestible.

19b - 20a

Y a esto alude también el caso de los cuatro sabios que entraron al Pardés: tres comieron de las primeras klipot y se vieron afectados, y el cuarto, Rabbí Akiva, comió del fruto, arrojó la klipá, y logró salir en paz. Y algo similar sucedió con Rabbí Meir que comió del fruto y arrojó su cáscara. Y así, entonces, debemos entender que el rey Salomón descendió a este Pardés, entró en paz y salió en paz. Curiosamente la palabra Salomón, en hebreo Shlomó, comparte raíz con la palabra *Shalom*, paz: entró en paz y salió en paz.

Y además, acerca de la creación de estos demonios, **«los placeres del hombre» que gozan durante el sueño nocturno** atrayendo sobre sí mismos pensamientos libidinosos y, por consiguiente, poluciones nocturnas, **salen de ellos demonios femeninos y demonios masculinos. Y todo era necesario para que El Santo, Bendito Sea, creara el mundo**, ya que las cáscaras o *klipot* también cumplen una función en el plan general de la Creación, **y rectificará el mundo a través de ellos,** utilizando su libre albedrío par elegir entre y el Bien y el Mal y recibiendo entonces su recompensa.

«Y en todo el cerebro se encuentra en el interior». Y varias cáscaras encubren el cerebro, impidiendo que de este modo cualquiera acceda al ámbito de lo sagrado, **y todos los mundos** están formados **de este modo, Arriba y Abajo,** es decir, en referencia a los Cuatro Mundos, incluyendo al nuestro, **desde el comienzo del misterio del punto supremo** –Jojmá– **hasta el final de todos los grados,** es decir, el Mundo de la Acción –*Olam Haasiá*–; **todas** (20a) **están uno dentro de otro, y una dentro de otra, hasta que resulta que ésta es cáscara de ésta y ésta de ésta.**

El punto primero –*Jojmá*– **se transforma en la Luz interior inconmensurable y es imposible conocer su pureza, su refinamiento y su limpidez.** Resulta importante aclarar que estas tres cualidades poseen su sentido y se refieren a las tres vasijas que posee cada uno de los Rostros.

Hasta que se expande su expansión de Luz, **y de la expansión de ese punto se genera un Palacio que reviste a ese punto, Luz inaprensible debido a su gran pureza.**

Sección de Bereshit

20a

El Palacio, que es una vestimenta para el punto oculto, es una Luz inconmensurable, y con todo esto no es tan refinada y pura como la del punto primero, disimulado y guardado.

Ese Palacio irradia rayos de Luz primera y esta expansión es la vestimenta de ese Palacio, que es más refinada, más pura y más interna.

Hasta aquí se refirió en particular a la concatenación de cada uno de los niveles, y ahora comienza a referirse a los niveles de modo general. **A partir de aquí y en adelante se expande uno en otro** más bajo **y reviste uno al otro, hasta que resulta que uno es vestimenta de éste y éste de éste,** –en referencia a los Rostros–. **Uno es cerebro y otro**, en relación al primero, **es cáscara; y aunque éste es vestimenta, se transforma en cerebro de otro nivel** inferior. **Y todo de este modo se hace aquí en lo Bajo,** es decir, en los Tres Mundos Inferiores –Creación, Formación y Acción– **hasta que con «esta semejanza»** –*tzelem*– **es el hombre en este mundo: cerebro y cáscara,** es decir, **espíritu y cuerpo.** Con más detalle aún, debemos decir que el nivel de *neshamá* es el cerebro del nivel del *ruaj*, y este último es el cerebro de nivel de *nefesh*.

Y todo esto implica la rectificación del mundo.

Cuando la Luna, lo femenino, **y el Sol,** lo masculino, **estaban en un solo apego, la Luna poseía su propia luz** e iluminaba e influía sobre los mundos inferiores. **Desde que se separó del Sol** debido al pecado del Primer Hombre y descendió a un nivel en el que sí existe el bien y el mal **y fue puesta a la cabeza de sus legiones, se empequeñeció y su luz disminuyó, y** entonces **fueron creadas las cáscaras sobre las cáscaras para guardar** y proteger **el cerebro,** para que no se vea atacado por los enviados del mal –*jitzonim*–. **Y todo** esto se hizo **para la rectificación del cerebro,** la Santidad, **y por eso está escrito** en el versículo: **«Que sean las luminarias»** de modo **carente,** debido al pecado de Primer Hombre, **y todo** este sistema espiritual de cáscaras y vestimentas se hizo **para la rectificación del mundo, tal como está escrito: «para iluminar sobre la**

20a

Tierra» (Génesis 1:15). Es decir, para que el hombre pueda servir al Creador, eligiendo su propio camino entre el bien y el mal, y recibiendo por derecho propio su recompensa.

Los comentaristas de El Zohar aclaran que todo acto de «hacer» –*laasot*– de la Creación se refiere al aspecto femenino, mientras que toda «locución» –*leemor*– se refiere a lo masculino. **«E hizo *Elohim* las dos grandes luminarias»** (Génesis 1:16).

La expresión del versículo «*Elohim* **hizo»** significa **agrandar y rectificar todo de manera correspondiente.**

«Las dos grandes luminarias»: en un principio, antes del pecado de Adán, **estaban en una sola unión, secreto del Nombre completo unificado «El Eterno-*Elohim*»,** es decir, el primero de los Nombres identificado con lo masculino, y el segundo con lo femenino, **aunque todavía** tal unificación **no era revelada sino** aludida **de modo oculto** a través del método interpretativo denominado *At Bash*.

«Las grandes luminarias» **fueron creadas según ese Nombre, uno como el otro, con el fin de ser llamadas por el Nombre de todo:** *Mem-Tzadik-Pei-Tzadik Mem-Tzadik-Pei-Tzadik*, y **éstos son los Nombres** más **supremos que los Trece Atributos de Misericordia.** Aclaramos nuevamente que estos dos Nombres conforman el Tetragrama de acuerdo con el método de *At Bash*.

Ahora bien, el hecho de ser llamadas **«las grandes** luminarias» se debe a que **se trata de las que fueron creadas y se elevan hacia lo Alto; son lo supremo del misterio de lo supremo. Ascienden para beneficio del mundo, y los Tres mundos existen a partir de ellas de acuerdo a esto, «las dos luminarias»: ambas, como una, se elevan en una sola grandeza.**

Pero la Luna no estaba sosegada junto al Sol porque ambos no podían utilizar la misma corona, **y uno se avergonzaba ante el otro**: la Luna porque su luz se empequeñeció y el Sol porque debido a él ella perdió su grandeza. **La Luna dijo** al Creador: **«¿Cómo apacientas** tu rebaño?» (Cantares de los Cantares 1:7), es decir, cómo ha de alumbrar la Luna al mediodía, momento en que el Sol lo hace con toda su fuerza. **El Sol dijo al Creador: «¿Cómo lo haces sestear a mediodía?»** (ibid). Es decir: **¿Cómo una pequeña llama puede alumbrar a mediodía?** ¿Cómo la pequeña luminaria puede iluminar junto a la gran luminaria?

Además dijo la Luna: **«¿Por qué debo estar como errante?»** (ibid). Es decir: ¿Por qué debo sentirme avergonzada?

Entonces, al ver que le resultaba imposible mantenerse junto al Sol, la Luna **se empequeñeció con el fin de ser la cabeza de los mundos de Abajo, tal como está escrito: «Ve, sigue las huellas del rebaño»** (ibid 8). Es decir: **El Santo, Bendito Sea, le dijo: «Ve y empequeñécete».**

Y desde entonces, desde que descendió al Mundo de la Creación, **la Luna no tiene luz fuera de la** que recibe **del Sol. Porque en un principio estaban asentadas como una, en proporción,** y ambos, el Sol y la Luna, recibían luz equivalente de la Biná. **Después la Luna se empequeñeció en todos sus niveles** —es decir, en todos menos el más elevado, denominado Keter, **y aunque ella sea la cabeza de ellos, he aquí que no hay grandeza para la mujer más que unida a su marido.**

Tras el empequeñecimiento de la Luna **«la gran luminaria»** (Génesis 1:16) **es El Eterno**, el Nombre del Tetragrama, el aspecto masculino. **«Y la pequeña luminaria»** (ibid) es *Elohim*, fin de todos los niveles, conclusión del Mundo del **Pensamiento**.

Al comienzo, antes de empequeñecerse, **estaba inscrita en lo Alto, en las letras del Nombre santo, como su cuarta letra**, la segunda letra *He*. **Después se empequeñeció y tomó el nombre de *Elohim*.**

Y con todo esto que el Maljut pasó a tener un Nombre propio y descendió al Mundo de la Creación, durante la plegaria **se eleva en todas las direcciones de lo Alto por la letra *He*, gracias a la unión de las letras del Nombre santo. Después se expanden los niveles, de esta dirección y de esta dirección** y nuevamente ya no hay unión entre el Reino, lo femenino, y su Marido, lo masculino,

20a

salvo en momentos especiales como el Shabbat y los días festivos, o cuando se cumplen preceptos, pero en los demás días la unión se da a partir de los nuevos niveles. **Los niveles que se expanden de la dirección de lo Alto se denominan: «el dominio del día»** –*memshelet haiom*–, y **los niveles que se expanden de la dirección de lo Bajo se denominan: «el dominio de la noche»** –*memshelet halaila*– (ibid).

«Y las estrellas» (ibid) **son el resto de las legiones y los mensajeros innumerables** –es decir, los ángeles, encargados de lo que sucede en la Tierra, ya que incluso los entes inanimados poseen vitalidad espiritual, y un *mazal* por encima. Y precisamente este *mazal* es el ángel encargado «de cada hierba» de aquí abajo, del mundo material y físico, «que lo golpea y le ordena crecer». Algunos de estos ángeles provienen del lado masculino y otros del femenino, los cuales son innumerables ya que cada una de las *Sephiroth* está compuesta por otras diez, y cada una de estas diez por otras diez y de este modo *ad infinitum* **que todos penden del «firmamento del Cielo»** (ibid 17), **el Viviente de los mundos, tal como está escrito: «***Elohim* –Biná– **los puso en el firmamento** –Iesod– **de los Cielos** –Tiferet– **para alumbrar la Tierra** –Maljut–**»** (ibid 15). **Esta Tierra es la Tierra de lo Alto que reside en lo Bajo, tal como el Viviente de los mundos, y esto para «alumbrar la Tierra»: es la Tierra de lo Bajo según el paradigma de lo Alto.**

El reinado de David fue establecido en este cuarto día de la Creación, siendo la **pata y columna cuarta del trono.** Y continúa relatando que entonces en este día **se establecieron las** cuatro **letras del Tetragrama y se asentaron en sus lugares correspondientes. Y con todo esto, las letras no se establecieron en sus lugares hasta el sexto día,** Iesod, **en el transcurso del cual fue establecida de modo correcto la imagen del hombre,** pero hasta entonces **no se asentó en su lugar.**

Entonces, en el sexto día, **fueron establecidos el trono de lo Alto y el trono de lo Bajo y todos los** Cuatro **mundos fueron instalados en sus lugares,** revistiendo el más bajo al más alto, **y todas**

las letras del Nombre del Tetragrama **pudieron establecerse (20b), sobre sus ruedas, desanudando los lazos que lo ataban.**

El cuarto día, el Maljut, es el día que fue rechazado por los constructores, como está dicho: «La piedra que desecharon los constructores era la piedra angular» (Salmos 118:22), **como está escrito** que dice el Maljut: **«Los hijos de mi madre se han irritado contra mí»** (Cantares de los Cantares 1:6). **Porque he aquí que esta luminaria se empequeñeció a sí misma y a su Luz, y las cáscaras se establecieron en sus lugares.** Es decir, en el lugar de la Luz se establecieron las cáscaras o, más exactamente, se fortificaron. **Todas** las luces que alumbran **fueron suspendidas en el «firmamento del Cielo» para restaurar a través de ellas el Trono de David.**

Estas luces, que fueron incluidas en el Pensamiento de la Creación para iluminar durante seis mil años, **trazan la forma de lo Bajo para rectificar la forma de todo lo contenido en el principio del hombre, que es la forma interior, porque toda forma interior es denominada así:** hombre, *Adam*. **Y de aquí que toda forma que participa en esta expansión es denominada «hombre», como está escrito: «Tú eres hombre»** (Ezequiel 34:31), **ustedes son denominados «hombre», y no los otros pueblos idólatras** (*véase* Talmud, tratado de *Ievamot* 61a).

Y todo espíritu es llamado «hombre». En pocas palabras, el término «hombre» recae exclusivamente sobre la espiritualidad de la persona. Pero esto **cuando el espíritu procede de la Santidad.** Sin embargo **su cuerpo es su vestimenta, y sobre esto está escrito: «De piel y de carne me has cubierto»** (Job 10:11). Es decir, **la carne del hombre es una vestimenta** para su alma, mientras que su forma es su esencia, **y dondequiera que escribe** y menciona **«la carne del hombre», se trata del hombre interior,** la espiritualidad dentro del cuerpo, una parte recóndita, **y la carne es la vestimenta del hombre, su cuerpo.**

Los espectros de lo Bajo, espíritus de los mundos, **que fueron fundidos por la fusión de este espíritu** y surgen de la klipá *Noga*, **se moldean de ellos formas que se revisten con otras vestimentas**

que no son las del hombre, **como las formas de los animales puros**, como está escrito: **«El toro, la oveja, la cabra, el ciervo, la gacela y el gamo…»** (Deuteronomio 14:4), las cuales surgen de la klipá *Noga*. Resulta importante destacar que la *Torah* menciona a tres *behemot* puras y siete *jaiot* puras, en paralelo con las diez *Sephiroth*. **Los que quisieron estar incluidos en la vestimenta del hombre** debido a su alto nivel de Santidad, su solicitud fue aceptada y fueron revestidos de cuerpos puros y, entonces, el hombre cuando los ingiere, los incorpora a su propio cuerpo.

Ese espíritu interior de esas direcciones, los animales, **tomaron entonces su nombre.** Significa: **la vestimenta de ese nombre es,** por ejemplo, citando el caso del nivel superior de los animales, equivalente en su ámbito a la *Sephirah* de *Keter*, **la carne del toro** en la que la palabra **«toro» designa el interior del cuerpo, siendo su carne su vestimenta, y así con todos** los otros animales puros. Es decir, la vestimenta asume el nombre de la forma y del alma animal que reviste.

Del mismo modo sucede **en el «Otro Lado», el de la impureza,** ya que todo nivel de Santidad tiene su contrapuesto, y **el espíritu que se expande en el resto de los pueblos idólatras proviene de ese lado de impureza,** es decir, de las tres cáscaras o klipot impuras y no de la klipá de Noga, y **no es** incluido en la categoría que el versículo denomina **«hombre»,** pues en ellos tanto el espíritu interior como la vestimenta provienen del lado impuro, **y por esto no es designado con ese nombre. El nombre de ese espíritu impuro no se eleva al** nivel de ser denominado **hombre y no tiene parte alguna en la Santidad. Su cuerpo, la vestimenta de ese espíritu impuro, es de carne impura y es impuro también el interior, y la carne es su vestimenta. Por lo tanto, mientras que ese espíritu reside en ese cuerpo es denominado impuro.** Pero cuando **sale de esa vestimenta,** es decir, cuando el idólatra muere, **ésta deja de llamarse impura y esa vestimenta no es llamada por este nombre** sino simplemente carne o cuerpo.

A continuación pasa a referirse a los animales impuros. **Las direcciones de lo Bajo que fueron fundidas por la fusión de este espí-**

ritu se moldean de ellas formas que se revisten con otras vestimentas, tal como las formas de los animales impuros. Y la *Torah* abrió en su exposición precisamente **con ellos** para hacer hincapié en que surgen de las tres klipot o cáscaras impuras: «**Y esto es para vosotros impuro**» (Levítico 11:8), **como el cerdo, y las aves, y los mamíferos de ese lado**, el impuro. **El espíritu toma ese nombre, el cuerpo es su vestimenta y el cuerpo es llamado carne de cerdo,** y **cerdo es su interior**, su alma impura. Recordemos que en el caso de los idólatras no es así, ya que ellos no son denominados «hombre». **Y por esto estos dos lados** –los animales puros y los impuros– **se separan: éstos,** los animales puros, **incluidos en el secreto del hombre**, ya que su forma proviene del lado de la Santidad, **y éstos,** los animales impuros, **incluidos en el secreto de** quien representa **lo impuro:** Samael. **Cada especie va hacia su especie y regresa a su especie** tras su muerte.

Cuando las luminarias superiores comienzan a alumbrar, alumbran en ese firmamento de los Cielos para moldear en lo Bajo formas correspondientes, tal como está escrito: «Y *Elohim* los puso en el firmamento de los Cielos» (Génesis 1:17), con el fin **de dominar el día y la noche. El gobierno de las dos luminarias,** es decir, lo masculino y lo femenino, **es el gobierno como corresponde** tras el pecado del hombre, es decir, que las dos luminarias, la pequeña y la grande, no utilicen una misma corona sino **la gran luminaria,** lo masculino, **gobierne durante el día y la pequeña luminaria,** lo femenino, **cuando es de noche. Y este misterio se aprende de aquí: el dominio de lo masculino se ejerce sobre el día,** lo cual se manifiesta en el hombre que trabaja y sustenta su casa durante estas horas, **con el fin de llenar su casa de todo lo necesario, trayendo alimento y nutrición.** Ya que antes del matrimonio la novia recibe todo de su padre y de su madre, pero tras la boda recibe todo de su marido. **Cuando llega la noche, lo femenino toma todo y no hay otro dominio de la casa fuera del femenino, porque ése es su dominio, como está escrito: «Ella se levanta aún de noche, y da comida a su casa**» (Proverbios 31:15). Este versículo se refiere a

20b

Rajel, que durante las noches desciende al Mundo de la Creación, que es su casa, y allí otorga y entrega lo que ha recibido de lo masculino durante el día. «**Ella**» está escrito en el versículo de Proverbios **y no él**. El «**dominio del día**» **es de lo masculino, y el** «**dominio de la noche**» **de lo femenino**.

«**La gran luminaria**» **es el Sol, en el que se encuentran doce puertas** a través de las cuales trasmite su abundancia **y doce horas; y el Sol domina el día**.

«**La pequeña luminaria**» **tiene doce puertas** para recibir la abundancia de su marido, **y es la Luna** —el Reinado, Maljut, o Rajel— **y gobierna la noche**. Y a pesar que la unión se realiza a la noche con Lea, ésta recibe todo de Rajel, de acuerdo con el misterio de las señales que ésta le pasó a su hermana la noche de la boda de Jacob con Rajel. **La noche tiene también doce horas y sobre esto** se sugiere en el versículo: «**En ese día El Eterno será uno y Su Nombre uno**» (Zacarías 14:9).

El Sol y sus doce puertas hacen y suman **Trece Atributos de Misericordia**. Es decir, durante el día, cuando se pronuncia el rezo matutino de la Amidá, las Dieciocho bendiciones, exactamente durante la bendición denominada *Sim shalom*, «Entabla paz», se abren e influyen los Trece Atributos de Misericordia. Y ésta es la razón por la cual inmediatamente se pronuncia el rezo de *Nefilat Hapaim*.

La noche, cuando domina el Reinado, **la Luna y sus doce puertas se hacen trece. El Sol y la Luna son uno, el día y la noche uno, como está escrito:** «**Y fue la tarde y la mañana, un día**» (Génesis 1:5). Aunque aquí, a diferencia del día, no hay Trece Atributos de Misericordia ya que la luz de las mismas no ilumina durante la noche. Ésta también es la razón por la cual durante la noche no se pronuncia el rezo de *Nefilat Hapaim*. **Éste es un secreto supremo**.

«**Y las estrellas**» (ibid 16), **son las jóvenes de la Luna**, los ángeles de la Creación: **cuando la mujer ordena en su casa y se reúne con su marido, no hay dominio en la casa sino el de las doncellas**, que son las estrellas, los ángeles de la Creación, **que se quedaron en la casa para realizar todas las rectificaciones de la casa** y repartir abundancia espiritual a los seres inferiores. **Y más tarde la casa vol-**

verá a estar bajo el dominio de lo masculino cuando sea de día, todo como corresponde.

«E hizo *Elohim* las dos luminarias» (Génesis 1:16): **ésta es una fuente** de luz **y ésta es una fuente** de luz, **y por esto las luces que se elevan hacia lo Alto se denominan: «fuentes de luz».** Y las luces que descienden hacia lo Bajo se denominan «fuentes de fuego» y son los niveles de lo Bajo y gobiernan todos los días de la semana. Por eso, **cuando sale el Shabbat,** durante la ceremonia de la *Havdalá* **se pronuncia la bendición sobre la vela porque se le otorga permiso** a los seis días de la semana **para asumir el poder.**

Los dedos de los hombres representan los misterios de los grados y los secretos de lo Alto, y constan de cara y reverso. Los reversos están orientados hacia el exterior y aluden a las uñas de los dedos. Y por ello (21a), **cuando sale el Shabbat, está permitido contemplar las uñas porque están iluminadas por la vela y están iluminadas por la luz del fuego para que ejerzan su poder. Éstos están permitidos ser observados,** pero **la faz interna de los dedos no hay permiso para que sea contemplada por esa vela porque se iluminan de lo Alto y se denominan «rostros interiores»,** y éste es el secreto del versículo: **«Verás mis espaldas, mas no se verá Mi rostro»** (Éxodo 33:23). Es decir, **el hombre no debe contemplar el interior de sus dedos al salir el Shabbat, cuando dice: «Quien ha creado las fuentes del fuego»** sino **«Verás mis espaldas»** (ibid), es decir, **son los rostros exteriores que se aluden a través de las uñas.** Y **«mas no se verá Mi rostro»** (ibid) **son los dedos interiores, los que dominan el día del Shabbat, mientras que éstos dominan durante los días de la semana.**

El día Shabbat, El Santo, Bendito Sea, domina sólo estos rostros interiores, sobre el trono de Su gloria, y todos están incluidos en él. Y éste es Su poder. Y por esto otorga descanso a todos los mundos y los herederos de la herencia de este día son los integrantes de **el pueblo santo, que fueron llamados «singular en la Tierra»** (2 Samuel 7:23), porque el Shabbat es el misterio de las

21a

«Fuentes de luz» del lado derecho, que es la luz primordial que existía el primer día. El día de Shabbat, las fuentes de luz solamente comienzan a alumbrar y dominan, y de ellas es iluminado todo lo Bajo. Y cuando sale el Shabbat, las «fuentes de luz» se guardan para no ser reveladas, y entonces pasan a ser las «fuentes de fuego» las que dominan, cada uno y uno en su lugar. ¿Y cuándo dominan? Desde la salida del Shabbat hasta la víspera del Shabbat siguiente, por eso es necesario que sea alumbrado de esa vela durante la salida del Shabbat.

«Los seres vivientes –*Jaiot*– van y vuelven como el relámpago» (Ezequiel 1:14), pero el ojo no los puede seguir porque van y vienen. Son seres vivientes –*Jaiot*– que se manifiestan con un tipo de ángel denominado *Ofán* entre ellos. ¿Y quién es? Es Metatrón, el más grande y el más glorioso que el resto, a los que sobrepasa en quinientas parasangas. Los seres vivientes de Metatrón se encuentran bajo las dos letras superiores que se encubren, la *Iod* y la *He*, letras que dominan a la *Vav* y a la *He*. Éstas son los vehículos de aquéllas y el más escondido de todo lo escondido, absolutamente desconocido, lo gobierna todo, dominando todo y montando sobre todo.

Los seres vivientes que se manifiestan en lo Bajo, residen bajo estos seres vivientes de Metatrón, y es de ellos de quien reciben su luz y son conducidos por ellos. Los seres vivientes de lo Alto están todos contenidos en el espacio del Cielo, y sobre ellos está escrito: «Haya luminarias en el espacio del Cielo» (Génesis 1:14). Todos están suspendidos en ese firmamento del Cielo, firmamento que se encuentra por encima de los seres vivientes, y es lo que está escrito: «Y sobre la cabeza de los seres vivientes aparecía como una imagen de cristal resplandeciente» (Ezequiel 1:22). Es el Primordial. De allí y en más nadie puede ver ni conocer. ¿Por qué? Porque está encerrado en el Pensamiento, y el Pensamiento del Santo, Bendito Sea, es encubierto, envuelto secreto, supremo. Es decir, el pensamiento del hombre, en todo mundo, no puede ni apegarse ni conocerlo. Las cosas suspendidas en el

Pensamiento supremo nadie las puede alcanzar, y esto se refiere solamente al Pensamiento ¡cuánto más cierto el Pensamiento concreto! Dentro del Pensamiento quién puede concebir una idea al respecto cuando no es posible ni plantear una pregunta, ni mucho menos para conocer y recibir una respuesta. En el *Ein Sof* no hay marca alguna, y en él la interrogación no es posible, ni la idea de la observación del Pensamiento en general.

En el interior del encierro del encierro, en el principio del descenso del Infinito, brilla una luz tenue, desconocida, cerrada en un trazo tan fino como el agujero de una aguja, secreto oculto del Pensamiento. Por lo tanto **permanece desconocida hasta que se expande de ella una claridad en un lugar donde están todas las improntas,** porque **todas las letras surgirán de allí: el principio de todo, la** *Alef,* **comienzo y fin de todos los grados. Y no es denominada sino Uno para mostrar que** es Uno **a pesar que comprende grandes figuras. Ella es evidentemente la letra de la que están suspendidos los seres de lo Alto así como los seres de lo Bajo.**

La cabeza de la *Alef* –considerando que esta letra está compuesta por otras tres: arriba y abajo la *Iod*, y de modo inclinado, la *Vav*– alude al **secreto del Pensamiento supremo y es la expansión del firmamento supremo,** pues **todo está comprendido en esa cabeza. Porque cuando surge la** *Alef* **de ese firmamento, es en la forma del secreto del comienzo del Pensamiento que sale.** Y también **en la parte media de la** *Alef* **están incluidos seis niveles, secreto de todas las fuerzas vitales escondidas y supremas que están suspendidas en el interior del Pensamiento.**

La primera luz, que al mismo tiempo ilumina y es guardada, es la luz de la letra *Tet* (o *Bet*) de Bereshit –«en el principio»–, es decir, la primera letra *Tet* de la obra de Creación, la de la palabra *Tov*, bueno, **que es** lo aludido en el versículo «el calor del día» (Génesis 18:1), **porque estaba Abraham sentado en la entrada de la tienda, que es la apertura de lo Bajo hacia lo Alto, y «el calor del día» alumbró este portal e iluminó desde allí** a los alrededores.

La segunda luz es la luz que se va oscureciendo gradualmente al llegar el atardecer, y es el **secreto de la plegaria de Isaac, para** rectificar este nivel, como está escrito: «Y había salido Isaac a meditar al campo a la hora del atardecer» (Génesis 24:63). **La meditación del atardecer y las oscuridades se relacionan con él, con Isaac. Y así también es en este atardecer que Jacob observó al encargado** espiritual **de Esaú.**

La tercera es la luz que integra las dos (21b) precedentes, **la claridad que ilumina la curación, significado que es expresado respecto a Jacob: «El Sol salió para él...»** (ibid 32:32). **Ciertamente participa en esta llegada del atardecer, y de aquí en adelante «cojeaba de su muslo»** (ibid), es decir, **ésta es la Victoria –Netzaj– de Israel. Está escrito «de su muslo» y no «de sus muslos»,** lo cual significa que **se trata en efecto solamente del cuarto nivel, a partir del cual ningún hombre profetizó desde allí hasta que llegó Samuel, a propósito de quien está escrito: «La Victoria –Netzaj– de Israel...»** (1 Samuel 15:29), **tal como por él fue restaurada, porque se había debilitado cuando Jacob, nuestro padre, fue puesto en peligro por el encargado** espiritual **de Esaú: «Él tocó la coyuntura superior del muslo»** de Jacob (Génesis 32:25). **Mientras vino hacia Jacob, éste adquirió su fuerza de «la llegada del atardecer», de ese rigor violento, y Jacob la incluía a ella** también, y por eso el encargado de Esaú **no pudo con él: «Y cuando vio que no podía vencerlo, tocó la coyuntura superior del muslo»** (ibid). Es decir, **tomó el violento rigor de allí porque el muslo está fuera del cuerpo. Porque Jacob era el cuerpo, y su cuerpo estaba integrado del secreto de los dos niveles** precedentes, **de acuerdo con el secreto denominado «hombre»,** Adam, tal como se enseña en el Talmud (*véase* Talmud, tratado de *Bava Metzía* 84a), «que la belleza de Jacob era como la belleza del Primer Hombre», lo cual debe entenderse así: Jacob era su reencarnación y rectificó su afección. **Debido a que** el ministro espiritual de Esaú **se adueñó del poder de fuera del cuerpo, inmediatamente: «Bendijo el sitio del encaje de la cadera».**

Y por lo tanto **ningún hombre profetizó desde ese lugar** –Netzaj– **hasta que vino Samuel, y a su respecto está escrito: «La victoria –Netzaj– de Israel», porque no es un hombre»** (1 Samuel 15:29).

Sección de Bereshit

21b

Josué profetizó desde el Esplendor –*Hod*– de Moisés, como está escrito: «Y pondrás tu esplendor sobre él» (Números 27:20). El Esplendor es el quinto nivel. La Victoria es el muslo izquierdo de Jacob, y por esto cuando vino David, él integró el costado derecho, como está escrito: «Las delicias en tu derecha son Victoria» (Salmos 16:11). «Tu derecha» no está escrito, sino «en tu derecha». ¿Por qué razón se debilitó el muslo de Jacob? Porque se acercó a él la dimensión de impureza y arrebató su fuerza y fue postergada hasta Samuel, y sobre esto vino a recordarnos que se trata del muslo de Israel, como está escrito: «Y también la Victoria de Israel» (1 Samuel 15:29). Y por esto todas las palabras de Samuel son de juicio, desde el principio hasta el fin. Y además, El Santo, Bendito Sea, lo integró después del Esplendor. ¿Y cuándo? Después de ungir a los reyes. Y por esto Samuel es el equivalente de Moisés y Aharón unidos. Es decir, como Moisés y Aharón son de las dos direcciones de lo Alto, también él, Samuel, en lo Bajo, como éstos, en dos direcciones. ¿Y cuáles son estas dos direcciones? La Victoria –*Netzaj*– y el Esplendor –*Hod*–, según el modelo de Moisés y Aharón en lo Alto. Y todos estos niveles están unidos uno a otro, como está escrito: «Moisés y Aharón entre sus sacerdotes y Samuel entre quienes invocan su nombre» (Salmos 99:6), **porque he aquí que las seis direcciones se integran y se unen unas con otras.**

Así como estos están unidos –Moisés, Aharón y Samuel–, también así están unidos uno al otro Jacob, Moisés y José. Jacob era el señor de la Casa. Cuando murió Jacob fue Moisés quien tomó la Casa y la dirigió durante su vida. José es un justo en función de Jacob y Moisés, y Jacob por José tomó la Casa, como está escrito: «Éstas son las generaciones de Jacob: José» (Génesis 37:2). Y Moisés no la pudo dirigir antes de que la tomara José. Significa: **cuando la Presencia salió del exilio,** Moisés **no pudo acoplarse a ella sino mediante José, como está escrito: «Moisés llevó consigo los huesos de José»** (Éxodo 13:19). ¿Por qué está escrito «consigo»? Es que el cuerpo no se acopla con lo femenino antes de acoplarse con la Alianza. Y por esto Moisés llevó consigo a José y desde el momento en que estuvo con él pudo acoplarse adecuadamente con lo femenino. Y por eso Jacob, Moisés y José anduvieron juntos.

Jacob murió y su cuerpo fue ascendido a Tierra santa. José murió y no es su cuerpo lo que enterraron en Tierra santa sino únicamente sus huesos. Moisés no esto y no esto, es decir, ni su cuerpo ni sus huesos pudieron entrar y ser enterrados en la Tierra de Israel. ¿Por qué? Porque Jacob fue el primer esposo de la Matronita. Murió Jacob, ella se acopló a Moisés, y durante todo el tiempo que Moisés estuvo en este mundo, se ocupó de ella como es debido, y él fue su segundo esposo. El cuerpo entero de Jacob fue llevado a Tierra Santa, porque él mismo es el cuerpo. Pero José sólo sus huesos, porque estos huesos son las legiones –*tzevaot*– y los mensajeros de lo Alto, y todos provienen de ese justo, porque el justo es denominado «legiones». ¿Por qué razón? Porque todas las legiones y los mensajeros de lo Alto de él provienen, y por ello sus huesos que son las «legiones» fueron ascendidos a la Tierra. Moisés quedó afuera y no entró allí, ni su cuerpo ni sus huesos.

Después de su muerte, la Presencia entró en la Tierra y retornó a su primer esposo, y éste es Jacob. De aquí que la mujer que se casó con dos hombres, en Ese Mundo, el Mundo Venidero, regresa a su primer esposo. Por eso Moisés se quedó afuera, porque el primer esposo de la Presencia ya estaba en la Tierra. Porque Moisés mereció en vida aquello que Jacob no disfrutó hasta su muerte. Es decir, Jacob se acopló a la Presencia en Ese Mundo de allá, pero Moisés en este mundo. Y si dices que esto fue una carencia de Moisés, el no haber sido enterrado en al Tierra de Israel, no es así.

Sino que cuando Israel salió de Egipto se liberó del lado del Gran Jubileo, y los seiscientos mil integrantes del pueblo fueron redimidos de la esclavitud; y del Mundo de lo Alto (22a) eran conducidos, del Rostro de Lea, y de este modo recorrieron el desierto, pero ninguno de ellos entró en la Tierra, sólo sus hijos, sus descendientes, porque ellos eran la rectificación de la Luna, de Raquel, **y todo trabajo en la Tierra de Israel era la rectificación de la Luna.**

Moisés se acopló a la Luna mientras estaba aún dentro de un cuerpo, manejándola a su voluntad. Y cuando se liberó del mundo emprendió un ascenso supremo, llevado por el espíritu de Santidad. Y regresó con su espíritu al Gran Jubileo de lo Alto, y allí se apegó a esas seiscientas mil personas que estaban con él durante su travesía por el desierto. **Lo que no sucedió así con Jacob, que con su espíritu,** tras dejar este mundo, **regresó a la Remisión** –*Shmitá*–, **lo que no sucedió así en su vida debido a que tenía otra casa** con Lea.

Y la Tierra Santa fue rectificada con el poder de lo Alto, y por eso no corresponde que estén todos, es decir, Moisés, Jacob y José, **como uno. Esos que pertenecían al Mundo de lo Alto estaban solos, todos en su espíritu, y esos que pertenecían al Mundo de lo Bajo estaban solos, todos cuerpos. Y no correspondía que éstos y aquéllos estuvieran dentro de la Luna**, asociada con Raquel y con la Tierra de Israel. **Sino ésos dentro de la Luna y aquéllos fuera, para que iluminara a ésos desde adentro de aquellos** otros. **Y todos los que entraron a la Tierra de Israel tenían la forma de la generación precedente, pero carecían de su altura espiritual.** Los primeros asociados con Raquel, los segundos con Lea. **Porque no existirá ni existió generación alguna como aquellos antiguos a quienes se les mostró el resplandor de la Gloria de su Señor, cara a cara.**

Jacob se acopló a sus mujeres con su cuerpo. Después de irse de este mundo **se unió espíritu con espíritu. Moisés se separó de su mujer,** *Tzipora*, **y él se acopló con su cuerpo al espíritu de Santidad. Después** de su muerte, **unió su espíritu al espíritu supremo, supremamente oculto, y todos los niveles se apegaron como uno** y su nivel fue el más elevado de todos.

Es decir, **el espíritu de Moisés es del Jubileo, su cuerpo del año de Remisión** –*Shmitá*–. Por el contrario, **el espíritu de Jacob**

22a

se apegó a la Remisión, porque el cuerpo de Moisés era como el espíritu de Jacob, y sólo **su cuerpo fue de sus mujeres en este mundo.** Además, **todas esas luces de lo Alto**, de donde salieron las almas de Moisés y los de su generación, **tienen su forma debajo, en la Tierra,** en la generación del desierto. **Y todas dependen del firmamento del Cielo.**

Aquí, cuando la *Torah* se refiere a las dos luminarias y a las estrellas, **se encuentra el secreto de los dos Nombres unificados como uno,** es decir, el de Jacob, asociado con la luminaria menor, y el de Moisés, asociado con la luminaria mayor, **y su perfección es en el tres** sugerido por José, asociado con las estrellas, **y retornando al uno, frente a frente. Se trata del Nombre** de doce letras **inscrito y grabado, conformado por el secreto de la fe**, asociado con Biniamín.

«**Y dijo** *Elohim*: **Hagamos al hombre**» (Génesis 1:26). Sobre este versículo está escrito: «**El secreto de El Eterno es para aquellos que Le temen**» (Salmos 25:14), es decir, el misterio encerrado en este versículo sólo puede ser revelado a aquellos que verdadera y sinceramente Le temen. **Abrió ese Anciano de los ancianos y dijo: «Shimón, Shimón ¿quién es el que dice: "Y dijo** *Elohim*: **Hagamos al hombre"?».** Los sabios cabalistas enseñan que al repetir su nombre quiere significar que se le abre la puerta de ambos mundos, el inferior y el superior. Además: **¿Quién es aquí este** *Elohim*? **Entretanto el Anciano de los ancianos voló y no lo vio** más. **Cuando Rabbí Shimón oyó que era llamado Shimón y no Rabbí Shimón, dijo a sus compañeros: ¡Ciertamente era El Santo, Bendito Sea, sobre quien se dice: «El Anciano en días se sentó»** (Daniel 7:9). Y como he sido consultado desde lo Alto **ha llegado el momento de abrir ese misterio, porque ciertamente aquí hay un misterio** que no estaba permitido revelar, **pero ahora**, a partir de esta formulación suprema, **se entiende que hay permiso para revelarlo.**

Abrió Rabbí Simón **y dijo: «¿A qué se parece esto?» A un rey que tenía varios edificios para construir y tenía un artista,** un constructor o un arquitecto, **y este artista no hacía nada por su parecer, sino por el permiso del rey, como está dicho: «Yo seré para él un artesano» (Proverbios 8:30). Significa que **el rey es ciertamente la sabiduría suprema en lo Alto, y la Columna Central es el Rey en lo Bajo.** *Elohim* **es un artista en lo Alto, y es la Madre suprema;** *Elohim* **es un artista en lo Bajo, y es la Presencia de lo Bajo.** Es decir, **la esposa no tiene permiso de hacer por su parecer sin el permiso de su esposo, y toda construcción realizada en el camino a la Emanación –Atzilut–; el Padre decía a través de una locución a la Madre: que sea así y así, e inmediatamente así sucedía.** Tal como está dicho: «Y dijo *Elohim*, sea la luz, y la luz fue» (Génesis 1:3). Es decir: **el dueño de la construcción es el que dice, y el artista lo hace inmediatamente. Y así sucede con todas las construcciones en el camino a la Emanación –Atzilut–:** Él decía: «Que haya un firmamento» (ibid 6), «Que haya luminarias» (ibid 14), **e inmediatamente todo se llevaba a cabo.**

Cuando se terminó de crear el Mundo de Atzilut y se **llegó al Mundo de la Escisión** –el Mundo de la Creación, en el que ya existen seres tales como los ángeles y las almas–, **que es el de los entes diferenciados, dijo el artista al dueño de la construcción: «Hagamos al hombre a nuestra imagen, conforme a nuestra semejanza»** (ibid 1:26). **El dueño de la construcción dijo: ciertamente es bueno hacerlo así, pero en un futuro él pecará ante ti porque es necio. Como está escrito: «El hijo sabio regocija a su padre, el hijo necio entristece a su madre»** (Proverbios 10:1). **Ella dijo: puesto que su pecado concierne a la Madre y no al Padre, yo quiero que sea creado según mi imagen, como está escrito: «Y creó** *Elohim* **al hombre en Su imagen»** (Génesis 1:27). **Y no quiso que participara en ella el Padre.** Por eso, **cuando el hombre peca, ¿qué está escrito?** (22b): **«Por vuestras transgresiones vuestra madre ha sido repudiada»** (Isaías 50:1). **Es decir, el Rey dijo a la Madre: ¿No te dije que en un futuro pecaría? En ese momento lo desterró e él,** al hombre, **al exilio y a su Madre con él. Y por esto está escrito: «El hijo sabio regocija a su padre, el hijo necio entristece a su madre»** (Proverbios 10:1). **«El hijo sabio» es el hombre cuando va por el camino de la Emanación –Atzilut–, y «El hijo necio» es el hombre de la Creación –Briá.**

22b

Se incorporaron todos los compañeros y dijeron: «Rabbí, Rabbí, ¿es que existe separación entre el Padre y la Madre?» Es decir, **del lado del Padre el hombre va por el camino de la Emanación –Atzilut– y del lado de la Madre de la Creación –Briá.**

Rabbí Shimón **les dijo: compañeros, compañeros, no es así, pues he aquí que el hombre de la Emanación era masculino y femenino, del lado del Padre y la Madre, y esto es: «Y dijo** *Elohim,* **sea la luz. Y la luz fue».** Significa: **«sea la luz» es del lado del Padre, y «Y la luz fue» del lado de la Madre. Y así es el hombre de dos rostros. Pero ése,** el hombre de lo Bajo, **no tiene imagen** del lado del Padre **y semejanza** de la Madre, **sino que «Madre suprema» es un apodo** –kinui: *Kaf, Nun, Vav, Iod*– **y asciende al valor** numérico de *Elohim.* Y ese apodo es luz y es oscuridad, y es a causa de esa oscuridad que se encuentra en ese apodo, dijo el Padre que en un futuro habría de pecar el hombre de la Creación –Briá–, él que era luz, vestimenta suprema. Y ésta es la luz que El Santo, Bendito Sea, creó el día primero, que fue guardada para los justos.

En cuanto a la oscuridad que fue creada el día primero para los malvados, como está escrito en el versículo: **«Mas los malvados están inertes en la oscuridad»** (1 Samuel 2:9). **A causa de esta oscuridad que más tarde haría pecar a la luz, el Padre no quiso participar en ella,** la creación del hombre. **Y por ello dijo** *Elohim,* la Madre: **«Hagamos al hombre a nuestra imagen»** con lo cual se refiere a **esa luz, y «en nuestra semejanza»** se refiere a **esa oscuridad, que es una vestimenta para la luz, tal como el cuerpo es una vestimenta para el alma, como está escrito** en el versículo: **«Tú me has vestido de piel y carne»** (Job 10:11).

Todos los compañeros **se regocijaron y dijeron: «¡Feliz es nuestra porción que hemos merecido escuchar palabras que no se han escuchado hasta ahora!»**

Abrió Rabbí Shimón nuevamente con una enseñanza muy profunda **y dijo** con la intención de explicar el siguiente versículo: **«Ved ahora que Yo, Yo soy Él, y que no hay** *Elohim* **conmigo...»**

Sección de Bereshit

(Deuteronomio 32:39). Rabbí Shimón **dijo: escuchad compañeros las arcaicas palabras que quiero revelar después que recibí permiso de lo Alto para decirlas. ¿Qué significa que dijo: «Ved ahora que Yo, Yo soy Él»?** Sino que «Él» es la Causa que está por encima de todas las causas, mientras que lo llamado «la causa de las causas» es la causa de las causas, tal que ninguna otra causa no hará nada a menos que haya pedido permiso de la que se encuentra por encima de ella, como lo hemos explicado anteriormente a propósito de: «Hagamos al hombre». «Hagamos» ciertamente sobre dos fue dicho, que dijo esto al que está por encima: «Hagamos», y no actúa por sí mismo, sino con el permiso y el dicho de aquél que está por encima de él, y él que está por encima de él no actuará por sí mismo sin aconsejarse con su compañero que está más elevado. **Pero el que es denominado la Causa que está por encima de todas las causas, que no hay por encima de ella ni debajo de ella nada que se le iguale, como está dicho** en el versículo: **«A quién me compararéis y a quién me igualaréis, dijo el Santo»** (Isaías 40:25), **dijo: «Ved ahora que Yo, Yo soy Él y que no hay *Elohim* conmigo»,** de quien puede solicitar consejo, tal como el que dice: «Y dijo *Elohim*: hagamos al hombre».

Se incorporaron todos los compañeros y dijeron: «Rabbí, otórganos permiso para hablar acerca de este asunto». Dijeron: «¿Y he aquí que no nos has explicado que lo que está por encima de la Causa de las causas dijo a la Corona: "Hagamos al hombre"».

Rabbí Shimón **les dijo: «que vuestros oídos escuchen aquello que vuestras bocas dicen. ¿Acaso no les he dicho ahora que existe aquello que es denominado "la Causa de las causas" y que no es lo que hemos llamado "la Causa que está por encima de todas las causas"?» Porque «la Causa que está por encima de todas las causas» no tiene un igual a quien pedir consejo de él. Porque ella es única, anterior a todo, y no tiene asociado** a nadie. **Es por esta razón por lo que está escrito: «Ved ahora que Yo, Yo soy Él y que no hay *Elohim* conmigo», de quien tomar consejo, porque no tiene igual ni asociado, y no es contado,** es decir, no pertenece a ninguna serie. También explicó que **existe un «uno» en sociedad, como el masculino y el femenino, del que se dice** en el versículo: «Porque lo ha llamado uno» (Isaías 51:2). **Mientras que Él es Uno sin ser contado, sin** nadie **asociado, y por eso dijo: «no hay** *Elohim* **conmigo».**

Se incorporaron todos los compañeros, **se prosternaron delante de él y dijeron: «¡Feliz el hombre cuyo Maestro se pone de acuerdo con él para revelar los secretos escondidos que no fueron revelados a los ángeles santos!»**

Les dijo Rabbí Shimón: «**compañeros, debemos completar el versículo, porque varios secretos ocultos hay en ese versículo**»: «... **No hay** *Elohim* **conmigo... Yo hago morir y Yo hago vivir**». «**Yo hago morir y Yo hago vivir**» está escrito **en referencia a las** *Sephiroth*: «**Yo hago vivir**», **del lado derecho, la vida, y** «**Yo hago morir**», **del lado izquierdo, la muerte. Y si no se ponen de acuerdo ambos** –la muerte y la vida– **en la columna central,** entonces **el juicio se oculta,** porque no se puede juzgar de un solo lado, **porque** la izquierda, la derecha y el centro **son** y están en una situación de **tres que son uno. Y a veces** (23a) **se ponen de acuerdo los tres** términos **para hacer el juicio, y aparece una mano extendida que recibe a los que retornan** al camino correcto –*teshuvá*–. **Éste es el Tetragrama,** las cuatro letras del Nombre y sus propias letras escritas del siguiente modo: *Iod*, *He*, *Vav*, *He*, que junto a las cuatro primeras letras suman catorce, valor numérico de la palabra *iad*, mano, **y es la Shekinah** –Presencia divina– **que se denomina «mano derecha», del lado del Jesed, y «mano izquierda» del lado del Rigor y «mano de** *Iod*, *He*, *Vav*, *He*» **del lado de la columna central. Cuando el hombre retorna** al camino de la verdad **esta mano lo salva del juicio. Pero cuando la Causa que está por encima de todas las causas es la que juzga, está dicho sobre esto: «Y no hay quien pueda librarse de mi mano»** (Deuteronomio 32:39).

Y además, tres veces aparece dicha en ese versículo la palabra hebrea *Aní*: «Yo», «Yo», «Yo» (Deuteronomio 32:39) **que tiene en ellas** las letras hebreas *Alef*, *Alef*, *Alef* y *Iod*, *Iod*, *Iod*, **sugeridas en** *Iod*, *Hi*, *Vav*, *Hi*, y *Iod*, *He*, *Vav*, *He*, **y hay en ellos,** en cada uno

SECCIÓN DE BERESHIT

de estos Nombres, **tres letras Vav: Vav, Vav, Vav, las que surgen de las tres palabras «Y Yo hago vivir», «Y Yo», «Y no hay», sugeridas en estos Nombres.**

Y con todo esto, este versículo fue explicado por los compañeros sobre los «otros elohim», los otros dioses, como está escrito sobre ellos: «*Aní Vaho*», «Y no hay elohim conmigo»: es Samael y el Najash, la serpiente. Las palabras «Yo hago morir y Yo hago vivir»: «Yo hago morir» con mi Presencia a quien es culpable, «y Yo hago vivir» a través de ella a quien es inocente. «Y no hay quien pueda librarse de mi mano», es la mano de El Eterno, que es *Iod He Vav He* y *Iod, He Vav He*. Es decir, *Kaf, Vav, Zain, Vav; Bet, Mem, Vav, Kaf, Samej, Zain,* y *Kaf-Vav-Zain-Vav,* que totaliza catorce letras, el valor numérico de la palabra «mano» –*Iad*–. Y todo lo explicado **es verdad. Pero lo dicho sobre la Causa suprema que está por encima de todas las causas, y su secreto no ha sido transmitido a todo sabio o profeta.**

Ven y **observa cuántas causas están ocultas, porque éstas se revisten y éstas están dirigidas por las** *Sephiroth*, **y las** *Sephiroth* **son su carruaje ya que permanecieron ocultas al pensamiento de los hombres, y sobre esto dice** el versículo: **«Porque sobre el más alto vigila otro más alto** y uno más alto está sobre ellos» (Eclesiastés 5:8). Es decir, **éstas son las luces que brillan unas sobre las otras; las que reciben la luz son más oscuras que las que se encuentran sobre ellas, porque de ellas reciben. Pero la Causa que está encima de todas las causas, ninguna luz existe por ella, porque todas las luces se oscurecen ante ella.**

Otra explicación acerca del versículo: **«Hagamos al hombre a nuestra imagen, conforme a nuestra semejanza». He aquí que los compañeros lo explicaron sobre los ángeles de servicio.** Es decir, que «*Elohim*» en este caso se refiere a los mismos ángeles. **Ellos,** los ángeles, **dijeron este versículo.** Rabbí Shimón **les dijo: después que ellos,** los ángeles, **saben lo que fue y lo que será** en el futuro, **y ellos saben entonces que el hombre habrá de pecar, ¿por qué quisieron que se hiciera** al hombre? **Y no sólo** esto, **sino que Aza**

23a

y Azael también acusaron y se opusieron a la creación del hombre **cuando la Presencia** –*Shekinah*– **propuso al Santo, Bendito Sea: «Hagamos al hombre». Dijeron** Aza y Azael: **«¿Qué es el hombre para que lo conozcas?»** (Salmos 144:3). Es decir: **«¿Por qué quieres crear un hombre cuando conoces que en un futuro pecará ante ti por su esposa, porque ella es oscuridad? Porque la luz es** considerada **masculina y la oscuridad femenina, la izquierda, la oscuridad de la Creación». En ese momento la Presencia** –Shekinah– **les dijo: «Eso que ustedes acusan en** el hombre **causará en un futuro vuestra propia caída»,** como está escrito: **«Los hijos de** *Elohim* **vieron que las hijas del hombre eran bellas»** (Génesis 6:2). **Por eso se confundieron,** pecaron, **y la Presencia los hizo descender de su Santidad.**

Los compañeros dijeron: «Rabbí, Rabbí, Aza y Azael en realidad no mintieron, porque es cierto que el hombre en un futuro pecaría a causa de lo femenino». Rabbí Shimón **les dijo: «Así dijo la Presencia: "Vosotros,** Aza y Azael, **habéis hecho acusaciones ante Mí más que las Legiones de las Alturas. Si fuerais mejores que el hombre en vuestras acciones, tendríais derecho a acusarlo. Pero él en un futuro caerá a causa de una mujer y vosotros a causa de numerosas mujeres,** es decir, **vuestros pecados son más numerosos que el de los hombres, como está escrito** en el versículo: **'Vieron los hijos de** *Elohim* **a las hijas del hombre...': 'la hija del hombre'** en singular **no está dicho sino 'las hijas del hombre'** en plural. **Y no sólo esto sino que si un hombre peca, he aquí que le anticipé** la posibilidad del **retorno a su Señor para rectificar lo que ha pecado:** la *teshuvá*"**».

Le dijeron los compañeros que si era así ¿para qué todo esto de la creación del Mal Instinto, que inclina al hombre a pecar, sabiendo que al fin habrá de retornar al camino de la verdad y arrepentirse? **Rabbí Shimón dijo a sus compañeros que si no hubiese sucedido así que creó El Santo, Bendito Sea, el Buen Instinto y el Malo, que son la luz y la oscuridad, no hubiese habido mérito ni pecado para el hombre de la Creación** –*Briá*–. **Sino que fue creado con ambas** tendencias para darle libre albedrío y la posibilidad de elegir entre el camino del bien o el contrario. **Y debido a esto** se escribe de modo muy claro: «**Mira, Yo he puesto hoy delante de ti la vida** y el bien, la muerte y el mal» (Deuteronomio 30:15).

Le dijeron nuevamente: «**¿Pero para qué todo esto? ¿No hubiera sido mejor si** el hombre **no hubiese sido creado? ¡No hubiese pecado ni provocado todo lo que provocó en lo Alto, y no habría para él ni castigo ni recompensa!**». Les dijo: «**Por el juicio hubo de ser creado así, porque la** *Torah,* del Mundo de la Creación y no del Mundo de la Emanación, **fue creada para él,** como está escrito que **con ella se castiga a los malvados y se recompensa a los justos, y** sin el libre albedrío **no hay recompensa para los justos y castigo para los malvados**». Pero debido al hombre de la Creación está indicado en el versículo: «**Él no ha creado** la Tierra **para el Tohu, Él la ha formado para que fuera habitada**» (Isaías 45:18).

Dijeron los compañeros: «**Ciertamente hemos escuchado ahora lo que no escuchamos hasta el momento**». Es decir, que **ciertamente El Santo, Bendito Sea, no creó nada innecesario.** Y no sólo esto, **sino que** hay otra explicación adicional al por qué el hombre fue creado con las dos tendencias: **la** *Torah* **de la Creación** *–Torah de Briá–,* la cual incluye el castigo y la recompensa, (23b) **y ella es la vestimenta de la Presencia** porque cuando el hombre estudia *Torah* como corresponde, es como si vistiera y adornara a la Presencia, **y si el hombre no hubiese sido creado, en un futuro la Presencia quedaría sin vestimentas, como un indigente.** Además, cuando El Creador vio que el mundo no podía existir ni perdurar sin la *Torah,* entonces la hizo surgir del estado de potencia del Mundo de Atzilut, al estado de acto del Mundo de Briá, lo cual es como una vestimenta para los secretos y misterios de la *Torah* que se encuentran enraizados en el Mundo de Atzilut. **De modo que aquel que comete un pecado, es como si despojara a la Presencia de sus vestimentas, y ése fue el castigo de Adam. Y todo el que cumple los preceptos de la** *Torah,* **es como si cubriera a la Presencia con sus vestimentas. Y debido a esto lo explicaron** en el siguiente versículo **en relación con la cubierta de los flecos** *–tzitzit–* **y las filacterias** *–tefilin–* que recubren a la Presencia: «**Porque ésa es su única ves-**

23b

timenta –alude a los *tzitzit*, precepto sobre el que también recae el término «vestimenta»–; **es su ropa para su piel,** –alude a las filacterias, que son de cuero– **¿con qué se acostará?,** y será que si clamare ante Mí, escucharé, pues Yo soy compasivo» (Éxodo 22:26), todo esto **durante el exilio** de la Presencia divina. **Esto ya ha sido explicado.**

Ven y **observa: la oscuridad es lo negro de la** *Torah* **de la Creación;** es decir, los 365 preceptos negativos, y **la luz** del Mundo de la Creación **es lo blanco de la** *Torah* lo cual alude a los 248 preceptos positivos de la *Torah*.

Y si la plegaria no es perfecta, numerosos ángeles destructores se lanzan en su persecución para impedir que la misma ascienda hasta las puertas del Maljut y de allí continúe su ascenso hasta los mundos superiores, **como está escrito: «Todos sus persecutores la han alcanzado...»** (Lamentaciones 1:3). **Y por eso se pronuncia en el rezo** de la noche, *Arvit*, o más exactamente antes de comenzarlo, el versículo: **«Pero Él, Misericordioso, perdona la iniquidad** y no destruye; con frecuencia Él retira Su furor y no da rienda a toda Su ira» (Salmos 78:38), ya que al comenzar la noche, el Maljut desciende al Mundo de la Creación, y entonces comienza el dominio de las cáscaras o klipot. Por eso se anticipa este versículo, con la intención de anular a las cuatro klipot, sugeridas por los términos Iniquidad, Destructor, Iracundo y Furioso. La palabra hebrea *«avón»*, iniquidad, del versículo anterior, **es Samael que es la serpiente.** Más exactamente, «avón» es la cabeza de las klipot de la cual se nutren todas las demás. Y acerca de la continuación del mismo versículo se enseña: **«Y no destruye»** (ibid): **es el** ángel **Destructor. «Y aparta muchas veces Su ira»** (ibid): **es el** ángel **Iracundo; «con frecuencia él retira Su furor»** (ibid): **es el** ángel **Furioso.** Es decir, nosotros pronunciamos esta oración **para que** estos ángeles asociados con las klipot detalladas **no persigan a la plegaria** y no detengan su ascenso. **Y numerosos ángeles destructores están pendientes de estos** cuatro ángeles, asociados con las cuatro cáscaras o klipot: **son siete encargados y de éstos dependen setenta**, que aluden a los encargados espirituales de las setenta naciones. **Y en todo firmamento y firmamento éstos acusan y dependen de ellos setenta mil miríadas** de ángeles.

Pero si la plegaria se eleva perfecta, con el *Talit* envuelto y las filacterias –*tefilín*– **sobre la cabeza y el brazo,** los cuales son la vestimenta de la *Shekinah*, como se ha explicado, **se dice sobre esto: «Todos los pueblos de la Tierra verán que el Nombre de El Eterno es invocado sobre ti y te temerán»** (Deuteronomio 28:10): **el Nombre de El Eterno corresponde a las filacterias de la cabeza, y aquel** de los perseguidores y acusadores que **percibe ese Nombre sobre la cabeza en el momento de la plegaria, que corresponde al nombre Adonai,** entonces **inmediatamente todos huyen, como está escrito: «Que miles caigan a tu lado»** (Salmos 91:7).

Jacob, como vio por inspiración divina la opresión del último exilio, al fin de los días, entonces: **«Jacob tuvo gran temor y se angustió»** (Génesis 32:8), **y dividió al pueblo santo en el exilio en tres partes, como está dicho: «Y puso a las siervas y sus niños delante»** (ibid 33:2), es decir, **a la cabeza durante el exilio de Edom; «y a Lea y sus niños últimos»** (ibid); **«y a Raquel y a José últimos». Y como vio después de esto la pobreza y las aflicciones de ellos, dijo** al Creador a modo de plegaria: **«Y si volviese en paz a casa de mi padre»** (ibid 28:21), es decir, salvándonos del exilio y regresando prontamente a la Tierra de Israel, **y también dijo: «Y me diere pan para comer y ropa para vestir»** (ibid 20), solicitando que incluso estando en el exilio El Creador no deje de otorgar lo mínimo a su pueblo.

David, sobre el mismo **exilio** y su dolor, **dijo: «Este pueblo ha sufrido hambre, fatiga y sed en el desierto»** (2 Samuel, 17:29), es decir, «hambre», en correspondencia con los más sencillos del pueblo, «fatiga» en correspondencia con los que estudian la *Torah* revelada, y «sed» en correspondencia con los que estudian la *Torah* oculta, **debido a que observó a la Presencia desecada y reseca, tomó para sí Su desgracia,** como identificándose y participando con ella. **Después**

que observó que los integrantes de **Israel volverían** del exilio **con regocijo, compuso diez tipos de melodías** (*véase* Talmud, tratado de *Pesajim* 117a), que aparecen en el libro de los Salmos –*nitzuaj, ningún, maskil, mizmor, shir, ashrei, tehilá, tefilá, hodaá, aleluya*– **y al final de todas dijo: «Plegaria del pobre cuando está abatido»** (Salmos 102:19), en alusión al Maljut, el cual es la plegaria, el menor de todos los niveles. **Y esta plegaria envuelve a todas las plegarias anteriores, hasta que entra su rezo** ante el Rey, **y debido a esto el rezo del pobre anticipa a todas** las demás plegarias. En El Zohar *Jadash* se enseña que David observó que todas las plegarias se presentaban ante el Rey pero no entraban, hasta que llegó la plegaria del pobre, razón por la cual anticipó ésta a las demás.

¿Y cuál es la plegaria del pobre? Es el rezo de la noche –*Arvit*–, **que es un dominio en sí mismo, sin consorte**, ya que durante este rezo no se unen los aspectos espirituales masculinos y femeninos. **Y como no tiene consorte,** la plegaria **es pobre y seca** ya que el Maljut recibe todo de su esposo. **Y el justo, pobre, seco, es la descendencia de Jacob, que está bajo el dominio de todas las naciones del mundo y se asemeja al rezo de la noche que es la noche del exilio.** Ya que la esencia del exilio es cuando el Maljut se encuentra sola, sin su consorte.

El rezo del Shabbat, en el cual se lleva a cabo la copulación espiritual de los aspectos masculino y femenino, **es la caridad** –*tzedaka*– que se da **al pobre. Como lo interpretan los Maestros de la Mishná** (*Taanit* 8b): **«El Sol del Shabbat es la caridad de los pobres».** Es decir, la luz del aspecto masculino ilumina en Shabbat y la Presencia divina se transforma en «*tzedaká*», a pesar de haber sido pobre durante todos los días de la semana. **Y por eso el hombre debe ser él mismo como un pobre ante el portal del Rey durante la plegaria de las Dieciocho bendiciones** –*Amidá*– **durante los seis días de la semana, a causa de la** angustia y el dolor de la **Presencia. Y se envuelve en el manto con los flecos** –*tzitzit*– **prescritos, como un pobre, y porta las filacterias como un indigente que espera delante de la puerta de Adonai** –Mi Señor–, y participa y se identifica con la *Shekinah*, también comparada con un pobre y un indigente, **pues este Nombre tiene el valor numérico de** *Heijal*, Palacio, **y que es** lo que solicitamos antes de comenzar a rezar: «Oh, Mi Señor –Adonai–, abre mis labios», lo cual alude que este Nombre, Adonai, abre las puertas de la plegaria.

Cuando abre la boca para el rezo nocturno, un águila desciende en los días de la semana y despliega sus alas para recibir esta plegaria nocturna. Y es el ángel **Nuriel**. Es llamado Uriel desde el lado de la Bondad –*Jesed*– y Nuriel desde el lado del Rigor –*Guevurah*– porque es *nur* –fuego– que quema, como está escrito en el versículo: «**Un río de fuego** –*nehar dinur*– **corría y brotaba**» (Daniel 7:10).

Y en el rezo matinal, un león desciende para recibir a esta plegaria **en sus brazos y sus alas, porque cada fuerza viviente** –*jaiá*– **tiene cuatro alas. Este** león **es** el ángel **Mijael**.

Y en el rezo de la tarde, es el toro el que desciende para recibir a la plegaria **entre sus cuernos y sus alas. Este toro es** el ángel **Gabriel**.

Y el día de Shabbat, es El Santo, Bendito Sea, quien desciende con los tres patriarcas para recibir a la única hija de ellos. Éste es el secreto del Shabbat: *She-bat*, **la hija única de él**, el Maljut.

En ese instante, las fuerzas de vida de lo Alto, que se denominan con el Nombre de *Iod, He, Vav, He*, abren y dicen: «Levantad vuestras cabezas ¡oh portales! y abrid las aperturas del mundo». En ese momento se abren siete Palacios: el primer Palacio es el del amor, el segundo es el Palacio del temor, el tercero es el Palacio de la compasión, el cuarto es el Palacio de la profecía del lente reluciente (24a), el quinto es el Palacio de la profecía del lente que no reluce, el sexto es el Palacio de la justicia y el séptimo es el Palacio del juicio. Y sobre estos seis primeros **está escrito:** *Bereshit bará shit* –En el principio creó seis– (Génesis 1:1), y *Elohim* **es el séptimo Palacio**, el del juicio. **Y así existen siete Palacios en lo Bajo.**

En paralelo a ellos el salmo (29) menciona **las siete voces de «Tributad a El Eterno»** –*havu LeHashem*– **y las dieciocho menciones** del Nombre de las cuatro letras, el Tetragrama, **que hay en él, a**

24a

través de las cuales El Santo, Bendito Sea, recorre por dieciocho mundos (*véase* Talmud, tratado de *Avodá Zará* 3b), tal como se describe en el versículo: «**Los carros de Dios se cuentan por veintenas de miles y millares de millares**» (Salmos 68:18), **que son las dieciocho miríadas de mundos. Y numerosos centinelas guardan los Palacios que reciben las plegarias, y cada plegaria no entra sin ser medida y pesada. Y no hay quien pueda mantenerse delante de la puerta de la plegaria** y detener su entrada, **acerca de la cual está dicho: «No será avergonzado cuando hablare con los enemigos en la puerta»** (Salmos 127:5), **que es la puerta del Rey. Porque la plegaria es un precepto –que es la Presencia– y la *Torah* –que es el Santo, Bendito Sea–, no debe haber separación entre ellos, y se debe elevar la *Torah* y el precepto con amor y temor.**

Porque todos los preceptos positivos y negativos, todos dependen del Nombre de *Iod*, *He*, *Vav*, *He*, el Tetragrama, **tal como se ha explicado este misterio** de acuerdo con el versículo: «**Mi nombre**» (Éxodo 3:15) **con *Iod He* suma el valor de 365 preceptos negativos** y «**Mi recuerdo**» (ibid) **con *Vav He*** suma el valor de **248, como los preceptos positivos. Y he aquí los 365** y los **248** preceptos de la *Torah*, que suman un total de 613 preceptos, *tariag mitzvot*. **Y estos** preceptos positivos corresponden con las **248 palabras de la lectura del Shema Israel,** plegaria central en la liturgia hebrea, **y devinieron del amor** de la letra *He* **y del temor de la letra *He*. Y por eso**, porque el número 248 es también el valor numérico de Abraham, cuya esencia es el amor, **establecieron** la siguiente plegaria: «**Quien elige a Su pueblo Israel con amor**». **Y estos** 248 preceptos positivos **están contenidos en Abraham, sobre lo que se dice** en el versículo: «**La descendencia de Abraham, mi amado**» (Isaías 41:8).

Israel, se elevó en la *Iod He Vav He*, y el misterio de la palabra Israel se elevó en el Pensamiento para ser creado.

La *majshavá* –pensamiento es el *notrikón* de «**pensó –*jashav*– el *ma*». Es decir, en él se encuentra el Nombre santo. Y gracias a Jacob, que es Israel, está dicho: «*Elohim* creó al hombre a Su imagen**» (Génesis 1:27), **según la forma de su Señor. La procreación,**

la vida y el sustento dependen del lado de la columna central, que es «Mi hijo, Israel, mi primogénito» (Éxodo 4:22) y que es también el Árbol de la Vida, el árbol que es alimento para todos (Daniel 4:9,12), **y por esto el alimento de Israel es la plegaria, la cual es considerada como un sacrificio** –*korván*–, pues acerca –*mekarevet*– el Maljut a su Marido. **Y en el exilio se dice**, es decir, Raquel a Jacob: «**Dadme hijos y si no yo moriré**» (Génesis 30:1). **Y la Presencia es el sacrificio del Santo, Bendito Sea, que la recoge con la derecha y la izquierda** como en un abrazo **y el cuerpo** como un acto de unificación.

Y cuando el rezo **se eleva hacia Él, es necesario incluir en él a todas las diez** *Sephiroth*, **porque «No hay Santidad con menos de diez». Y ésta es Su Santidad. Y por esto cuando el hombre quiere elevar su plegaria diciendo todas las letras**, incluye todos sus aspectos de puntos de melodías. **Y si la serpiente desea acusar al rezo** y no permitir que se eleve, **deberá hacerle para él,** para la serpiente, **una honda** para alejarla, **y el secreto de este tema** son los nombres de los signos de la melodía, *taamim: zarka, makaf, shofar, holej, segolta.*

Rabbí Shimón abrió su enseñanza **y dijo: «¡Seres de lo Alto, escuchad! ¡Seres de lo Bajo, reuníos! Maestros de la Ieshivah de lo Alto y lo Bajo. Profeta Elías, te conjuro, pide permiso y desciende aquí, una gran guerra se acerca. Y tú, Janoj, ángel Metatrón, descended aquí, tú y todos los maestros de la Ieshivah que están bajo tu mano, porque no en mi honor os convoco, sino para la Gloria de la Presencia».**

Rabbí Shimón **abrió** su enseñanza **como lo anterior y dijo: «***Zarka*, **ciertamente eleva la plegaria hasta el lugar sabido, como esa piedra de la honda es lanzada hacia el blanco». De la misma manera debe elevarse su pensamiento en su plegaria a esta corona, piedra ornada y coronada, como está dicho sobre ella** en el Talmud acerca del acto de reclinarse durante el rezo de las Dieciocho bendiciones: «**Todo el que se incorpora, se incorpora en el Nombre». Pues se debe elevarla hacia allí, a ese lugar al que se eleva hacia su marido, «y aunque una serpiente se enrolla alrededor del talón no interrumpe», pese a lo dicho sobre ella en el versículo: «Y tú lo herirás en el talón» (Génesis 3:15) ya que recién en los días de la llegada del Mesías la serpiente caerá totalmente. Es decir, **esta piedra,** la misma que en los días del Mesías destrozará la cabeza de la serpiente, **que es la** *Iod* **de Jacob, como está dicho sobre esto: «De allí, del Pastor, piedra de Israel»** (Génesis 49:24), por lo tanto **no interrumpirá** su ascenso, **y debe elevarla hasta el** *Ein Sof,* y al hacerla descender se le aplican las palabras del Talmud (*véase* Talmud, tratado de *Berajot* 12a): **«Todo el que se reclina, se reclina en Bendito…».** Entonces **se la debe hacer descender al** *Ein Tajlit,* final del Mundo de la Acción, **y no debe interrumpirla, ni en lo Alto ni en lo Bajo.**

En ciertos casos, él, su esposo, es representado por **la letra** *Vav,* **en el** nivel del **justo, en las seis partes de las dos piernas. Desciende hacia ella por las dos piernas.**

En ciertos casos, él, su esposo, es la *Vav* **en** el nivel de **los dos brazos, seis partes que ascienden hacia él por los dos brazos.**

En ciertos casos, él es el hijo del Padre y de la Madre, hijo de *Iod He,* **y hay que hacerla ascender hacia arriba, la** *He.* **Y cuando se eleva hacia allí, en ciertos casos él se invierte, la** *Vav* **por** *Iod Iod,* **como la forma de la** letra *Alef.* **Debe ser elevada** la plegaria hacia esa *He*, **porque se dice de ella: «La piedra desechada por los constructores era la piedra angular»** (Salmos 118:22).

Y cuando ella se eleva hacia lo Alto, hacia la Cabeza de todas las cabezas se eleva, y a causa de ella dicen los ángeles (24b)**: «¿Dónde está el lugar de Su Gloria?».**

Y cuando se eleva hacia la *Alef* **de esta manera**: –como media *Alef* a la que le falta la parte inferior–, **es una corona** de letra –*taga*– **sobre la cabeza de la** *Alef,* **una diadema en su cabeza, una corona. Y cuando ella desciende** hacia la *Alef,* **un punto en lo bajo y se adorna, desciende hacia él de esta forma:** –media *Alef* a la que falta la parte superior–. **Y cuando se eleva se denomina corona, según el secreto de los signos de cántico,** en este caso un *Revii,* o según las vocales un *Jolam,* **y cuando desciende se denomina**

punto, como el *Jirik*. Y cuando se une a ella es una letra *Zain*, que contiene el signo de la alianza que es el siete en relación a todo: es decir, la letra *Zain* es una letra *Vav* con su corona.

Ciertamente esta piedra, el Maljut, **es la que construye todos los mundos**. Y por esto está escrito: «Te harás una pesa exacta y justa» (Deuteronomio 25:15). **Ella es la medida entre cada *Sephirah* y *Sephirah*, porque en cada *Sephirah* ella alcanza la cifra diez**, el final de cada una de las *Sephiroth*, **que es su dimensión, la *Vav*, y a través de ella deviene un codo en diez codos de largo entre cada *Sephirah* y *Sephirah*,** misterio de lo dicho en el versículo: «Diez codos de largo la plancha…» (Éxodo 26:16). **Y entre todos hay cien codos,** es decir, **diez entre cada parte y parte, y diez veces asciende a la medida de cien codos y la inversión de** la palabra *mea*, cien, es *amá*, codo.

Cada medida y medida es denominada un mundo, y las *Iod* y *Vav* son la dimensión y la medida: la *Vav* es el equilibrio y la *Iod* es su medida; la dimensión de la medida es de cinco codos de largo y cinco codos de ancho, y esto en correspondencia con la dimensión de cada firmamento que tiene quinientos años de largo y quinientos años de ancho, y que son la primera *He* y la segunda *He* del Tetragrama.

He aquí la dimensión del cuerpo –*shiur komá*– en las letras *Iod*, *He*, *Vav*, *He*: la letra *Vav* es «el firmamento de los Cielos», sus cinco firmamentos, y estos cinco son denominados los cinco Cielos, cinco firmamentos incluidos en los Cielos, cinco superiores denominados los «Cielos de los Cielos» y son cinco de cinco. La *Vav* representa su sexto firmamento, la *Iod* su séptimo. Son siete dentro de siete y suman catorce. Y así existen siete tierras, siete sobre siete, como cáscaras de cebolla y todas están aludidas por los dos ojos.

La *Iod* es denominada «mundo pequeño», la *Vav* «mundo largo». Quien desea solicitar sus demandas al «mundo largo» debe prolongarlas a su plegaria, **y todo el que solicita al «mundo corto» debe acortarlas. Y sobre esto se explica** lo que enseñan los sabios del Talmud (*véase* Talmud, tratado de *Berajot* 11a) acerca del rezo: «**En el sitio en el que dijeron acortan, el hombre no puede prolongar**». Un ejemplo bíblico de **acortar su rezo** es el ruego de Moisés por su hermana, Miriam: «**Te ruego, Dios, cúrala, por favor**» (Números 12:13), es decir, **en el punto de la *Iod*.** Por lo contrario, como ejemplo de casos en los que le convenía **prolongar la plegaria e** incluso **prosternarse**, referiremos el siguiente episodio sucedido a Moisés: «**Él se prosternó delante de El Eterno como la primera vez, durante cuarenta días y cuarenta noches**» (Deuteronomio 9:18). **Todo es *Mem* con la *Iod*, punto en el medio, transformándose en agua** –*maim*–. Es decir, cuando a dos letras *Mem* se les agrega una letra *Iod* en el medio, la palabra hebrea que se forma es *maim*, agua. **Y del lado de la Bondad –*Jesed*– debe prolongarse el rezo**, tal como lo hizo Moisés.

Y con respecto al Nombre sagrado, asciende *Iod*, *He*, *Vav*, *He* con el signo de sonido *revii* **y debe prolongarse en esta vocal, y éste es el misterio de** uno de los sonidos del Shofar, **la *tekiá*, acortando del lado de** otro de los sonidos del mismo, *shevarim*, **que** representa a la Guevurah. **En cuanto al término medio, que no se encuentra ni en el** sonido **corto ni en el** sonido **largo, corresponde a** otro de los sonidos, **la *truá* de la columna central, que es la cadena –*shalshelet*– constituida por los dos tipos** de modulaciones mencionadas, **el santo equilibrio.**

En correspondencia con el *revii* en los signos de sonido, que se eleva, existe el *jolam* entre las vocales, pero *shevarim* corresponde con la vocal *shvá*. **Éste quiere hacer ascender la voz y aquél quiere hacerla descender. Y es por esta razón por lo que**, como el rezo debe pronunciarse en voz baja, es considerada como **estos *shevarim* que son en silencio.**

La Presencia de lo Bajo y con voz inaudible, como está dicho: «Su voz no puede ser escuchada» (1 Samuel 1:13). En lo que concierne al sonido llamado *truá*, **es la cadena –*shalshelet*– que reúne a los** otros **dos** sonidos. **Y existe uno como la forma del Firmamento que prolonga en él la palabra, y es** la vocal que es **el punto *jirik*, similar al *jolam*. No hay punto vocal que no tenga su forma como el de los signos de cántico: el *segol* corresponde**

al signo de respiración *segolta*; el *shvá* al signo *zakaf gadol*. A todos se les encontrará puntos vocales semejantes a los signos de cántico, para el que conoce los misterios ocultos.

Rabbí Shimón **abrió** su enseñanza **y dijo:** a propósito de los signos de cántico *zarka makaf shofar holej segolta,* los cabalistas enseñan que *zarka* está asociado al Maljut, *makaf* a la Jojmá, *shofar* a la Biná, y *segolta,* conformada por tres puntos, a Jesed, Guevurah y Tiferet. **La vocal** *pataj* **que está a la derecha, denota** el hecho de que «El Eterno reinaba» desde siempre; **la vocal** *segol***, que está a la izquierda, denota** el hecho de que «El Eterno reina» en tiempo presente, **y en el centro**, representado por la vocal *shuruk*, está «El Eterno reinará» en lo Bajo. Rabbí Aja dijo: «El Eterno reinaba» es el Mundo de lo Alto, «El Eterno reina» es el Tiferet, y «El Eterno reinará» es el Arca de la Alianza.

Acerca del versículo **«Éstas** *–ele–* **son las generaciones de los Cielos y la Tierra** cuando fueron creados el día que El Eterno Dios hizo la Tierra y el Cielo» (Génesis 2:4), enseñamos que sus iniciales conforman la palabra hebrea Tohu. Además, **he aquí que explicamos** en base al Midrash (*Bereshit Raba* 12:3), **que cada sitio en el que está escrito: «***ele***»** –éstas–, sin el agregado de la letra Vav anterior, como «*Veele*», el significado es que **anula a los primeros,** es decir, a lo dicho inmediatamente antes. Y en este caso, entonces, ¿qué viene a anular? ¿Acaso a la obra de Creación que acaba de concluir y sobre la que se declara expresamente que era «buena»? No, sino que la expresión *«veele»* de este versículo viene a anular **lo generado originalmente del Tohu, lo cual es sugerido por el segundo versículo** de la *Torah*: **«La Tierra era Tohu y Bohu»,** y oscuridad y abismo, cuatro palabras que representan a las cuatro raíces de las cáscaras o klipot, las cuales también son asociadas por los sabios con los cuatro exilios de Israel bajo el sometimiento de los reinos de Babilonia, Persia, Grecia y Roma. **Y sobre estos** mundos de Tohu **está dicho** (*Midrash Raba* 9:2) **que El Santo, Bendito Sea, creaba mundos y los destruía,** hasta crear nuestro mundo, lo cual se considera la raíz de la Ruptura de las Vasijas, **y por esa**

24b - 25a

razón la Tierra, que es el Maljut, **estaba** *tohaá* **y** *vohaá*. Es decir, absolutamente sorprendida y estupefacta: ¡¿Por qué?!: **«¿Por qué El Santo, Bendito Sea, creaba mundos para destruirlos** después? **¡Hubiera sido mejor no crearlos! Sino que ciertamente aquí hay un misterio** muy profundo, ya que si así actuó El Creador esto es evidentemente para bien. **¿Qué es** y qué significa **«y los destruía»? ¡El Santo, Bendito Sea no destruye la obra de sus manos,** y resulta evidente que esto debe tener alguna finalidad útil y positiva! **Y no sólo** esto, **sino** que esta misma idea aparece en referencia a **estos Cielos, sobre los que está dicho: «Los Cielos se borrarán como un humo»** (Isaías 51:6), es decir, **El Santo, Bendito Sea hace y borra.**

Pero el misterio de este tema es que El Santo, Bendito Sea, creó el mundo, y lo creó mediante la *Torah*, **como se ha enseñado** en el Midrash acerca de *Bereshit* –«En el principio» (Génesis 1:1)– **sobre lo que fue dicho: «El Eterno me poseía** –a la *Torah*– **al principio** –*reishit*– **de Su camino»** (Proverbios 8:22), es decir, al principio ya poseía el modo de crear mundos del modo más perfecto; **con ese** *reshit*, la *Torah*, **Él creó los Cielos y la Tierra, y Él los sostiene a través de ella, porque el Pacto** –*brit* – **está escrito** en las letras de **«En el principio»** –*Bereshit, brit*– *esh*, Pacto de fuego. **Y está dicho sobre él: «Si no hubiese hecho un pacto con el día y la noche,** no hubiese establecido las leyes de los Cielos y la Tierra» (Jeremías 33:25). Se comprende entonces el por qué apegó el término «*bereshit*» al Cielo y la Tierra. **Y de ellos está dicho: «Los Cielos, los Cielos son de El Eterno»** (Salmos 115:16), **y ella** «la Tierra» **es la Tierra de la vida**, el Maljut, la cual es entregada a los hombres para que realicen en ella su labor espiritual; y esta «Tierra» está **compuesta por siete tierras, a propósito de las cuales dijo el rey David: «Andaré ante El Eterno en las tierras de la vida»** (Salmos 116:9).

Y creó los Cielos y la Tierra después (25a) en base al Tohu, en referencia a la creación de las cáscaras o klipot del Otro Lado, **y no hay allí fundamento**, *Iesod*, **que sea un pacto que los sostenga**, por ser incapaces de reproducirse, tal como aclaramos que al aspecto masculino del Otro Lado se lo considera castrado, a diferencia de los «Cielos y la Tierra» primeros, los cuales fueron rectificados. **Y por**

ello **El Santo, Bendito Sea, quiso dar la** *Torah* **a las naciones del mundo, porque ella es el Pacto de circuncisión** concretamente, **pero no quisieron aceptarla, y la Tierra permaneció desolada y reseca.** Pero con respecto al lado de la Santidad vemos que no es así, **y esto es** lo expresado en el versículo: «**Júntense las aguas que están debajo de los Cielos en un lugar y descúbrase lo seco**» (Génesis 1:9). Es decir: «**Júntense las aguas**» **es la** *Torah*; «**en un lugar**» **estos son** los hijos de **Israel debido a que sus almas dependen de ese lugar,** la Biná, **sobre el que está dicho: «Bendita sea la Gloria de El Eterno desde Su lugar»** (Ezequiel 3:12). Significa: «**La Gloria de El Eterno» es la Presencia de lo Bajo,** el Maljut; **y «desde Su lugar» es la Presencia de lo Alto. Y siendo que estas almas provienen de allí, es en ellas que ciertamente mora El Eterno. Y está dicho sobre ellas: «La parte de El Eterno es Su pueblo»** (Deuteronomio 32:9).

Y esto es lo sugerido por el versículo: «**Júntense las aguas... en un lugar**» (Génesis 1:9). **La** *Torah* **es el establecimiento del mundo, los pueblos** idólatras **del mundo que no la aceptan permanecen desolados y secos. Y esto es** lo enseñado por los sabios: «**El Santo, Bendito Sea, creaba mundos y los destruía», a estos que no guardan los preceptos de la** *Torah* **y no es que destruyese sus obras, como piensan los hombres. ¿Y por qué habría de destruir a sus hijos,** en referencia a las generaciones de Diluvio, la Torre de Babel y Sodoma? ¡Podrían haber retornado al camino correcto! **Sobre los que está dicho: «En su creación** *–behibaram*» (Génesis 2:4) es decir, **con la** *He* **Él los creó.**

Éstos entre las naciones del mundo que se convirtieron al judaísmo de modo parcial o no de un modo absolutamente auténtico, **por ellos la pequeña** *He* **de Abraham,** la que se agregó al nombre del patriarca, **cayó** en el exilio espiritual **en el quinto milenio, que es la** *He,* de valor numérico cinco y correspondiente a la quinta de las *Sephiroth, Hod*, **y se destruyó y se secó** el mundo hasta que llegó el quinto milenio, **se destruyó con** la destrucción **del primer Templo y se secó con** la destrucción **del segundo Templo.**

25a

Y Moisés, debido a que quiso introducir prosélitos que se mezclaron con el pueblo de Israel al salir de Egipto –*erev rav*– considerando que entre ellos había almas por rescatar, **bajo las alas de la Presencia, pensando que ellos habían sido creados por la *He*,** tal como lo señalamos acerca de los descendientes de las tres generaciones tronchadas, **les dio la letra *He* de Abraham, lo que le provocó un descenso** ya que ellos fueron los principales responsables de la construcción del becerro de oro, **como está dicho: «Ve, desciende, porque tu pueblo,** que has hecho salir de Egipto, **se ha corrompido»** (Éxodo 32:7) ya que a estas almas les resultaba imposible recibir la iluminación que Moisés les proporcionaba. **Y debido a que no recibieron**, o más exactamente, fueron incapaces de recibir **la letra *He* por temor** verdadero **a la *Iod* y por amor** sincero **a la *He*,** sino que lo hicieron debido a la caída estrepitosa de Egipto y la victoria de Israel, entonces Moisés **descendió del nivel en el que estaba, que era** el de la *Vav*, el nivel del Daat y Tiferet. **Y la** letra *Vav* **descendió con él,** para cuidarlo y protegerlo, **para que no se perdiera entre ellos, porque en el futuro él, de acuerdo con el secreto de la reencarnación, se mezclaría con la Mixtura de gente** –*erev rav*– **en el exilio** para rescatar las almas que corresponde y defender a Israel de ellos; ya que esta Mixtura de gente **son almas del lado de lo que está dicho: «Porque los Cielos se borrarán como un humo»** (Isaías 51:6). En pocas palabras, también aquellos que se convierten al judaísmo por razones externas o técnicas serán borrados por completo.

Y éstas son las personas **por las que Noé se negó a pedir misericordia por ellos** ya que rechazaban y se oponían a todo lo espiritual, **y está dicho sobre ellos: «Fueron borrados de la Tierra»** (Génesis 7:23), **porque provienen de aquellos de quienes está dicho: «Borrarás el recuerdo de Amalek»** (Deuteronomio 25:19). **Pero Moisés no se cuidó de ellos e hizo caer la *He* en su seno** por considerar que podría rectificarlos. **Y por esta razón**, por haber hecho caer la letra *He* del Nombre del Tetragrama, Moisés **no entró en la tierra de Israel,** sino que permaneció en el exilio junto con la Presencia **hasta que retornó a la *He* a su lugar. Debido a esto des-**

cendió él de su nivel, y descendió con él la *Vav*. Y por eso la *He* cae, pero la *Vav* la reincorporará, la *Vav* de Moisés. Pues así como Moisés redimió a Israel del exilio en Egipto, cuando llegue el Mesías, su alma se revestirá en el alma de Moisés, y entonces el líder de Israel también será redimido, recuperará su nivel perdido y las almas serán rectificadas, incluso las que puedan salvarse de la Mixtura de gente. Y debido a que la pequeña *He*, la *He* de Abraham, que es la de «*behibaram*», se empequeñeció él por ella, lo cual sugiere a la caída de la Presencia en el exilio, ya que si bien Abraham logró acercar a muchas almas a la Presencia divina, Moisés se apuró al intentar aproximar en su generación a los integrantes de la Mixtura de gente, y está dicho sobre esto: «Dirigió a Moisés hacia la derecha...» (Isaías 63:12), y la hace salir de allí gracias al poder de la letra *Vav* que siempre está con él. De inmediato se posa sobre ella las letras *Iod He*, pertenecientes al Nombre del Tetragrama.

Y de este modo, cuando en Nombre del Tetragrama se completa y sus letras quedan unidas, se cumple el juramento: «Una mano se ha levantado contra el trono de *Iod He*, guerra de El Eterno contra Amalek de generación en generación» (Éxodo 17:16).

¿Qué significa: «De generación en generación»? Se refieren a Moisés de quién está dicho: «Una generación se va, una generación viene» (Eclesiastés 1:4). ¿Y lo que explican los sabios (*Kohelet Raba* 1) que según el modelo de la generación que salió de Egipto, la generación del Desierto, «no hay generación con menos que seiscientos mil»? Y a pesar de la pregunta que se formula esto alude a Moisés sobre quien se ha dicho (*Shir Hashirim Raba* 1): «Una sola mujer en Egipto dio a luz seiscientas mil personas en un vientre», es decir, Iojeved, la madre de Moisés, quien dio a luz a un hijo considerado equivalente a seiscientas mil personas, su pueblo. También los sabios cabalistas enseñan que el alma de Moisés era un «alma general» que incluía a todas las almas de Israel.

Cinco especies son considerados parte de la Mixtura de gente, ya que, como su nombre lo indica, se trata de un conglomerado compuesto por cuatro cáscaras o klipot, además de la de Amalek:

los *Nefilim* –caídos–, quienes son los principales, y que fueron creados por la violación del pacto sagrado, es decir, las transgresiones sexuales; **los *Guiborim*** –héroes–, son consecuencia de la altanería y de la falta de humildad; **los *Anakim*** –gigantes–, también son consecuencia de una autoestima exagerada, y entre ellos gente de alto rango como el caso de los espías bíblicos de la Tierra de Israel; **los *Refaim*** –espectros–, son producto de las personas corruptas y que han trabajado muy poco su persona para mejorar sus defectos personales; **y los *Amalekim***, que son aquellos que se hacen pasar por israelitas agradables, generosos e inteligentes, tal el caso del malvado Bilam. Es sugerente destacar que las iniciales de todos ellos conforman la expresión hebrea «*nega ra*», plaga mala. **Y por ellos cayó la He pequeña de su lugar**

Los personajes bíblicos **Bilam y Balak provenían del lado de** la cáscara o klipá de **Amalek: quitad las letras *am* de Bilam y *lak* de Balak, y quedan** las letras de la palabra **Babel,** lo cual sugiere que provenían de las almas de la Torre de Babel, **porque allí «confundió El Eterno el lenguaje de toda la Tierra»** (Génesis 11:9). **Y éstos son los que permanecieron de aquéllos, sobre los cuales fue dicho: «Y borró todo lo existente»** (Génesis 7:4). Los sabios cabalistas enseñan que «los que permanecieron» son los descendientes de Jam, el padre de Canaán, como está dicho: «Y los hijos de Jam: Kush y Mitzraim». Y Kush tuvo por hijo a Nimrod, que fue un valiente cazador en la Tierra, haciendo revelar a todo el mundo contra El Eterno con el consejo de la generación de la Torre de Babel. Es decir, «cazaba» las mentes de las personas, desviándolas del camino correcto. Y ésta es la raíz de Amalek, el cual debe ser borrado de debajo de los Cielos.

Y de estos que permanecieron de estos otros **durante el cuarto exilio, son las cabezas,** es decir, los dirigentes en el actual exilio espiritual, los líderes que odian a los temerosos de Dios, **y su existencia es grosera y éstos existen sobre Israel por la fuerza de las armas** y el hurto. **Y sobre ellos está dicho: «Porque la Tierra está llena de violencia a causa de ellos»** (Génesis 6:11). **Tales son los amalekitas** que deben ser borrados de sobre la faz de la Tierra.

Los *Nefilim*, sobre ellos se dice: «Los hijos de *Elohim* vieron que las hijas del hombre eran bellas» (Génesis 6:2). Ellos son la segunda especie de las cinco, de estos *Nefilim* de lo Alto. Porque cuando quiso El Santo, Bendito Sea, hacer al hombre, y dijo «Hagamos al hombre a nuestra imagen» (Génesis 1:26), **quiso hacerlo la cabeza sobre los seres de lo Alto**, de los ángeles, **para que sea él el encargado sobre todos y que éstos sean dirigidos por él,** es decir, la intención era que los actos del hombre, al comportarse como un justo, influyeran y dominaran sobre los mundos más excelsos, pero el pecado del Primer Hombre lo impidió. De todos modos, también en nuestros días existen justos que poseen en potencia este nivel de influencia, pero la generación no les permite expresarla en acto debido a la extrema materialidad de este mundo. Sin embargo, el plan original era el antes descrito, **tal como José,** denominado «el justo», **de quien está escrito: «Ordenó funcionarios en la Tierra»** (Génesis 41:34), lo cual demuestra que el justo José dominaba a su voluntad.

Pero **estos** seres, los *Nefilim*, **quisieron acusarles y dijeron** en los mundos superiores para evitar que fuera creado: **«¿Qué es el hombre para que de él te acuerdes...?»** (Salmos 8:5), y lo coloques a la cabeza de los ángeles, **ya que en el futuro pecará ante Ti».** El Santo, Bendito Sea, les dijo: **«Si vosotros hubiéseis estado en lo Bajo como él,** en el mundo físico e influenciados por la Tendencia al Mal, **hubieseis pecado más que él».** Por eso El Creador los hizo descender de su nivel durante la generación de Henos, e **inmediatamente** se describen las consecuencias: **«Los hijos de *Elohim* vieron a las hijas del hombre...» y las desearon**, lo cual alude a que se descarriaron tras ellas y se prostituyeron, **y El Santo, Bendito Sea, los hizo caer a lo Bajo,** tras los Montes de la Oscuridad, **encadenados. Y éstos (25b), Aza y Azael, que de ellos provienen las almas de la Mixtura de gente, son los *Nefilim* que** también ellos **causaron su propia caída prostituyéndose tras bellas mujeres. Y por esto, El Santo, Bendito Sea, los hizo caer del Mundo Venidero, para que no tengan parte allí** en caso de realizar buenos actos. **Y les otorga su recompensa en este mundo, como** está dicho: «Él retribuye inmediatamente a quienes odia para perderlos...» (Deuteronomio 7:10). Es decir, les retribuye en vida su recompensa para no deberles absolutamente nada en el Mundo Venidero y poder castigarlos allí.

Los *Guiborim*, la tercera especie de la Mixtura de gente, sobre ellos está dicho en el versículo: «Éstos son los héroes, hombres de renombre» (Génesis 6:4). Y éstos son del lado de aquellos de la generación del la Torre de Babel, sobre los que está dicho en el versículo: «Edifiquémonos una ciudad... y hagámonos un nombre» (Génesis 11:3). De igual modo, éstos construyen sinagogas y casas de estudio y colocan en ellos un rollo de la *Torah* con una corona sobre ella; pero no lo hacen en nombre de El Eterno, sino para hacerse de un gran nombre y utilizar su fama y su poder entre los demás hombres, tal como está escrito en el versículo: «... hagámonos un nombre» (ibid). Y estos hombres que provienen del Otro Lado prevalecen –*mitgabrim*– sobre los miembros de Israel en el exilio, que son como el polvo de la tierra y les roban y destruyen su obra ya que estos miembros de Israel, al verse despojados de todo, abandonan su servicio a Dios y se alejan de todo aquello relacionado con Israel. Y sobre ellos está dicho en el versículo: «Las aguas se sobreponían –*gavrú*– cada vez más sobre la Tierra» (Génesis 7:19).

Los *Refaim*, la cuarta especie de la Mixtura de gente, si ven a Israel en aprietos, lo abandonan, y aunque tienen el poder de salvarlos, no lo hacen, lo cual demuestra claramente que no pertenecen al pueblo de Israel, cuyos miembros se caracterizan por la ayuda mutua. Y abandonan la *Torah* y tampoco ayudan a aquellos que se ocupan de ella, haciendo el bien a los idólatras. Sobre ellos se ha dicho en el versículo que incluso durante la Resurrección de los muertos ellos no resucitarán: «Las sombras –*refaim*– no se levantarán» (Isaías 26:14). En el tiempo que sea la redención de Israel está dicho acerca de ellos: «Toda su memoria será destruida» (ibid).

Los *Anakim*, la quinta especie de la Mixtura de gente, ellos desprecian a estos, los eruditos de la *Torah*, sobre los que está dicho en el versículo: «**La *Torah* es un adorno** –*anakim*– **en su cuello**» (Proverbios 1:9). **Y sobre ellos** –los *Refaim* y los *Anakim*– **está dicho: «Los *Refaim* serán considerados también ellos como los *Anakim*»** (Deuteronomio 2:11), es decir, **equivalen uno al otro** en sus pecados y en el modo en que serán castigados.

Estos cinco grupos que conforman la Mixtura de gente **son los que hicieron retroceder al mundo al Tohu y Bohu, según el misterio del tema** tratado en el versículo que en realidad se ocupa **de la destrucción del templo** por la Mixtura de gente: **«La Tierra era Tohu y Bohu»** (Génesis 1:2), **porque él**, el templo, **es** y representa **lo principal y el establecimiento del mundo**, del cual surge la vitalidad para todo aquello que existe y perdura. Pero **inmediatamente cuando vuelva la Luz** en los tiempos de la Redención, **que es El Santo, Bendito Sea, serán borrados del mundo y perdidos. Sin embargo, la Redención, ella no depende sino de** que se borre el recuerdo de **Amalek** de debajo de los Cielos, **hasta que sea borrado** totalmente, **porque acerca de él fue el juramento, como ya ha sido explicado** (Éxodo 17:14).

«Éstas –*ele*– **son las generaciones de los Cielos y la Tierra»** (Génesis 2:4), versículo que se relaciona con **éstos sobre los que se dijo** en otro versículo: **«Éste** –*ele*– **es tu dios, Israel»** (Éxodo 32:4). Es decir, por el método exegético de *gzerá shavá* se alude al becerro de oro, quienes no forman parte de «las generaciones de los Cielos y la Tierra». **Cuando éstos**, los integrantes de la Mixtura de gente **sean borrados** en un futuro al corregirse el pecado de la construcción del becerro de oro, **será como si ese día El Santo, Bendito Sea, hiciese los Cielos y la Tierra** nuevamente, **tal como está escrito** después de «Éstas –*ele*– son las generaciones de los Cielos y la Tierra»: **«El día que El Eterno Dios hizo la Tierra y los Cielos»** (Génesis 2:4). Es decir, **en ese tiempo, El Santo, Bendito Sea, estará junto con Su Presencia y el mundo se renovará, tal como está escrito** en el versículo: **«Porque así como los nuevos Cielos y la nueva Tierra…»** (Isaías 66:22). **Y esto es** lo que enseña el versículo: **«El día que** El Eterno Dios **hizo** la Tierra y los Cielos».

Es importante aclarar que en el lenguaje de los sabios, «hacer» también significa «rectificar».

Entonces **en ese tiempo** futuro, la época mesiánica, se cumplirá lo relatado en el versículo: **«El Eterno Dios hizo crecer de la tierra todo árbol delicioso** a la vista» (Génesis 2:9). **Pero antes de que esto** suceda, **hasta que éstos sean borrados,** es decir, las cinco especies de la Mixtura de gente y el pecado del becerro de oro rectificado, **la lluvia de** los misterios y secretos de **la** *Torah* **no caerá, y los hijos de Israel que**, de acuerdo con su nivel espiritual, **se asemejan a las hierbas y a los árboles, no florecerán** debido a la impureza y la persecución de la Mixtura de gente, **según el misterio del tema: «Y toda planta del campo antes que fuese en la tierra y toda hierba del campo»** (Génesis 2:5). Y esto porque **«no había hombre…»** (ibid), **que se refiere** a los integrantes de **Israel** realizando su servicio espiritual **en el Templo para «trabajar la tierra»** (ibid) **a través de los sacrificios.**

Otra explicación: «Toda planta del campo» se refiere al primer Mesías, el Mesías proveniente de la casa de David, **«antes que fuese en la Tierra»,** es decir, antes de revelarse, **«y toda hierba del campo antes que naciese»** (ibid), **es el segundo Mesías**, el Mesías proveniente de la Casa de José. **¿Y por qué** no se revelaron estos dos Mesías? **Porque Moisés no estaba allí** para revestirse en ellos y **para servir** y rectificar **a la Presencia, sobre la que está escrito:** «Ni había hombre –Moisés– **para trabajar la tierra** –la Presencia» (ibid). **Y éste es el misterio del tema** expuesto en el versículo: **«No será apartado el cetro de Judá»** (Génesis 49:10), **es el Mesías, hijo de David,** lo cual nos indica que permanecerá para siempre; **«ni el legislador de entre sus descendientes»** (ibid), **es el Mesías, hijo de José; «hasta que llegue Shiló»** (ibid) que en realidad **es Moisés,** ya que el Mesías de la Casa de David poseerá la raíz espiritual de Moisés, lo cual queda evidenciado en el hecho de que **el valor numérico de éste es como el de aquél** –345–: Shiló y Moisés. Es decir, los niveles que no pudo lograr Moisés debido a que se acercó antes de tiempo a la Mixtura de gente, los alcanzará al revestirse de Mesías, hijo de David. **«Hacia él se reunirán los pueblos»** (ibid), que en hebreo es «*velo ikhat amim*», **letras** que forman las palabras **de** *velevi kehat,* **Levi y Kehat,** que son el padre y abuelo de Moisés.

Otra explicación: «Toda hierba del campo» son los justos que proceden del lado del Justo Viviente de los mundos. Es decir: la palabra hebrea *siaj*, «hierba», puede leerse *shin-jai*: la letra *Shin* representa **las tres ramas del árbol, y son los tres patriarcas que provienen del Viviente** –*Jai*– **de los mundos.**

En otras palabras: en el versículo **«todas hierba** –*esev*– **del campo»** (Génesis 2:5), aparece la palabra *esev* compuesta por las letras que también pueden ser leídas como *Ain Bet y Shin,* palabra en la que se alude a **tres hojas que son** la letra *Shin*, y que conforman la unificación del Nombre: *Iod-Alef-He-Dalet-Vav-Nun-He-Iod*, es decir, la unificación e intercalación de los Nombres de El Eterno: el Tetragrama y Adonai. **Y son las setenta y dos ramas** –*Ain-Beit*– **que dependen de ellas, y que suman setenta y dos,** lo cual alude a los setenta y dos Nombres. **Todas** estas letras unificadas que conforman el Nombre anterior, **no se unifican en el lugar que es la Presencia hasta que llegue aquel que se denomina «Hombre»,** Moisés, **que es** *Iod, He, Vav* **y** *He*, **y esto es** *Adam*, Hombre. Ahora bien, **este hombre es** *Iod He Vav He*, **y esto es: «no había** *Adam* **que trabajara la tierra»** (ibid). Y por eso está escrito sobre esto: «toda la hierba del campo antes que brotase» (ibid), porque aún no había nacido Moisés, como dice a continuación: **hasta que brotase el Tzadik,** el Justo, el cual también «hará brotar» a Moisés, **y de él** entonces **«la verdad brotará de la tierra»** (Salmos 85:12), **acerca de la cual está dicho: «y arrojó la verdad por tierra»** (Daniel 8:12), lo cual enseña que Moisés, durante el exilio, fue arrojado hasta el polvo mismo; **y los eruditos de la** *Torah* **que son las «hierbas» no brotan en el exilio hasta que la verdad de la tierra brote,** es decir, **alude a Moisés de quien está dicho: «La** *Torah* **verdadera estaba en su boca»** (Malaquías 2:6), **porque nadie buscará** rectificar **a la Presencia como él, y debido a esto** está escrito que **«no había hombre que trabajara...»** (Génesis 2:5). Es decir, Moisés.

26a

E inmediatamente cuando él, Moisés, asociado con el Mesías, **llegue, prontamente «un vapor** –ed– **subirá de** (26a) **la Tierra»** (ibid 6), es decir, la palabra *ed*, conformada por la las letras *Alef* y *Dalet*, sugieren a David, ya que la *Alef* está compuesta por dos letras *Iod* y una *Vav*, y junto a la *Dalet* final de *ed*, conforman las letras del nombre David, de cuya descendencia proviene el Mesías. Además, las letras de *ed* –*Alef Dalet*– **son de Adonai**. Entonces **las ascenderá la** letra *Vav* **y deviene en «Soberano de toda la Tierra»** (Josué 3:11), en referencia al Mesías. **Inmediatamente** vemos que la continuación es que ese «vapor» **«regaba toda la faz de la Tierra»** (ibid) con las enseñanzas de la *Torah* que colman al mundo con la Presencia divina, lo que en ese tiempo mesiánico será evidente. **De allí será regado Israel en lo Bajo con** la posibilidad de comprender **las setenta caras de la** *Torah*, lo cual alude a todos los niveles de comprensión e interpretación de la misma, desde los más superficiales hasta los más recónditos.

Otra explicación: «Un vapor subía de la Tierra». Su traducción al arameo es: **«una nube subía de la Tierra»,** nube que representa al rey David cuando se eleve con todas las almas que cayeron en las profundidades de las cáscaras o klipot debido al pecado del Primer Hombre; **sobre ella está dicho: «La nube de El Eterno estaba sobre el Tabernáculo…»** (Éxodo 40:38), **y de ella beberán los eruditos de la** *Torah* **en la Tierra** cuando llegue el Mesías.

En ese momento «Y formó –*vaiitzer*– **El Eterno Dios** –*Iod He Vav He-Elohim*– **al hombre»** (Génesis 2:7): **son** los hijos de **Israel. En ese tiempo, El Santo, Bendito Sea, dibujará** –*letzaier*– **a los miembros de Israel con formas de este mundo** –los cuerpos– **y del Mundo Venidero** –las almas–. **«Y formó»** –*vaiitzer*–: **en ese tiempo, El Santo, Bendito Sea, hará entrar a los hijos de Israel en Su Nombre, bajo la forma de dos** *Iod* que son las que aparecen en la palabra «formó» –*vaiitzer*–: *Iod*, *Iod*, **y la letra** *Vav* **entre ellos, que éstas ascienden al valor numérico de** *Iod*, *He*, *Vav*, *He*, **y habrá dibujos en su rostro,** en alusión al Nombre del Tetragrama,

Sección de Bereshit

en sus rostros habrá dos *Iod*, y en sus narices la letra *Vav*. **Y por eso dice** el versículo en nombre de Bilam, el malvado: «**Los veré desde la cima de las peñas** –*tzurim*–» (Números 23:9); **éstos son los *tziurim*,** los dibujos, **del Nombre Santo, y estarán dibujados sobre sus rostros con dos tablas gloriosas** y preciadas, **que son *Iod Iod*, que es la Vav grabada sobre ellos.** Es decir, en cada uno habrá grabadas tres letras: *Iod*, *Vav*, *Iod*, que suman el valor del Nombre del Tetragrama. Por eso el malvado Bilam no pudo hacer recaer su maldición sobre el pueblo de Israel.

Y además les dibujó en cada generación con su pareja suprema que es *Iod He*, y ellos son la *Vav*, que es la unificación de ambos. Y les dibujó un dibujo superior que es Israel, columna central, que incluye a la Presencia de lo Alto y de lo Bajo, que son el rezo del **Shemá de la plegaria nocturna** –*arvit*– **y el Shemá de la plegaria matutina** –*shajarit*–, **y sobre ellas está dicho: «Hueso de mis huesos»** –respecto a la Presencia de lo Alto– **y «carne de mi carne»** –designando la Presencia de lo Bajo.

E inmediatamente en ese momento El Santo, Bendito Sea, plantó a Israel en el Jardín del Edén santo, tal como está escrito: «El Eterno-*Elohim* plantó» (ibid 8); **el Padre y la Madre,** la *Iod* y la *He;* **«un jardín»** (ibid), **es la Presencia de lo Bajo; «Edén», es la Madre suprema; «el hombre» es la columna central.** En un futuro, cuando se construya el Tercer Templo, **ella será su arraigo,** su rebrote, **su compañera, y no se moverá de su lado jamás; será su delicia** –*idun*– en relación con lo que enseñan los sabios que a medianoche El Creador se regocija con los justos en el Jardín del Edén. **Y El Santo, Bendito Sea, plantó a Israel como santa plantación en el mundo, tal como está dicho: «Es el retoño que he plantado, la obra de Mis manos por las que me glorifico»** (Isaías 60:21).

«El Eterno-*Elohim* hizo brotar» (Génesis 2:9): **es el Padre y la Madre** que hacen brotar **«todo árbol delicioso a la vista»** (ibid), **el cual alude al justo; «y bueno para comer»** (ibid) **es la columna central que provee alimento a todos, porque todo está en ella y el justo no se sustenta sino de ella, y la Presencia de ella, y ellos no necesitan de los seres en lo Bajo, sino que todos son nutridos**

26a

en lo Bajo por esta columna. Mas **durante el exilio no hay para la Presencia y para el Viviente de los mundos nutrición sino a través de las Dieciocho bendiciones de la plegaria. Pero en esa época,** la época mesiánica, **él,** el Iesod, **será la nutrición de todos.**

«Y el Árbol de la Vida» (ibid), **que es el Árbol de la Vida, será plantado en el medio del jardín, tal como está dicho al respecto** cuando el hombre es expulsado del Paraíso: **«Y tome también del Árbol de la Vida y coma y viva para siempre»** (Génesis 3:22), es decir, se le prohíbe tomar de este árbol hasta que su pecado sea rectificado, pero después podrá tomar de él y vivir para siempre; **y la Presencia no dominará sobre el árbol del «Otro Lado», que es la Mixtura de gente, que es «el Árbol del Conocimiento del Bien y del Mal», y no recibirá más al impuro, como está escrito: «Sólo El Eterno ha conducido a Su pueblo y no hubo con Él dios ajeno»** (Deuteronomio 32:12), **y debido a esto no se recibirán más prosélitos a partir de la llegada del Mesías, y la Presencia será como una viña que no recibe injertos de otra especie.**

Los hijos de **Israel serán «todo árbol delicioso a la vista»** (Génesis 2:9), **porque les será devuelta la belleza, sobre lo que está dicho: «Derribó del Cielo a la Tierra la belleza** –*tiferet*– **de Israel»** (Lamentaciones 2:1).

Cuando llegue este tiempo, **«el Árbol del Conocimiento del Bien y del Mal» será desplazado de ellos,** ya que todo estará rectificado completamente y no será ya necesario separar entre el Bien y el Mal, **y no se apegarán ni se mezclarán con ellos, pues he aquí que fue dicho sobre Israel: «Del Árbol del Conocimiento del Bien y del Mal no comerás»** (Génesis 2:17), **ya que es la Mixtura de gente, y le reveló a ellos** –Adam y Eva– **El Santo, Bendito Sea, que: «... el día que de él comieres»** (ibid) **provocarás dos pérdidas, que son el primer templo y el segundo templo,** tal como se aprende del versículo **«porque el día que de él comieres, morir morirás»** (ibid), en el cual repite de un modo aparentemente innecesario **dos veces** el término morir. El primer templo fue destruido por el pecado de Eva, que fue la primera en transgredir, y el segundo templo por el pecado de Adam, que fue detrás de su mujer. **Y ellos** provocaron que el justo se destruyera y se secara: en el primer templo, que es la Presencia de lo Alto, y en el segundo templo, que es la Presencia en lo Bajo, y esto es lo sugerido por el versículo: «El río se secará y se resecará» (Isaías 19:5). «El río» es la *Vav* que se destruirá en la *He* de lo Bajo, porque se elevará de él la fuente, que es *Iod,* hacia el *Ein Sof.*

Inmediatamente cuando los hijos de **Israel salgan del exilio, pueblo santo, solo,** sin la Mixtura de gente y sin el Bien y el Mal entremezclado, **seguidamente el río que estaba destruido y desecado, está dicho sobre él** que será «un río que sale del Edén» (Génesis 2:10), **que es la** *Vav,* «**para regar el jardín**» (ibid). Y ese río, que es la columna central, «sale del Edén», y es la Madre suprema, «para regar el jardín», que es la Presencia de lo Bajo. Porque en ese tiempo, está escrito respecto a Moisés e Israel: «Entonces te deleitarás en El Eterno» (Isaías 58:14) **con un deleite** espiritual *–oneg–* **que es** y contiene las letras siguientes: **la** *Ain* **de Edén, la** *Nun* **de** *nahar –*río*–* **y la** *Guimel* **de** *gan –*jardín*–*. En este día **se cumplirá el versículo:** «Entonces cantará Moisés» (Éxodo 15:19) (26b). Es decir, **no está escrito** *shar,* «**canta**», en tiempo presente, **sino** *iashir,* «**cantará**», en tiempo futuro. Y en ese tiempo de Redención **se invertirá para la Mixtura de gente de** deleite físico y mundano *–oneg–* **a** *nega –*plaga*–*. **Y a las naciones del mundo, los pueblos idólatras, sucederá algo similar, tal como sucedió al faraón y a los egipcios, que fueron cubiertos de pústulas y llagas** al mismo tiempo que nada le sucedía al pueblo esclavo. **Pero para Israel** la Redención y el tiempo de absoluta espiritualidad **será un deleite** *–oneg.*

Y esto es lo que sugiere el versículo: «**Y sale un río del Edén para regar el jardín y de allí se separa en cuatro cabezas**» (Génesis 2:10), **que son: la Bondad** *–*Jesed*–* **el brazo derecho, y en ese tiempo,** cuando llegue el Mesías, «**aquel que quiera ser un sabio que se dirija hacia el Sur**» (*véase* Talmud, tratado de *Baba Metzía* 25b). **Y el campamento de Mijael es regado por éste, y con él el cayado de Judá y dos tribus. El Rigor** *–*Guevurá*–* **el brazo izquierdo,** y en ese tiempo «aquel que quiera hacerse rico que se dirija al Norte». Y el campamento de Gabriel es regado por éste, y con él el cayado de Dan y dos tribus. La Victoria –Netzaj– es la pierna derecha, y del mismo bebe el campamento de Nuriel y con él el cayado de Reubén y dos tribus con él. El *Hod*, la pierna izquierda, sobre la que está dicho respecto a Jacob: «Rengueaba del muslo» (Génesis 32:32). Y del mismo bebe el campamento de Rafael, que es el encargado de curar en el exilio, y con él el cayado de Efraim y dos tribus.

Otra explicación de lo detallado en el versículo: **«Y de allí se divide en cuatro cabezas». Se trata de cuatro** sabios que entraron al **Pardés:** Ben Azai, Ben Zomá, Elisha ben Abuia –*Ajer*– y Rabbí Akiva.

El primero entró por el río Pishón, que es un nombre con notrikón de **la boca** –*pi*– **que repite** –*shoné*– **las leyes** –*halajot*–. Es decir, se refiere a la letra *Pei* de la palabra Pardés: *pshat*, el sentido llano.

El segundo entró por el río **Guijón**, equivalente a la segunda letra del Pardés, *remez* o el nivel alusivo, del cual surgen las cáscaras o klipot, **y allí está enterrado** Moisés, el cual fue enterrado «en Gai, frente al Beit Peor», precisamente para someter a la klipá o cáscara de Peor, y su nombre es Guijón porque allí *«gai jon»*, es decir, es el lugar de asentamiento de Moisés que fue enterrado en Gai; **aquel sobre el que está dicho: «Todo lo que se arrastra sobre su vientre** –*gajón*» (Levítico 11:42). Se refiere claramente a Moisés, quien se opone esencialmente al Najash, la serpiente, enfrentándose la letra *Vav* que acompaña a Moisés en el exilio y la letra *Vav* de *gajón*, la cual de modo sugerente es la letra del medio de toda la *Torah*, su punto central. Por eso también a Moisés se lo relaciona con **Gabriel, el hombre** –*guever*– **de Dios** –*El*–, que **respecto a él está dicho: «A un hombre** –*guever*– **cuyo camino está oculto y de quien Dios** –*El*– **se ha escondido»** (Job 3:23) **y no hay hombre que conozca donde se encuentra su tumba,** la de Moisés, **hasta el día en que será revelada. Y esto es** *remez*, el sentido alusivo, **y al sabio** verdadero **le basta con la alusión.**

El tercero de los sabios **entró por el río Jidequel,** el Tigris, de aguas dulces y livianas, **que designa el lenguaje penetrante y sutil** del nivel de interpretación de la tercera letra del Pardés, **la *drashá*,** la cual en este caso en particular, fue utilizada para la sabiduría secular, tal como enseña el Talmud (*Jaguigá* 15b) que *Ajer* se encontraba embebido en la sabiduría griega.

El cuarto entró por el río Prat, el Éufrates, **que es el cerebro donde hay fecundación y multiplicación,** *notrikón* de «*priá vereviá*», y nivel paralelo a lo oculto, representado por la última letra de la palabra Pardés, el *Sod*.

Ben Zomá y Ben Azai, que entraron por las cáscaras de la *Torah*, fueron afectados por ellas ya que se trata de niveles sobre los que las klipot del Árbol del Conocimiento tienen dominio; por eso solamente se puede pasar, aunque no detenerse y observar. **Rabbí Akiva que entró por el cerebro, está dicho sobre él: «Entró en paz y salió en paz».**

Rabbí Eleazar dijo: «Padre, un día, cuando estábamos en la Casa de estudio, los compañeros preguntaron cuál es el significado de las palabras que Rabbí Akiva dijo a sus discípulos antes de entrar al Pardés (*Jaguigá* 14b): **"Cuando lleguéis a las piedras de mármol puro no digáis: 'agua, agua', porque os expondréis al peligro, como está escrito: 'El que habla mentiras no permanecerá ante Mis ojos'"»** (Salmos 101:7). **Entretanto el Anciano de los Ancianos descendió** a la Casa de estudio **y dijo: «Maestros, ¿en qué estáis** ocupados **esforzándoos** por comprender?» **Ellos le respondieron: «Ciertamente en eso que dijo Rabbí Akiva a sus discípulos: "Cuando lleguéis a las piedras de mármol** puro no digáis 'agua, agua'"»... **Él les respondió: «Ciertamente hay aquí un misterio supremo, pero en la Escuela de lo Alto ya ha sido explicado; y para que no os equivoquéis he descendido a vosotros y para que se revelase este misterio entre vosotros, porque es un misterio supremo, oculto ante la gente de esta generación. Ciertamente, las «piedras de mármol puro» son de las que brotan aguas cristalinas, y están sugeridas por la letra *Alef*,** y las

26b

letras *Iod* en su cabeza y en su final. La letra *Vav* que está inclinada entre ellas es el Árbol de la Vida. Quien coma de él vivirá para siempre. Y éstas son las dos *Iod* sugeridas en la palabra: «El formó –*vaiitzer*– al hombre» (Génesis 2:7) y son dos formaciones: la formación de los seres de lo Alto y la formación de los seres de lo Bajo. Ellas designan la sabiduría que está en el principio y la sabiduría que está al final, los enigmas de la sabiduría. Ciertamente estas aguas son los enigmas de la sabiduría suprema que reside bajo la Corona suprema.

Ellas se corresponden con los dos ojos de quienes dejan caer dos lágrimas en el gran mar. ¿Por qué caen estas lágrimas? Porque la *Torah*, en forma de dos tablas de piedra, quiso Moisés hacer descender y entregar al pueblo, y como los hijos de Israel no fueron dignos de ellas porque habían construido el becerro de oro, se rompieron y cayeron, lo cual no podemos dejar de asociar con la ruptura de las vasijas. Y esto provocó la pérdida y la destrucción del primer y segundo templo.

¿Y por qué cayeron las tablas de la *Torah*? Porque la *Vav* se alejó de ellas, que es la *Vav* de *Vaiitzer*: «Y Él formó…» (Génesis 2:7) y les entregó otras dos tablas, del lado del Árbol del Conocimiento del Bien y del Mal, es decir, es lo que los sabios cabalistas denominan la *Torah* del Mundo de la Creación, mundo en el que ya existe la división entre Bien y Mal a diferencia del Mundo de la Emanación. De allí, les fue dada la *Torah* con lo permitido y lo prohibido, a la derecha la vida y a la izquierda la muerte.

Es por esta razón que Rabbí Akiva dijo a sus discípulos: «Cuando lleguéis a las piedras de mármol puro no digáis: "agua, agua". No debéis equiparar las piedras de mármol puro del Mundo de la Emanación y las otras piedras que son la vida y la muerte, es decir, las que están enraizadas en mundos inferiores, en los que ya existe la diferencia y la escisión. Porque de allí surge que "El corazón del justo está a su derecha, y el del insensato a su izquierda" (Eclesiastés 10:2). Más aún, os pondréis en peligro, porque estas piedras del Árbol del Conocimiento del Bien y del Mal están en la separación, mientras que las piedras de mármol puro están en la Unidad, excluyendo toda separación. Y si decís que es de estas últimas que el Árbol de la Vida se ha retirado, porque cayeron, y hay separación en ellas, sabed que "El que habla mentiras no permanecerá ante mis ojos" (Salmos 101:7). Porque no hay allí separación alguna en lo Alto, y éstas que se rompieron eran vasijas pero sus luces no fueron afectadas.»

Ante estas palabras los compañeros **vinieron a besar** (27a) al Anciano de los Ancianos pero **él voló y se alejó de ellos.**

Otra explicación al versículo: «Un río salía del Edén» (Génesis 2:10). Ciertamente que en lo Alto, en el Árbol de la Vida, allí no hay ninguna cáscara ajena, como está escrito: «No residirá junto al impío» (Salmos 5:5). Pero en el Árbol de lo Bajo, existen cáscaras ajenas ciertamente, pues él está plantado en el Jardín del Edén del Rostro Pequeño –*Zeir Anpin*–, que es Janoj-Metatrón. Pero en el Jardín del Edén de lo Alto, de El Santo, Bendito Sea, no se encuentra Mixtura de klipot que pervierten y tuercen –*niftal e ikesh* (Deuteronomio 32:5). Y por esto «Un río salía del Edén…», lo cual también podría decir que Metatrón salía del Edén, de su delicia, «para regar el jardín» (ibid), su jardín, su Pardés al que entraron Ben Azai, Ben Zomá, y Elisha. Y sus cáscaras –de Metatrón– **son tales que de un lado está el Bien y del otro está el Mal, y esto es lo prohibido** –*isur*– **y lo permitido** –*heter*–, **lo idóneo** –*kasher*– **y lo impropio** –*pasul*–, **lo impuro** –*tumá*– **y lo puro** –*tahará*–.

Se levantó un anciano y dijo: «Rabbí, Rabbí, así es ciertamente. Pero el Árbol de la Vida no es designado por el nombre Metatrón. Sino así es el misterio de la palabra: «Y el formó» (Génesis 2:7), *vaiitzer*, con dos *Iod*: una *Iod* la formación del Bien y una *Iod* la formación del Mal. Y esto es el Árbol del Conocimiento del Bien y del Mal. Este árbol es «el pequeño Adam», del lado de la vida de él, y del lado de la muerte de él. Allí las dos formaciones de él que son lo prohibido y lo permitido. Y sobre él está dicho: «*Elohim* formó –*vaiitzer*– al hombre del polvo de la tierra» (Génesis 2:7).

27a

«Sopló en su nariz aliento de vida» (ibid). **Es la Presencia de lo Alto, el** *edén, teshuvá,* **y sobre ella está dicho: «Y el Árbol de la Vida en medio del jardín», es la columna central; «el jardín», la Presencia de lo Bajo, y la individualidad** –*nefesh*– **la Presencia de lo Bajo. Tres nudos son:** *neshamá, ruaj, nefesh,* **en él, y sobre éstos** está dicho: **«Fue el hombre un ser viviente»** (ibid). **Porque él por su boca concretamente llamó a la Presencia que es el alma de vida.**

Después de decir estas palabras el anciano se fue hacia lo Alto. Rabbí Shimón dijo: «¡Oh compañeros, éste era sin duda un ángel! Y por supuesto que somos respaldados desde todo lugar e incluso los ángeles superiores están de acuerdo con nosotros».

Rabbí Shimón **abrió el versículo siguiente** o tras la enseñanza del Anciano: **«El Eterno-***Elohim* **tomó al hombre y lo puso en el Jardín del Edén»** (Génesis 2:15). **«Tomó** al hombre» **¿De dónde lo tomó? Sino que Lo tomó de los cuatro elementos** con los que fue creado su cuerpo: fuego, aire, agua y tierra –para que «naciera» en el Mundo de la Formación; y estos cuatro elementos se relacionan con las cuatro letras del Tetragrama, sólo que en el Mundo de la Emanación estos cuatro elementos son puramente espirituales– **sobre los que está dicho: «De allí se separa y se transforma en cuatro cabezas»** (ibid 10). **Lo separó** entonces al hombre **de esos** cuatro elementos de este mundo **y lo estableció en el Jardín del Edén** para que lo trabajara y lo guardara. **De este modo hará El Santo, Bendito Sea, con el hombre que había creado a partir de los cuatro elementos.**

Cuando un hombre retorna –*teshuvá*– **y se ocupa de** estudiar la *Torah*, **El Santo, Bendito Sea, lo toma de allí**, de los cuatro elementos de su cuerpo, **y sobre esto está dicho: «Y de allí se separa»** (ibid). El texto continúa enseñando que **separa su alma** –*nefesh*– **de los deseos** que experimenta **por ellos**, los que surgen a partir de los cuatro elementos físicos, y El Santo, Bendito Sea, lo eleva espiritualmente y **lo instala en Su jardín, que es la Presencia, para trabajarlo** y labrarlo **mediante los preceptos positivos,** lo cual alude

222

a lograr la unificación en los mundos superiores **y guardarlo** (ibid) **mediante los preceptos negativos** de las fuerzas malignas que intentan afectarle. **Si merece guardarla** a la Presencia, **se erige en señor de los cuatro elementos** de su ser, fortifica su Buen Instinto, **y se transforma en un río que por su intermedio regará** y dará de beber a los demás **y él no recibirá a través de otros. Y se reconocerá en él** por todos **que es señor y que ejerce dominio sobre ellos.**

Y si transgredió la *Torah,* entonces sus cuatro elementos **son regados por la amargura que proviene del Árbol del Mal, que es la Tendencia al Mal** –*Ietzer Hará*. **Y todos los órganos de este hombre que tienen por origen los cuatro elementos, se dice sobre ellos: «E hicieron sus vidas amargas»** (Éxodo 1:14). **«Amargas» por la amargura de la bilis. Mientras que respecto a los órganos santos del cuerpo que proceden del lado del Bien, se dice sobre ellos: «Llegaron a Mará, pero no pudieron beber el agua de Mará** porque era amarga» (Éxodo 15:23). Los sabios cabalistas enseñan que Moisés quiso poner a prueba al pueblo, si beberían o no del agua amarga. Y el pueblo se quejó por temor a no poder superar la prueba. Entonces Moisés, al ver el deseo y la voluntad del pueblo, endulzó el agua para que bebieran de los cuatro elementos espirituales.

De igual modo el faraón intentó sumar impureza en el pueblo de Israel para que permanecieran siendo sus esclavos para siempre, pero también ellos superaron esta prueba. Acerca de esto **dijeron los maestros de la Mishná** sobre el versículo: **«Amargaron sus vidas con el duro trabajo»** (ibid 1:14); el faraón intentó impurificar sus cuatro elementos pero ellos transformaron este vil intento en **preguntas** en su estudio de la *Torah;* **«con la arcilla** –*jomer*–**» se refiere al** método de estudio de *kal vajomer* que ellos también utilizaron para la rectificación espiritual; **«y con ladrillos»** –*levená*– (ibid), término hebreo relacionado con la raíz de la palabra «blanco», *«labán»,* **se refiere a dilucidar la Ley** –*halajá*–; **«y por todos los trabajos en el campo»** (ibid), **se refiere a la** *Baraita* de Rabbí Ishmael en la que se explica el método de «lo general, lo particular y lo general» –*klal uprat uklal*– es decir, «el duro trabajo» es lo general, «con la arcilla y con ladrillos» es lo particular, «y con todo trabajo en el campo» se vuelve a lo general; «**todo tipo de trabajos**» (ibid) **se refiere a** la rectificación espiritual que lograron a través del estudio de **la Mishná**.

Pero **si retorna,** haciendo *teshuvá,* **está escrito sobre ellos: «El Eterno le mostró un árbol»** (ibid 15:25). Es decir, alude al justo de la generación, enviado por El Eterno, para endulzar las aguas y, por consiguiente, sus vidas. **Y éste es el Árbol de la Vida gracias al cual «el agua se vuelve dulce»** (ibid). El Árbol de la Vida **es Moisés**, el cual está asociado con el Tiferet y con la *Torah* Escrita, denominada Árbol de la Vida, **el Mesías, a propósito de quien está escrito** en su travesía por el desierto: «**El cayado** *–maté–* **de** *Elohim* **está en mi mano**» (Éxodo 17:9). **El cayado** *–maté–* **es Metatrón**, quien tiene poder en el exilio: **de uno de sus lados** otorga **la vida** a quienes lo merecen **y de uno de sus lados la muerte. Cuando se transforma en cayado** debido a los méritos y las buenas acciones **es una ayuda** para Moisés **del lado del Bien.** Pero **cuando se transforma en serpiente, está en su contra.** Y por eso está escrito que **inmediatamente «Moisés huyó de él»** (Éxodo 4:3).

El Santo, Bendito Sea, lo entregó en manos de Moisés y es la *Torah* **Oral,** en alusión al Maljut, **donde está** detallado e incluido **lo prohibido y lo permitido. Inmediatamente cuando** Moisés **golpeó con él la roca,** y con esto generó que la serpiente intentara arrancar de la Santidad para ella, y entonces **El Santo, Bendito Sea, se lo quitó de sus manos. Y está escrito al respecto: «Descendió a él con un báculo»** (1 Samuel, 23:21) **para golpearlo con él**, lo cual alude al decreto divino de que Moisés no entraría a la Tierra de Israel. **Y este báculo es la Tendencia al Mal, la serpiente, y todo está en el exilio debido a él.**

Además el versículo enseña: **«De allí se separaban…»** (Génesis 2:10), lo cual fue explicado anteriormente como que cada persona debe separarse de los cuatro elementos nocivos y hacer prevalecer a los cuatro elementos buenos que existen en ella. Ahora se agrega: **«Bienaventurado es el hombre que se esfuerza en** el estudio de **la** *Torah***, porque en el momento en que El Santo, Bendito Sea, lo tome de su cuerpo** –es decir, cuando tome su alma **de los cuatro**

elementos– inmediatamente **se separará de allí y andará y será la cabeza de las cuatro** (27b) *jaiot* –las fuerzas vitales– de la visión del carruaje del profeta Ezequiel», **de las que está escrito: «En las palmas de las manos te portarán»** (Salmos 91:12).

«Y mandó El Eterno-*Elohim* **al hombre,** diciendo: de todos los árboles del jardín podrás comer, mas del Árbol del Conocimiento del Bien y del Mal no comerás...» (Génesis 2.16). **He aquí que se ha enseñado** al respecto: **«No hay imperativo sino el de la** prohibición de la **idolatría»** (*véase* Talmud, tratado de *Sanhedrín* 56b) **que de allí**, del lado malo del Árbol del Conocimiento, **son los dioses ajenos**, tal como está escrito: «Ve, desciende, pues tu pueblo, al que hiciste ascender de la tierra de Egipto, se ha corrompido. Rápidamente se descarrió del camino que les he *ordenado*. Se han hecho un becerro fundido y se han postrado ante él... (Éxodo 32:7-8). **Y ella** –la idolatría– **reside en el hígado** –*kaved*– y allí ejerce su dominio, **y a causa de ella se torna pesado** –*kaved*– y se dificulta **el servicio** espiritual, **lo que es** y caracteriza al «culto extraño», **la idolatría**. También encontramos esta misma idea cuando el faraón, para que Israel no sirviera al Creador y se inclinara a la idolatría, les aumentó el trabajo y lo volvió más pesado aún. Al respecto dice la tradición que **«el hígado se enoja». Y he aquí que se ha enseñado: «Todo el que se enoja es como si realizara idolatría». Esto es: «Y mandó** El Eterno-*Elohim* al hombre, diciendo: de todos los árboles del jardín podrás comer, mas del Árbol del Conocimiento del Bien y del Mal no comerás» (Génesis 2.16).

«Mandó El Eterno-*Elohim* **al hombre**» (ibid): **se refiere al derramamiento de sangre, tal como está escrito:** «El que derramare sangre de hombre, **por hombre su sangre será derramada**» (ibid 9:6). **Ésta es la bilis** –*mará*–, **la espada del ángel de la muerte, como está escrito: «Mas su fin** –el del idólatra– **es amargo** –*mará*– **como el ajenjo, filoso como espada de dos filos»** (Proverbios 5:4). Los sabios enseñan en el Talmud (*véase* Talmud, tratado de *Avodá Zará* 20b) que el ángel de la muerte posee en su mano una espada desenfundada y en su extremo filoso hay una gota de bilis, y ésta es

27b

dejada caer en la boca del enfermo, y por ésta muere y por ésta se descompone y por ésta su rostro se transfigura.

«Mandó El Eterno-*Elohim* al hombre **diciendo...**» (Génesis 2:16), lo cual se estudia a partir del método de *gezeirá shavá* que **se refiere al descubrimiento de la desnudez** –*gilui araiot*–, a partir del versículo del profeta (Jeremías 3:1), en el que se utiliza también la expresión «diciendo» para indicar la misma prohibición, **y es el bazo**, en el cual se asienta la cáscara o klipá del descarrío sexual. **Y sobre él está dicho: «Ella come y disimula la boca»** (Proverbios 30:20), como una mujer que transgrede y no lo reconoce con su boca, es decir, lo niega, **porque el bazo no tiene boca ni arterias** para recibir la sangre buena, sino que **recibe la sangre negra que llega del hígado y bebe de lo turbio de la sangre negra del hígado.** El bazo **no tiene boca y esto es** lo que alude el versículo: **«Ella come y disimula la boca»** (ibid), lo cual alude a la mujer que se prostituye y se comporta como el bazo.

Todos los que vierten sangre proceden de la bilis, porque cuando las arterias que contienen la sangre del corazón perciben a la bilis todas huyen de ella. En cuanto a los que descubren la desnudez, todos ellos se encubren en la oscuridad, en la sangre negra del bazo. Quien transgrede las gravísimas prohibiciones **del derramamiento de sangre, la idolatría y el descubrir la desnudez** –*shfijut damim, avodá zará y gilui araiot*–, **reencarna su alma en el hígado, la bilis y el bazo, y es juzgado en el** *Guehinom*, y tres ángeles se determinan como **encargados sobre ellos: el Destructor** –*Mashjit*–, **el Iracundo** –*Af*–, **y el Furioso** –*Jeimá*.

Existen quince modos de **descubrir la desnudez** detallados en el tratado de *Ievamot* (2a), **según el valor** numérico de las dos primeras letras del Tetragrama *Iod He* **y otros seis** modos **según el valor** numérico **de la** letra *Vav*. Por eso, el que comete esta transgresión atenta contra las letras del Tetragrama.

Antes de que Israel partiera al exilio y mientras **la Presencia estaba con ellos, El Santo, Bendito Sea, le ordenó a Israel: «La desnudez de tu madre, tú no la descubrirás** –*tegalé*–**»** (Levítico 18:7). **Porque eso es el exilio** –*galut*–, el descubrimiento de la

desnudez de la Presencia que se provoca a través de los malos actos, **como está escrito: «A causa de vuestras transgresiones vuestra madre ha sido repudiada»** (Isaías 50:1). Y a causa del descubrimiento de la desnudez fueron exiliados Israel y la Presencia en el exilio, y esto es la desnudez de la Presencia.

Y esta desnudez de la presencia **es Lilit, la madre de la Mixtura de gente, y la Mixtura de gente son la desnudez de ella,** de la Presencia divina, **así como de los incestos del Israel de lo Alto. Está escrito al respecto: «No descubrirás la desnudez de tu padre»** (Levítico 18:7). **Y estos** que cometen incesto **separan entre la** primera *He* **y la segunda** *He* **del** Tetragrama **de manera que la** *Vav* **no se acerque** y se ubique **entre ellas, tal como está escrito: «No descubrirás la desnudez de la madre y de su hija»** (ibid). **Y éstas son la Presencia de lo Alto y de lo Bajo.**

Porque mientras que la Mixtura de gente de los *Nefilim*, **los** *Guiborim*, **los** *Amalekim*, **los** *Refaim* **y los** *Anakim* –nega rá– **se intercala entre las** *He* **y la** *He* **del Nombre del Tetragrama, El Santo, Bendito Sea, no puede acercarse** e interponerse **Él Mismo. Y el misterio del tema** del versículo: **«El río está seco y desecado»** (Isaías 19:5), puede definirse del siguiente modo: **agotado** en el nivel **de la** primera *He* **de lo Alto y desecado** a nivel de **la** segunda *He* **de lo Bajo. Y para evitar que la Mixtura de gente se nutra de la** *Vav*, **que es el Árbol de la Vida, por eso la** *Vav* **no se acerca** e interpone **entre la** *He* **y la** *He* **cuando la Mixtura de gente está entre ellas y la letra** *Iod* **no tiene permiso para acercarse a la segunda** *He*, **tal como está escrito: «No descubrirás la desnudez de tu nuera»** (Levítico 18:15).

Y estos integrantes de la Mixtura de gente son los que **separan entre la** *Vav* **y** *He* **de lo Alto, tal como está escrito: «La desnudez de la esposa de tu padre, no la descubrirás»** (ibid 8). **La** *Iod* **es el Padre, la** *He* **es la Madre, la** *Vav* **el hijo,** la segunda *He* **la hija. Y por esto le ordenó a la** *He* **de lo Alto: «No descubrirás la desnudez de la esposa de tu padre»** (ibid). En cuanto a **«la desnudez de tu hermana, la hija de tu padre»** (ibid 9), **es la** *He* **de lo Bajo.**

«La hija de su hijo y la hija de su hija» (ibid 17) son *He He*, la progenie de la *He*.

«La desnudez del hermano de tu padre» (ibid 14) es la *Iod*, que es la progenie de la letra *Iod* y que es hermano de la *Vav*.

En resumen: cuando la Mixtura de gente se mezcló con Israel, no hubo más acercamiento ni unificación de las letras del Nombre *Iod He Vav He*. Pero inmediatamente cuando la Mixtura de gente sea borrada del mundo, está dicho sobre las letras del Santo, Bendito Sea: «Ese día El Eterno será uno y Su Nombre uno» (Zacarías 14:9).

Y debido a esto, el hombre, que es Israel, tendrá una unidad con la *Torah*, sobre lo que está dicho: «Ella es árbol de vida para aquellos que a ella se aferran» (Proverbios 3:18). Y esta *Matronita* es el Maljut, que por su lado son denominados los miembros de Israel: hijos de reyes. Por esta razón dijo El Santo, Bendito Sea: «No es bueno que el hombre esté solo, le haré ayuda idónea para él» –lit.: «le haré una ayuda *contra él*» (Génesis 2:18). Ésta es la Mishná, que es la esposa de ese Joven Metatrón y es la fámula de la Presencia. Si Israel lo merece, la Mishná es una ayuda para él durante el exilio, del lado de lo permitido, lo puro y lo idóneo –*kasher*–. En el caso contrario, la Mishná está «contra él», del lado de lo impuro, lo impropio y lo prohibido. Lo puro, lo permitido, lo idóneo es la Tendencia al Bien. Lo impropio, lo impuro y lo prohibido es la Tendencia al Mal. La mujer, que tiene sangre pura –*dam tohar*– y sangre impura –*dam nidá*– de la impureza ritual, es del lado de la Mishná. Ella es equiparable a él, pero no es su consorte, su unificación. Porque no habrá unificación hasta que la Mixtura de gente no sea borrada del mundo. Por eso Moisés fue enterrado fuera de la Tierra Santa. Y su tumba, es la Mishná: «Ningún hombre sabe dónde se encuentra su tumba hasta este día» (Deuteronomio 34:6). Su tumba es la Mishná, porque prevalece sobre la Matronita que es la recepción –*kabalá*– de Moisés y la Reina.

La Matronita (28a) se separó de su esposo a causa de lo expresado en el versículo: «Por tres cosas la Tierra tiembla... por el siervo cuando reina», aludiendo al siervo específico; la sierva es la *Mishná* y «el necio cuando se sacia de pan» es la Mixtura de gente (Proverbios 30:21-23), «**pueblo insensato y desprovisto de sabiduría**» (Deuteronomio 32:6).

Además Rabbí Shimón **abrió y dijo: «El Eterno** *Elohim* **formó de la tierra todos los animales del campo y toda ave de los cielos**» (Génesis 2:19). ¡Ay del mundo! Los hombres tienen el corazón sellado y los ojos cerrados, no prestan atención alguna a los misterios de la *Torah* y no conocen ni saben que ciertamente estos «animales del campo» y estas «aves de los cielos» son los ignorantes –*amei haaretz*–. E incluso en aquellos que son un «*nefesh jaia*», los eruditos de la *Torah* que no estudian los misterios y secretos de la *Torah*, **no se encuentra ayuda de ellos para la Presencia exiliada, ni para Moisés que está con él. Porque durante todo el tiempo que la Presencia permanezca en el exilio Moisés no se mueve de su lado.**

Rabbí Eleazar dijo: «¿Quién puede dar una explicación de **la obra de la Creación de Adam** aplicándola **sobre Moisés e Israel?** Rabbí Shimón **le dijo: "Hijo mío ¿tú dices** y preguntas **así? No has aprendido que: 'El anuncia desde el origen** lo que habrá de suceder **al final'"**» (Isaías 46:10). Es decir, ya desde el principio se alude a todo lo que habrá de suceder en un futuro, incluso todo lo relacionado con Moisés e Israel. Rabbí Eleazar **dijo: «Así es, ciertamente**, todo está aludido en la obra de Creación».

Y por esto Moisés no está muerto y se denomina «hombre» –*Adam*– **y por eso está dicho acerca del último exilio: «Pero el hombre no encontró ayuda**» (Génesis 20:2), **sino todo es «contra él**» (ibid). **Y así respecto a la columna central está dicho: «Pero al hombre no encontró ayuda» para sacar a la Presencia del exilio, tal como está escrito** en un versículo que se refiere a Moisés: **«Entonces miró hacia aquí y hacia allá, y vio que no había hombre**» (Éxodo 2:12). **Y Moisés tenía su forma concretamente**, la forma del hombre –*Adam*–, **sobre quien está dicho: «No encontró ayuda contra él**» (Génesis 2:20). **Es en ese momento** que «El

28a

Eterno-*Elohim* hizo caer somnolencia sobre el hombre» (ibid 21): El Eterno *Elohim*, Padre y Madre. «Somnolencia» es el exilio, sobre el que está dicho: «Una somnolencia cayó sobre Abram» (ibid 15:12). Este sueño **cayó sobre Moisés y «se durmió», y no hay sueño sino el exilio.**

«Tomó uno de sus costados» (ibid 2:21). ¿De «sus costados» de quién? Sino de esos mundos de la Matronita tomaron: el Padre y la Madre una de ellas, y éste es el costado de blancura, «bella como la Luna» (Cantar de los Cantares 6:10).

«Cerró la carne en su lugar» (Génesis 2:21). Es la carne de la que está escrito: «… porque ciertamente él es carne» (ibid 6:3). La carne de Moisés es roja, y sobre esto está dicho: «El rostro de Moisés se asemejaba al rostro del Sol». Y por eso se escribe al respecto: «Bella como la Luna, deslumbrante como el Sol» (Cantar de los Cantares 6:10).

Otra explicación: «Cerró la carne» (Génesis 2:21) **porque quería protegerla, tal como está escrito: «El Eterno le cerró la puerta –a Noé–»** (ibid 7:16), **para protegerlo.**

Otra explicación: «El cerró –*vaisgor*–» se refiere al marco –*misgueret*–. El marco se mantiene (Éxodo 25:27), **en el que la Matronita está «encerrada durante los seis días de la obra** de Creación» (Ezequiel 46:1).

«El Eterno *Elohim* hizo de la costilla» (Génesis 2:22). **He aquí una alusión al misterio del levirato –*ievum*– respecto al que está dicho** por los sabios en el Talmud: «Ya que no construyó, ya no construirá más», como está escrito: «… que no ha de construir la casa de su hermano» (Deuteronomio 25:9). **Pero en lo que respecta al Santo, Bendito Sea, está dicho: «El Eterno *Elohim* hizo»** (Génesis 2:22): **el Padre y la Madre se lo formaron, como está escrito: «El que construye Jerusalén, El Eterno»** (Salmos 147:2). La *Vav* es el hijo de *Iod He*, **Padre y Madre sobre lo que está escrito: «El Eterno *Elohim* hizo de la costilla»** (Génesis 2:22). «Que tomó del hombre», es la columna central. «Y la trajo al hombre» (ibid), lo hizo aproximarse a la costilla que había sacado de la *He* oculta de ella, y sobre esto está dicho: «Yo seré para ella, dijo El Eterno, una muralla de fuego en derredor» (Zacarías 2:9). Y por eso en ese monte será construido el templo por la mano del Santo, Bendito Sea, con el fin de que subsista de generación en generación. Y sobre ella está dicho: «Más grande será la gloria de la última Casa –el templo– que la de la primera» (Hageo 2:9) porque el precedente fue construido por mano del hombre, mientras que éste lo será por la mano del Santo, Bendito Sea. Y por esto: «Si El Eterno no construye la casa, quienes la construyen trabajan en vano» (Salmos 127:1).

También está dicho sobre Moisés: «El Eterno-*Elohim* hizo de la costilla», tal como está dicho: «Para el segundo lado del Tabernáculo» (Éxodo 26:20). La costilla ciertamente es del lado de la Bondad blanca –*Jesed*–, y de allí es llamada así la Luna –*levaná*–. «Cerró la carne en su lugar» (Génesis 2:21): la «carne» que es roja es del lado del Rigor –*Guevurá*– y está compuesta por ambas, y sobre este tiempo está escrito: «Su izquierda está bajo mi cabeza y su derecha me abraza» (Cantar de los Cantares 8:3).

«Ésta es ahora hueso de mis huesos, carne de mi carne» (Génesis 2:23): es la Presencia, la doncella prometida a la columna central, de quien se dice: «Ésta es ahora...». Yo conozco que ella es «hueso de mis huesos, carne de mi carne» (ibid). A «esta» –*zot*– ciertamente se llamará «mujer» –*ishá*–, del lado de lo Alto que es la Madre. «Porque de hombre –*ish*– fue tomada» (ibid), del lado del Padre que es la *Iod*, y así Moisés con su forma en lo Bajo.

En ese tiempo, cuando llegue el Mesías de la Casa de David, **los hijos de Israel merecerán cada uno y uno a su pareja** y no serán tentados por las fuerzas femeninas malignas. Porque actualmente existen almas de las cuales únicamente sus aspectos masculinos lograron liberarse de las cáscaras o klipot. **Y esto es lo escrito: «Yo os daré un corazón nuevo y pondré en vuestro seno un nuevo espíritu»** (Ezequiel 36:26), el cual no estará relacionado con poderes impuros, **y está escrito: «Vuestros hijos e hijas profetizarán»** (Joel 3:28). **Éstas (28b) son las almas nuevas que en el futuro habita-**

28b
rán en los hijos de Israel, almas nuevas que lograrán alcanzar el nivel profético, **como se enseña** en el Talmud (*véase* Talmud, tratado de *Ievamot* 62a), **que el hijo de David** –el Mesías– **no llegará hasta que no se agoten todas las almas del cuerpo,** es decir, las almas antiguas que habitaban el Maljut, **y entonces**, una vez que las anteriores hayan alcanzado su rectificación, entonces **las nuevas vendrán. En ese tiempo la Mixtura de gente será eliminada del mundo,** la misma que incitó y aumentó el espíritu de impureza del mundo, **y se dirá respecto a Israel y a Moisés,** cuando **cada uno esté con su pareja: «Ambos estaban desnudos, el hombre y su mujer, y no se avergonzaban»** (Génesis 2:25), **porque será eliminada del mundo la desnudez,** como antes de que se cometiera el pecado del Primer Hombre, **porque aquellos** deseos y actos de lujuria **eran los que causaron el exilio de la Mixtura de gente,** al influir la impureza **ciertamente** en los demás integrantes del pueblo. **Y sobre estos** integrantes de la Mixtura de gente **está dicho: «La serpiente era la más astuta** –*arum*, palabra hebrea que comparte raíz con *erom*, desnudez– **de todos los animales del campo»** (ibid). La serpiente alude al ministro espiritual de Esaú y Amalek, sobre la que se declara que era más «astuta» que los ministros espirituales de las demás naciones. **Astuta para** hacer **el mal, más que todos los otros animales de los pueblos del mundo,** idólatras. **Y éstos** –los hombres de la Mixtura de gente– **son los hijos de la serpiente primordial que sedujo a Eva** y le vertió su veneno, **y la Mixtura de gente son el veneno que la serpiente inoculó a Eva; y de ese veneno salió Caín,** quien era esencialmente rigor, **y** de esta impureza surgió la fuerza que lo descarrió y **asesinó a Abel, pastor de rebaños. Porque está escrito sobre él**, Abel, quien era puramente bondad: **«Porque también** –*veshagam*– **él es carne»** (Génesis 6:3). La palabra *veshagam* **es Abel,** *veshagam* ciertamente es Moisés –nombre cuyo valor numérico equivale al de esta palabra–, **y lo mató** Caín, **y él era el hijo primogénito de Adam**, razón por la cual recibió principalmente la influencia del veneno de la serpiente.

Y a pesar de esto, es decir, que Caín mató a Abel y su alma se reencarnó en Moisés, **con el fin de cubrir la desnudez de** Adam, **su**

padre, y corregir la descendencia de Caín, **tomó a la hija de Jetró, sobre quien está dicho: «Los hijos del cainita, suegro de Moisés»** (1 Jueces 1:16). **Y así se ha enseñado: ¿Por qué se llama «cainita»? Porque se separó de Caín, como está dicho: «Hever, el cainita, se separó de Caín»** (ibid 4:11), en referencia a Jetró, Itró, que se separó de Caín. Los sabios cabalistas enseñan que Moisés tomó por esposa a la hija de Jetró, Tzipora, quien era la reencarnación de la hermana gemela de Abel. De este modo, se devolvió a Moisés, reencarnación de Abel, a su gemela, y se rectificó un detalle del pecado del Primer Hombre. **Y después** Moisés **quiso que la Mixtura de gente retornara** y se arrepintiese, **para cubrir la desnudez de su padre,** ya que ellos representan la parte no rectificada de Caín y quiso rectificarla, pero no pudo, **y El Santo, Bendito Sea, considera la buena intención como un acto,** o sea que de todos modos le fue considerada su intención como un acto positivo, **y le dijo El Santo, Bendito Sea: «Son de una mala ralea, protégete de ellos»** ya que provienen del veneno de la serpiente.

Ellos son y provienen **del pecado de Adam, a quien** El Santo, Bendito Sea, **le dijo: «Del Árbol del Conocimiento del Bien y del Mal no comerás»** (Génesis 2:17). **Ellos son** los causantes **del pecado de Moisés y** de los integrantes de **Israel, y por ellos fueron exiliados Israel en el exilio y expulsados de allí,** de la Tierra Santa, **tal como está escrito: «Sacó** –lit: divorció– **a Adam** del Jardín del Edén». **Y Adam es ciertamente Israel. Y Moisés fue alejado por ellos de su lugar y no mereció entrar a la tierra de Israel. Porque a causa de ellos transgredió lo dicho por El Santo, Bendito Sea, y pecó con la roca porque la golpeó, porque no le dijo** El Creador a Moisés **sino: «Hablarán a la roca»** (Números 20:8), **pero ellos provocaron** el pecado. **De todos modos, El Santo, Bendito Sea, considera la buena intención como un acto, porque él no los recibió y no les dio la señal del Pacto sino para cubrir la desnudez de su padre.** Es decir, para rectificar el desvío de Caín, el cual nació del veneno de la serpiente.

Por eso **El Santo, Bendito Sea, le dijo: «Haré de ti un gran pueblo, más poderoso que ése»** (Números 14:12) lo cual al final se cumplió en su descendencia, la cual fue superior a seiscientos mil, tal como lo explican los sabios del Talmud (*véase* Talmud, tratado de *Berajot* 7a). **Y debido a ellos,** la Mixtura de gente, **dijo** El Creador: **«A quien pecare contra Mí lo borraré de Mi libro»** (Éxodo 32:33), **porque éstos son de la simiente de Amalek sobre la que está dicho: «Borrad el recuerdo de Amalek»** (Deuteronomio 25:19). **Y ellos provocaron la ruptura de las dos tablas de la** *Torah* al provocar que se hiciera el becerro de oro.

E inmediatamente «Se abrieron los ojos de ambos» (Génesis 3:7) **y los hijos de Israel supieron «que estaban desnudos»** (ibid), **en el sometimiento de Egipto, que estaban sin la** *Torah*. **Y está escrito respecto a ellos: «Estabas desnuda y descubierta»** (Ezequiel 16:7) **en alusión a los preceptos positivos y a los preceptos negativos. Es por esta razón por lo que Job,** quien también salió de Egipto, **dijo en dos ocasiones «Desnudo salí del vientre de mi madre y desnudo regresaré allí** –*shama*–**»** (Job 1:21): **lo que fue Moisés** –*Moshé*– **es transformado para la Mixtura de gente en devastación** –*shama*– **y agudeza.** Sobre lo dicho: **«regresaré allí»** (ibid) **aquí se alude a que en el futuro, en el último exilio,** Moisés **andará entre ellos,** la Mixtura de gente, para transformarla **en devastación** –*shama*– **y él dijo: «El Eterno ha dado, El Eterno ha quitado, que el Nombre de El Eterno sea bendito»** (Job 1:21).

Nuevamente se relaciona el pecado del Primer Hombre con el pecado de la construcción del becerro de oro. **Cuando las dos Tablas de la** *Torah* **fueron quebradas, y la** *Torah* **Oral** también fue interrumpida, **está dicho sobre** los hijos de Israel: **«Cosieron hojas de higuera…»** (Génesis 3:7) Es decir, **se cubrieron con numerosas cáscaras de la Mixtura de gente, porque «estaban desnudos»** (ibid), **para que su desnudez no fuese revelada** y su pecado no quedara al descubierto y a la vista de todos. **Y sus vestimentas eran los flancos de los tzitzit y las correas de los tefilín,** las filacterias **sobre los que está escrito: «El Eterno** *Elohim* **hizo para el hombre y su mujer túnicas de piel y los vistió»** (ibid 21). **Pero acerca de los tzitzit** está escrito: **«Cosieron hojas de higuera y se hicieron**

SECCIÓN DE BERESHIT

cintos –*jagorot*» (ibid 3), **esto es: «Valiente guerrero, ciñe** –*jagor*– **tu espada a tu muslo»** (Salmos 45:4), y esta espada **alude a la pronunciación del Shemá, sobre el que está dicho: «Que las alabanzas a Dios estén en sus gargantas** y la espada de dos filos en sus manos» (*Salmos* 149:6). **Esto es: «y se hicieron cintos»** (Génesis 3:7).

Una vez que Adam y Eva pecaron, El Creador les sugiere en los versículos de la *Torah* lo que habría de suceder con el pueblo de Israel en un futuro hasta la rectificación del pecado del Primer Hombre.

«Y oyeron la voz de El Eterno-*Elohim* **que paseaba en el jardín»** (Génesis 3:8). **Cuando los hijos de Israel se acercaron al monte Sinaí, como está escrito: «¿Ha oído pueblo alguno la voz de *Elohim* hablando en medio del fuego,** como tú la has oído, sin perecer?» (Deuteronomio 4:33), es decir, en los dos casos oyeron la voz de Dios, mientras que los hombres de **la Mixtura de gente perecieron** durante la entrega de la *Torah* en el monte Sinaí, porque ellos son el veneno de la serpiente y sobre el mismo está enseñado que se eliminó al llegar al monte. **Y los** que no murieron **dijeron a Moisés: «Que *Elohim* no hable con nosotros, porque moriremos»** (Éxodo 20:19) **y** luego provocaron, debido al pecado del becerro de oro, que los miembros de Israel **olvidaran la *Torah*. Éstos**, la Mixtura de gente, **son los ignorantes acerca de quienes está dicho: «Maldito sea quien se acuesta con un animal»** (Deuteronomio 27:21), **porque proceden del lado de esa serpiente, acerca de la cual está dicho: «Maldita seas entre todos los animales»** (Génesis 3:14). Pero **¡Y he aquí que hay numerosas mezclas malas** que integran la Mixtura de gente, **tanto las bestias domésticas como los animales salvajes** y no únicamente los ignorantes de la *Torah*! **Sin embargo, existe un tipo de mezcla que proviene del lado de la serpiente y otra mezcla del lado de las naciones** idólatras, **que se asemejan a los animales salvajes y a las bestias domésticas del campo. Y hay una mezcla que procede del lado de los demonios, que son las almas** (29a) **de los pecadores, que son concretamente los demonios del mundo. Y hay una mezcla de demonios, de espíritus y de espectros nocturnos, y todos se mezclan con**

29a

Israel durante el exilio, algunos para tomar de la Santidad, otros para dañar y perjudicar.

Pero no hay entre todas esas mezclas ninguna **tan maldita como Amalek, que es la serpiente malvada** (Éxodo 32:14), **el dios ajeno, el descubrimiento de toda la desnudez del mundo. Es el asesino cuya pareja es la pócima de muerte, la idolatría.** Todas las mezclas están enraizadas y **se refieren a Samael, pero hay un Samael y un Samael y no todos son iguales** en las cuatro cáscaras o klipot ya que en la klipat noga, se lo considera un ángel que fue expulsado de los Cielos. **Pero ese lado de la serpiente es el más maldito de todos.**

«**El Eterno-*Elohim* llamó al hombre y le dijo: ¿Dónde estás** *–aieka–*?» (Génesis 3:9). **Aquí le sugiere que en un futuro el templo será destruido y se lo llorará:** *Eijá,* **tal como está escrito: «¡Cómo** *–eija–* **ha quedado sola…!»** (Lamentaciones 1:1). *Alef Iod, Kaf He*: Es decir, dónde *–Alef Iod–* está la Presencia *–Kaf He–* que moraba en el templo. **En tiempos futuros, El Santo, Bendito Sea, consumirá a todas las malas raleas del mundo, como está escrito: «Destruirá a la muerte para siempre»** (Isaías 25:8). **Entonces todo retornará a su lugar,** todo retornará a su raíz, tal como se encontraba antes del pecado del Primer Hombre, **como está escrito: «En ese día** –cuando llegue el Mesías de la Casa de David– **El Eterno será uno, y Su Nombre uno»** (Zacarías 14:9).

APÉNDICE

EL NOMBRE DE CUARENTA Y DOS LETRAS

En la página 15b de El Zohar encontramos el siguiente texto:

De aquí en adelante se trata de «En el principio» –Bereshit–, lo cual también puede ser interpretado, separando la primera palabra en dos, como: «creó seis» –bará shit–. De un extremo de los Cielos al otro extremo de los Cielos, seis direcciones que se expanden a partir del misterio supremo con la expansión de la palabra «Creó». Desde el interior del punto primero creó la expansión de un punto supremo y aquí grabó el misterio del Nombre de cuarenta y dos letras, basado en las combinaciones de las letras hebreas, desde la primera letra de la Torah –bet– hasta la misma letra de la palabra hebrea Bohu.

Y si bien el misterio del Nombre de cuarenta y dos letras es uno de los temas más ocultos y herméticos de la mística hebrea, intentaremos de todos modos aproximarnos al mismo con el máximo cuidado, intentando comprender al menos algo de lo que los sabios nos permiten entrever.

Una pregunta esencial

En el libro de Números, el cuarto libro bíblico, encontramos un versículo aparentemente irrelevante:

«Moisés escribió sus avances según sus viajes *por orden de El Eterno...*» (Números 33:2).

Y no sólo se relata que Moisés los escribió, sino que también se nombra un sitio tras otro, el lugar de partida y el lugar de llegada, conformando una seguidilla de nombres y un listado geográfico incomprensible.

Tal vez el lector menos acostumbrado a la sensibilidad de los sabios no comprenda la dificultad que presenta el versículo citado del libro de Números, aunque la pregunta que surge es casi obvia: ¿Acaso la expresión «por orden de El Eterno» recae sobre el inicio del versículo, es decir, sobre «Moisés escribió», o sobre «los viajes» del pueblo de Israel? ¿El Eterno ordenó viajar o escribir la sección correspondiente a los viajes del pueblo?

La respuesta genera una divergencia entre dos gigantes espirituales, es decir, entre Najmánides e Ibn Ezra. El primero de los sabios, el médico de Girona, enseña que la orden de El Eterno recae sobre la escritura del texto bíblico que refiere a los viajes de Israel por el desierto, aunque, según sus palabras, «el misterio de tal precepto no nos fue revelado». Un gran pensador y sabio, Rabinu Tzadok Hakohen, citando el *Midrash Raba* (23:3), se inclina también por la enseñanza de Najmánides.

De todos modos, y a pesar de seguir los pasos del sabio catalán, lo principal aún no está resuelto y despierta gran variedad de preguntas: ¿por qué se requiere de una orden especial acerca de la escritura de los viajes por el desierto? ¿Acaso simplemente se pretende dejar un registro histórico e incluso territorial de la salida de Egipto? ¿En qué se diferencia esta sección del resto de los pasajes bíblicos? ¿Qué esconde en particular esta sección bíblica, la cual a simple vista se presenta casi como un texto superficial y carente de valor? ¿Acaso el hecho de que sumen cuarenta y dos las paradas de un viaje es una mera coincidencia?

Un texto revelador

En la maravillosa y profundísima obra denominada *Pri Tzadik*, de Rabeinu Tzadok Hakohen, en su comentario a la sección «Behaalotjá», el sabio escribe:

Y es sabido que las 42 marchas y sitios en los que se detuvo (el pueblo de Israel al cruzar el Desierto) son en paralelo con el Nombre de 42 letras. Y cada letra refiere a un nivel determinado. Y entre cada nivel y nivel hay un viaje que se debe recorrer para alcanzar el nivel superior. Y mientras (la persona) marcha, se encuentra ocupado, y al alcanzarlo (al nivel siguiente), entonces descansa. Y esto resume la tarea del hombre a lo largo de su vida: durante los días de acción se encuentra ocupado, lo cual representa una preparación para alcanzar el Shabbat. Pues, quien no se esfuerza en vísperas de Shabbat, ¿qué habrá de comer en Shabbat...?

Rabeinu Tzadok también explica que ésta es la razón por la cual la *Torah* repite en cada ocasión el punto de partida, cuando en realidad el lector ya lo sabía por ser el anterior punto de llegada. Sin embargo, el sabio nos aclara que existe una relación entre el punto de partida –un cierto grado de Santidad– y el punto al que se pretende llegar –un grado superior de Santidad–, y por esto la *Torah* insiste en escribir también el punto de partida y también el punto de llegada: dos grados de Santidad interrelacionados y conexos. Una escalera espiritual, en la que cada escala es a su vez un sitio por alcanzar, y el punto de partida y la base del próximo paso.

Surge también de la explicación del exegeta que, tal como los viajes y marchas de Israel en su travesía hacia la Tierra de Israel respetan un orden esencial, así también las 42 letras del Nombre deben respetar un orden ininterrumpido y graduado.

La importancia de su pronunciación

Ciertos cabalistas escriben en nombre de Najmánides que la lectura de esta sección de la *Torah* tiene un valor en sí mismo, desde el primer punto de la marcha hasta la última, y que si una persona la pronuncia letra por letra, palabra por palabra, día a día, incluso durante un tiempo de desgracia, se asegura su salvación tanto para su persona como para el sitio en el que se encuentra.

En resumen, la lectura de este pasaje bíblico es equivalente a la pronunciación del Nombre de cuarenta y dos letras, el cual tiene el poder espiritual de liberar y rescatar a una persona de cualquier infortunio o adversidad.

Maimónides

En la *Guía de Perplejos* (1:62) encontramos la siguiente enseñanza:

También empleaban un Nombre de cuarenta y dos letras. Ahora bien, cualquier hombre sensato sabe que es absolutamente inviable un vocablo de tan elevado número de letras serían, por tanto, varias palabras conjuntadas en esas cuarenta y dos letras. Indudablemente esas dicciones designaban por fuerza determinadas ideas tendentes al acercamiento de la verdadera concepción de la esencia divina, por el procedimiento que hemos dicho. A buen seguro que esas palabras polilíteras se designaban como un solo Nombre porque expresaban una noción única, al igual de los nombres «primarios». Tales dicciones proliferaban con el fin de hacer inteligible el asunto, pues a veces un solo concepto hay que enunciarlo con varias palabras.

Compréndelo bien y percátate que asimismo eran las nociones indicadas mediante esos nombres lo que se inculcaba, no la muda pronunciación de las letras, desprovista de toda representación. Ni se aplicó en absoluto el dodecagrámaton ni el nombre de cuarenta y dos letras para la denominación del *Shem Hameforash*, dado que éste es el nombre privativo, conforme expusimos. En cuanto a esos otros dos Nombres, encierran necesariamente cierta enseñanza metafísica, y la prueba de esto es que los sabios dicen al respecto: «El Nombre de cuarenta y dos letras es santo y santificado y únicamente se transmite al discreto que alcanzó la mitad de sus días, no es inclinado a la cólera ni a la embriaguez, no es contumaz en su conducta y habla a todos con dulzura. Todo aquel que llega a conocerlo y lo guarda con circunspección y pureza es amado en las alturas y estimado bajo el Cielo, respetado de las criaturas; es duradera en él su instrucción, y él, heredero de dos mundos, el presente y el futuro». Éste es el texto talmúdico. Pero cuán lejos está de la intención del autor la interpretación que se le da. En efecto, la mayoría piensa que se trata únicamente de la pronunciación de las letras, sin más alcance, ni ha de buscarse en ellas ulterior sentido, que eleve a cosas sublimes, como también que sea el medio obligado para las disposiciones morales y la relevante preparación indica, pues claro está que el único objetivo es dar a conocer nociones metafísicas de los misterios de la *Torah*, como expusimos. En los libros que versan sobre la ciencia metafísica ya se ha consignado que no es posible prescindir de ella, me refiero a la percepción del intelecto activo; es el significado de la expresión «su instrucción se conserva en él».

En resumen, Maimónides nos aclara que el Nombre de las cuarenta y dos letras encierra significados muy profundos, definidos como «secretos de la *Torah*», a los que sólo puede acceder una persona con cualidades de excelencia.

Algunos lo ocultan, otros lo revelan

Rashi, el comentarista clásico de la *Torah* y del Talmud, explica en el tratado de *Kidushín* (71a) que el Nombre de cuarenta y dos letras «no nos fue explicado». Otro de los más afamados comentaristas y legalistas, el Rosh, declara, por el contrario, que el Nombre «es conocido por los sabios».

Por su parte, Tosafot, en su comentario al tratado de *Jaguigá* (11b) escriben que «Rabeinu Tam enseña que el Nombre de las cuarenta y dos letras surge del versículo del Génesis –*Bereshit*– y del versículo siguiente». Y Rabeinu Bejaie aclara (Génesis 1:1) que el Nombre de las cuarenta y dos letras está compuesto por la las letras iniciales de la *Torah*, hasta la letra *bet* de la palabra **Vabohu** del segundo versículo.

Tiempo de revelación

En las últimas generaciones se permitió revelar el orden de las 42 letras del Nombre divino, y el mismo figura en casi todos los libros de oraciones –sidur– en la plegaria denominada *Ana Bekoaj*, atribuida al sabio Rabbí Nejunia ben Hakaná. Esta plegaria, tal como se enseña en Tikunei Hazohar, fue compuesta en base al Nombre de las 42 letras. En hebreo, cada una de las letras iniciales de cada palabra se unen formando el Nombre, lo cual hemos señalado entre paréntesis.

Te imploramos que con la fuerza de Tu grandiosa diestra liberes los pecados atados. (Alef, Bet, Guimel; Iod, Tav, Tzadik)

Acepta la plegaria de Tu pueblo; fortalécenos, purifícanos, Reverenciado. (Kof, Reish, Ain; Shin, Tet, Nun)

Te rogamos, Poderoso, que guardes como la niña del ojo a quienes procuran Tu Unicidad. (Nun, Guimel, Dalet; Iod, Kaf, Shin)

Bendícelos, purifícalos, muéstrales piedad, que Tu rectitud siempre los recompense. (Bet, Tet, Reish; Tzadik, Tet, Guimel)

Santo y Poderoso, en Tu gran bondad guía a Tu Asamblea. (Jet, Kof, Bet; Tet, Nun, Ain)

Único y Excelso, dirígete a Tu Pueblo que proclama Tu Santidad. (Iod, Guimel, Lamed; Pei, Zain, Kof)

Acepta nuestra súplica y escucha nuestro clamor, Tú que conoces los misterios. (Shin, Kof, Vav; Tzadik, Iod, Tav)

Bendito es el Nombre de Su Glorioso Reinado por toda la eternidad.

Esta plegaria está ordenada del siguiente modo: siete frases, compuesta cada una de ellas por seis palabras, lo cual suma un total de cuarenta y dos palabras.

Es decir, el número seis representa al nivel de este mundo, tal como está escrito: «Porque seis días hizo El Eterno los Cielos y la Tierra» (Éxodo 20:11), como es sabido que todo en el mundo se extiende en las cuatro direcciones, arriba y abajo. (Resulta sugerente notar que el versículo no escribe «en seis días» sino «seis días», lo cual marca el carácter esencial denotado por este número en relación al mundo físico, al mundo material).

Por su parte, el número siete alude al punto interior del cual surge toda ramificación, el punto sagrado equiparable al séptimo día, el Shabbat, el cual es aprehendido como la sexagésima parte del Mundo Venidero.

Por consiguiente, la combinación del seis y el siete en un mismo Nombre señala la unión del seis y el siete, la relación existente entre los Cielos y la Tierra, entre el Arriba y el abajo.

En la Introducción al comentario *Ner Israel* está escrito: «Debes saber que lo principal de toda nuestra *Torah* y los preceptos es corregir las chispas sagradas que cayeron. Por lo tanto, en el comienzo de la *Torah* se esconde el Nombre de cuarenta y dos letras, lo mismo que al comienzo del Cántico del mar –*az iashir*– porque allí se elevaron una vez que se liberaron al salir de Egipto...». En pocas palabras, este Nombre en particular señala el ascenso y el paso desde un mundo inferior a un mundo superior.

Este aspecto también está sugerido al comienzo del mismo Nombre, y esto resulta muy importante ya que siempre el comienzo de todo ya contiene lo que vendrá posteriormente. Las primeras letras del Nombre son las tres primeras letras del abecedario hebreo –*Alef, Bet, Guimel*– las cuales suman, de acuerdo con sus valores numéricos, seis. Es decir, la esencia de este Nombre busca crear la unión y la conexión, lo cual está sugerido por el seis o la letra *Vav*, de idéntico valor numérico.

En base a estos conceptos se alcanza una comprensión profunda acerca de por qué el Nombre está oculto al principio de la *Torah*, a partir del versículo: «En el principio...». En este versículo se nombra a los Cielos y a la Tierra, lo cual sugiere a la unión completa entre el «Allí» –*sham, shamaim,* los Cielos– y el «Aquí», la Tierra.

Esto explica también el motivo por el que los sabios determinaron pronunciar esta plegaria en la víspera del Shabbat, ya que se trata del momento de encuentro entre el seis y el siete, es decir, entre los seis días de la semana y el séptimo día, el Shabbat. A través de la misma nos elevamos del mundo material al mundo espiritual.

¿A quién se revela el Nombre?

En el tratado talmúdico de *Kidushín* (71a) se enseñan las condiciones y características que debe reunir una persona para merecer que el Nombre le sea revelado:

> *Dijo Rab Iehuda en nombre de Rav: el Nombre de 42 letras no le debe ser revelado sino a aquel que es recatado, humilde, se encuentra en la mitad de sus años, no se deja llevar por la ira, no se emborracha, y no es puntilloso con los demás. Y todo el que lo sabe y es precavido y lo cuida con pureza, es amado en lo Alto, agradable en lo Bajo, despierta el temor en las criaturas y hereda dos mundos, este mundo y el Mundo Venidero.*

El Maharal de Praga destaca que en la cita talmúdica se nombran seis características de personalidad virtuosa que debe poseer la persona a la que se le revela el Nombre, lo cual marcha su grado de «Santidad divina»:

Debe ser recatado
Debe ser humilde
Debe encontrarse en la mitad de su vida
No se enoja
No se emborracha
No es puntilloso

De acuerdo con el Maharal, cabe definir a la Santidad como la capacidad de unir y conectar lo material con su raíz espiritual. Por lo tanto, quien posee estas seis características tiende a desapegarse de la materia, a no dejarse influir por ella, y a unirse a lo espiritual. O más precisamente, a conectar los mundos inferiores con los mundos superiores.

El Gran Sacerdote y el Día del Perdón

De acuerdo a importantes sabios, el Nombre de cuarenta y dos letras era pronunciado por el Gran Sacerdote durante el Día del Perdón.

Si tenemos en cuenta que se trata de un día de elevación espiritual, ayuno, desapego de todo lo material y plena dedicación a la conexión espiritual, entonces se comprende claramente que precisamente este Nombre sea pronunciado durante ese día. En el Día del Perdón, a través de la *teshuvá* o el retorno, permitimos que nuestras almas vuelvan a su Fuente, y de este modo experimentamos la conexión con el Siete Supremo.

En pocas palabras, y de acuerdo con la base establecida por el *Sefer Ietzirá*, cuando los aspectos de máxima Santidad de alma –representado por el Sacerdote–, tiempo –representado por la Santidad del día– y espacio –representado por el templo– coinciden, entonces el Nombre de las cuarenta y dos letras surge en todo su esplendor, el Nombre que marca el lazo entre los Cielos y la Tierra, seis veces Siete.

Más acerca del cuarenta y dos

Analicemos un extraño texto de Biblia y el comentario que acerca del mismo encontramos en el Talmud:

Después subió de allí a Beit El; y subiendo por el camino, salieron unos pequeños jóvenes de la ciudad, y se burlaban de él, diciéndole: ¡Calvo, sube! ¡calvo, sube! Y girando hacia atrás, los vio, y los maldijo en el nombre de El Eterno. Y salieron dos osos del bosque, y despedazaron de ellos a cuarenta y dos muchachos (2 Reyes 2:23).

«Dijo Rabbí Janina: Debido a los cuarenta y dos sacrificios que ofreció Balak, el rey de Moab, fueron despedazados de Israel cuarenta y dos niños» (*Sotá* 47a).

Cabe aclarar que en el mismo tratado de Sotá se enseña que «lo que vio en ellos» el profeta Elisha es que estos niños fueron engendrados por aquellos que no respetaban la Santidad del Día del Perdón –en el cual se prohíbe toda relación íntima– y que no contaban ni ellos, ni sus descendientes, con ningún tipo de mérito.

Nuevamente el Maharal enseña que Balak ofreció cuarenta y dos sacrificios para apegarse a ese Nombre de cuarenta y dos letras y poder así enfrentarse a Israel. Y aunque El Eterno no escuchó su ruego para dañar a los justos de Israel, tal intento afectó a los malvados del pueblo. Es decir, aquellos que no logran elevarse espiritualmente –los que fueron engendrados precisamente en el día en que el Nombre es pronunciado– se ven afectados por la evocación del mismo, incluso si esto es realizado por un malvado como Balak.

Las cuarenta y dos estaciones

En base a lo enseñado hasta aquí podemos inferir que las cuarenta y dos estaciones del pueblo de Israel en su travesía por el desierto, no son más que un camino de elevación, el cual comienza con la salida de Egipto y concluye con la entrada y el asentamiento en la Tierra de Israel, el objetivo final. Y todo esto se lleva a cabo «por orden de El Eterno», ya que la finalidad es que Su pueblo se eleve gracias a la influencia del Nombre de cuarenta y dos letras, al nivel de máximo enlace y unión entre los Cielos y la Tierra.

La fuente bíblica

Los sabios nos revelan que el Nombre de cuarenta y dos letras aparece sugerido en la *Torah* en dos ocasiones:

Al comienzo de la *Torah* (desde la *Bet* de *Bereshit* hasta la *He* de *Vabohu*).
En el Cántico del Mar (desde la *Alef* de *Az Iashir* hasta la *Alef* de la palabra *Leemor*).

El contenido de estos versículos y el Nombre de las cuarenta y dos letras se encuentra íntimamente relacionado tal como lo aclaramos a continuación.

El Tetragrama

Si bien acabamos de presentar y destacar la importancia del Nombre de cuarenta y dos letras, no podemos dejar de preguntarnos acerca del Nombre Inefable, el Nombre de las cuatro letras, el Tetragrama: ¿acaso no es éste el origen de todo? ¿Acaso no todo surge y parte de él?

La respuesta es positiva, aunque para entenderlo debamos comprender anteriormente otros conceptos.

El número de letras de una palabra o un nombre posee un significado. En el caso del Tetragrama, resulta evidente que el número cuatro asume una importancia fundamental.

El contenido o *milui* de una palabra o un nombre es cuando deletreamos el modo en el que se escribe cada letra. Por ejemplo, el contenido o *milui* de la letra *Alef* es: *Alef, lamed, pei*. En el caso del Tetragrama, su contenido o milui es: *Iod, Vav, Dalet; He, Alef; Vav Alef, Vav; He, Alef.* Un total de diez letras.

El contenido del contenido de una palabra o un nombre, tomando el caso del Tetragrama, es: *Iod, Vav, Dalet; Vav, Alef, Vav; Dalet, Lamed, Tav; He, Alef; Alef, Lamed, Pei; Vav, Alef, Vav; Alef, Lamed, Pei; Vav, Alef, Vav; He, Alef; Alef, Lamed, Pei.* Un total de 28 letras.

Ahora bien, cuando sumamos el número de letras del Tetragrama, más su contenido, más el contenido de su contenido, alcanzamos un total de 42 letras.

En resumen, la raíz del Nombre de cuarenta y dos letras es también el Tetragrama, Origen y Fuente de todo lo creado.

GLOSARIO

En el presente glosario aparecen las definiciones puntuales de las palabras, los términos y los conceptos principales, ya que los más generales fueron incluidos en la Introducción del Volumen I. También, debido a la complejidad y profundidad de ciertos temas, en el glosario simplemente se describe el tópico de modo extremamente resumido, el cual muchas veces aparece luego explicado por el mismo texto de El Zohar. De todos modos, esperamos que resulte de ayuda para el lector.

– A –

Aba: Uno de los cinco Rostros o Partzufim, en este caso identificado con la sefirá de Jojmá. *Véase* página 36 en la Introducción del Volumen I.

Academia Celestial: En el lenguaje de los sabios cabalistas se refiere al lugar espiritual al que ascienden los justos tras su muerte para continuar estudiando *Torah* y completar sus niveles espirituales.

Adam Kadmón: Lit.: Hombre Primordial. Se refiere a uno de los estados principales y esenciales de la concatenación y creación de los Cuatro Mundos. *Véase* página 63 en la Introducción del Volumen I.

Adonai: Nombre divino relacionado con la sefirá de Maljut y la letra Tav. Es uno de los diez Nombres divinos sobre los que recae la prohibición de ser borrado.

Ain: Una de las veintidós letras del abecedario hebreo. Su valor numérico es 70. Los sabios cabalistas la asocian con el signo de Capricornio, el enojo y el mes hebreo de Tevet.

Alef: Primera letra del abecedario hebreo. Su valor numérico es 1.

Alef Hei Iud Hei: Nombre divino relacionado con la sefirá de Keter. Es uno de los diez Nombres divinos sobre los que recae la prohibición de ser borrado.

Amá: Medida de longitud equivalente, aproximadamente, a medio metro.

Amalek: El primer pueblo que atacó por la espalda a Israel al salir de Egipto. Archienemigo espiritual de Israel, se considera que el Nombre de El Eterno no estará completo hasta que el recuerdo de este pueblo sea borrado, lo cual constituye un precepto bíblico. En el lenguaje de los sabios cabalistas, representa a la klipá que se opone al nivel de Daat de Santidad.

Amidá: Conjunto de Dieciocho bendiciones que se pronuncia tres veces al día, mañana, tarde y noche, las cuales resumen los pedidos tanto del individuo como los de la comunidad en general. En el lenguaje de los sabios este rezo también es denominado simplemente como «el rezo». Sus otros nombres son Amidá y Shmona Esré.

Arameo: Lengua relativamente cercana al hebreo. Hasta el exilio en Babilonia el arameo era conocido sólo por los sabios, mas allí el pueblo aprendió el idioma popular y casi olvidó el hebreo. El arameo del Talmud es coloquial, a diferencia del arameo literario que aparece en la Biblia (Daniel, Ezra).

Arij Anpín: Uno de los cinco Rostros o Partzufim, en este caso identificado con la sefirá de Keter. *Véase* pág. 76 en la Introducción del Volumen I.

GLOSARIO

Arvat Haminim: Lit: Cuatro especies. Una de las cuatro especies que se bendicen la fiesta de Sukot, la fiesta de las Cabañas: *etrog* –cidra–, *lulav* –rama de palmera–, *hadás* –mirto– y *aravá* –sauce.

Arvit: Rezo nocturno, uno de los tres rezos que se pronuncian a diario. De acuerdo con la enseñanza de los sabios del Talmud, este rezo fue establecido por el patriarca Jacob.

Atik Iomin: Uno de los Rostros o Partzufim. *Véanse* pág. 75 y ss. en la Introducción del Volumen I.

Aza y Azael: *Véanse* págs. 156, 243, 273-274, 296 en el Volumen I.

– B –

«Baraita»: Del arameo «externa». Se trata de enseñanzas que no fueron incluidas dentro de la recopilación de la Mishná. Estas mishnaiot fueron compiladas por separado y en parte son citadas en el Talmud.

Bet: Segunda letra del abecedario hebreo. Su valor numérico es 2.

Bein Hashmashot: Tiempo comprendido entre la puesta del Sol y el momento en el que se divisan en el cielo tres estrellas. Es un período en el que dudamos si es de día o de noche y existen distintas opiniones acerca de su duración.

Biná: Lit.: Entendimiento. Una de las tres sefirot más elevadas, junto con el Keter y la Jojmá. Si establecemos un paralelismo con el cuerpo humano, corresponde al cerebro, el hemisferio izquierdo, y el corazón.

Birkat Hamazón: Bendición posterior a las comidas ordenada por la *Torah*. Está compuesta por otras cuatro bendiciones: la bendición por la comida, la bendición y agradecimiento por la Tierra de Israel, la bendición por la reconstrucción de Jerusalén y la bendición por el bien recibido de Dios.

Birkot Hashajar: Lit.: Bendiciones de la mañana. Se refiere a las primeras bendiciones que se pronuncian al levantarse, y que constituyen un corpus dentro del Sidur o libro de oraciones.

Brit Milá: Circuncisión. Se realiza a todo hijo varón de Israel al octavo día de su nacimiento. Es realizado por un Mohel, persona especialmente preparada para efectuarlo, y se considera que libera al niño de importantes grados de impureza ritual.

Buen Instinto: *Véase*: Ietzer Hatov.

– D –

Daat: Lit.: Conocimiento. Una de las diez sefirot, la cual es contada y nombrada en el caso de no incluirse al Keter entre las sefirot. Está asociada con la letra hebrea Bet y el candelabro del Tabernáculo. *Véase* pág. 39 en la Introducción del Volumen I.

Dalet: Cuarta letra del abecedario hebreo. Su valor numérico es 4.

Día del Perdón: Llamado en hebreo Iom Kipur, se trata de uno de los días más sagrados del año judío. En este día –el 10 del mes de Tishrei– Moisés alcanzó el perdón divino para el pueblo tras el pecado del becerro de oro. Es un día dedicado por completo al ayuno, al arrepentimiento y al rezo.

Diez locuciones: Se refiere a las diez veces que durante los seis días de Creación aparece escrito «Y dijo Dios». De aquí se aprende también que el mundo fue creado a partir de la Palabra divina. El primer versículo bíblico es considerado por los sabios del Talmud como la primera de las locuciones.

– E –

Ein Sof: Lit.: Sin límite o Infinito. Expresión que refiere a la Voluntad ilimitada del Creador, antes del Tzimtzum y del comienzo del proceso de Creación. *Véanse* pág. 14 y ss. en la Introducción del Volumen I.

Elohim: El primero de los Nombres divinos que aparece en la *Torah*, el cual está asociado con la Gevurá, el Juicio y el Rigor divinos, con la vocal de shvá, el brazo y mano izquierdos, la letra Guimel, y con la mesa del Tabernáculo. Es uno de los diez Nombres divinos sobre los que recae la prohibición de ser borrado.

Elohim Tzevakot: Nombre divino relacionado con la sefirá de Hod. Es uno de los diez Nombres divinos sobre los que recae la prohibición de ser borrado.

Erev rav: Referente a la Mixtura de gente que, sin pertenecer al Pueblo de Israel, salió junto a sus integrantes cuando éste se liberó de Egipto, tal como lo relata la *Torah* en el libro del Éxodo. Los sabios cabalistas nos enseñan que los miembros de esta Mixtura afectan a Israel durante el exilio, y debido a esta razón Moisés debe reencarnarse en cada generación para ayudar y salvar a su pueblo de la influencia dañina de estas almas. En el lenguaje de los sabios cabalistas también tal Mixtura de gente aparece asociada con todos aquellos entes que aún no pudieron ser rectificados y que son afectados por la klipá o cáscara de Noga.

– F –

Femenino: En el lenguaje de los sabios cabalistas la idea de lo femenino no se reduce a mujer o hembra, sino a la energía receptiva y a la materia que busca su forma. Todo, a su vez, en todos los planos, está conformado por su aspecto masculino y por su aspecto femenino. Lo femenino está relacionado con la Biná.

– G –

Gabriel: Una de las principales divisiones entre los campamentos de ángeles celestiales es en cuatro, encabezados por cuatro ángeles más importantes: Mijael, Gabriel, Uriel y Refael.

Gan Eden: Lit.: Jardín del Edén. Se refiere al paraíso bíblico en el que habitaban Adam y Eva, pero también al lugar celestial, espiritual, compuesto por habitaciones e hileras, una más interna que la otra, y en la más interior de las cuales se encuentra el Mesías, luego los justos, los piadosos, etc.

Gezeirá shavá: Uno de los métodos utilizados para interpretar la *Torah*, basado en palabras similares o repetidas que figuran en dos versículos distintos. En estos casos los sabios aplican leyes de un versículo respecto al otro en base a este método comparativo.

Gimel: Tercera letra del abecedario hebreo. Su valor numérico es 3.

Gog y Magog: Si bien los exegetas divergen en la identidad de este o estos pueblos, y su rey o reyes, todos están de acuerdo en que la guerra de Gog y Magog se refiere a que las naciones del mundo se enfrentarán a Israel en Jerusalén y que se trata de un hito relacionado con la llegada del Mesías y el final de los seis mil años del mundo.

Guehenóm: Lit.: Infierno. Lugar espiritual en el que se expían las transgresiones realizadas en este mundo. Todo lo descrito acerca del Infierno, tal como el fuego, los castigos, el sufrimiento, etc., se refiere a niveles espirituales de corrección, siempre con el objetivo de que el alma alcance la perfección absoluta.

Guematria: Sabiduría basada en el valor numérico de las letras hebreas, según la cual dos palabras que comparten el mismo valor numérico están conectadas de modo esencial.

Gevurá: Lit.: Juicio o Rigor. Una de las diez sefirot. Si establecemos un paralelismo con el cuerpo humano, corresponde con el brazo izquierdo y la mano. *Véanse* págs. 33, 41 y 43 en la Introducción del Volumen I.

– H –

Havdalá: Bendición que se pronuncia al finalizar el Shabat y las festividades, para indicar la separación entre la Santidad de ese día y el resto de los días de la semana. Se realiza sobre el vino, las especias aromáticas y el fuego.

Hei: Quinta letra del abecedario hebreo. Su valor numérico es 5. Los sabios cabalistas la asocian con el signo de Aries, la fuerza del habla y el mes hebreo de Nisán.

Hei Vav Iud Hei Tzevakot: Nombre divino relacionado con la sefirá de Netzaj. Es uno de los diez Nombres divinos sobre los que recae la prohibición de ser borrado.

Heijal: Generalmente traducido como Palacio. Refiere al Maljut, y sobre él se escribe en el Sefer Ietzirá «que está orientado hacia el centro»

(Capítulo 4, Mishná 4). También, en el lenguaje de El Zohar, los heijalot o palacios son los pasadizos espirituales de cada mundo, por los que asciende la plegaria de los hombres en dirección a lo Alto.

Hod: Lit.: Esplendor. Una de las diez sefirot. Si establecemos un paralelismo con el cuerpo humano, corresponde a la pierna izquierda, el riñón y el testículo. *Véase* pág. 38 en la Introducción del Volumen I.

Holej: Uno de los signos musicales que se utilizan para leer la *Torah* y que encierra misterios muy profundos.

– I –

Iejidá: Una de las cinco partes que conforman el concepto judío del Alma. En este caso, nos referimos a la parte más elevada, la cual también, como la Jaiá, se encuentra por encima de la persona. Los sabios cabalistas la asocian también con el Keter.

Iesod: Lit.: Fundamento. Una de las diez sefirot. Si establecemos un paralelismo con el cuerpo humano, se corresponde con el órgano sexual. *Véase* pág. 38 en la Introducción del Volumen I.

Ietzer Hará: Lit.: Mal Instinto: en el lenguaje de los sabios cabalistas alude a la fuerza espiritual que intenta desviar a la persona del camino correcto. Junto con el Buen Instinto –Ietzer Hatov– son los responsables de establecer un equilibrio permanente para que el hombre pueda ejercer su libre albedrío, elegir, y recibir su recompensa o su castigo.

Ijudim: El término se relaciona en el lenguaje de los sabios cabalistas con la palabra hebrea *ejad*, uno, lo mismo que hace referencia a la unión, la asociación, y a la cercanía. En acto, significa unir, asociar y acercar algo a su fuente y raíz, con el objeto de que ambos se transformen en uno. El hombre, a través de su servicio espiritual, es capaz de generar ijudim, por ejemplo, entre dos Rostros o Partzufim y también entre dos Nombres divinos.

Ima: Uno de los cinco Rostros o Partzufim, en este caso identificado con la sefirá de Biná. *Véase* pág. 75 en la Introducción del Volumen I.

Iom Kipur: *Véase*: Día del Perdón.

Ishim: De acuerdo con Maimónides (Iesodei Hatorá 2:7) la diferencia de nombres entre los ángeles está en relación con los diferentes niveles que ocupan, y según esto se los denomina: «Jaiot Hakodesh», cuyo nivel es el superior, y «Ofanim», «Erelim», «Jashmalim», «Serafim», «Malajim», «Elohim», «Benei Elohim», «Kerubim» e «Ishim». Estos últimos son los ángeles que hablan con los profetas y que son vistos por ellos en una visión.

Itapja: *Véanse* págs. 294-295 en el Volumen I.

Itkafia: *Véanse* págs. 294-295 en el Volumen I.

Iud: Décima letra del abecedario hebreo. Su valor numérico es 10. Los sabios cabalistas la asocian con el signo de Virgo, la fuerza de la acción y el mes hebreo de Elul.

Iud Hei: Nombre divino relacionado con la sefirá de Jojmá. Es uno de los diez Nombres divinos sobre los que recae la prohibición de ser borrado.

Iud Hei Vav Hei (con la vocalización de Elohim): Nombre divino relacionando con la sefirá de Biná. Es uno de los diez Nombres divinos sobre los que recae la prohibición de ser borrado.

– J –

Jaiá: Una de las cinco partes que conforman el concepto judío del Alma. En este caso, nos referimos a la parte asociada con las fuerzas espirituales externas y superiores a la persona. Los sabios cabalistas la asocian también con la Jojmá. *Véase* pág. 23 en la Introducción del Volumen I.

Jaiot Hakodesh: De acuerdo con Maimónides (Iesodei Hatorá 2:7) la diferencia de nombres entre los ángeles está en relación con los diferentes niveles que ocupan, y según esto se los denomina: «Jaiot Hakodesh», cuyo nivel es el superior, y «Ofanim», «Erelim», «Jashmalim», «Serafim», «Malajim», «Elohim», «Benei Elohim», «Kerubim» e «Ishim». Estos últimos son los ángeles que hablan con los profetas y que son vistos por ellos en una visión.

Jesed: Primera de las consideradas «las siete sefirot inferiores». Si establecemos un paralelismo con el cuerpo humano, se corresponde con el brazo derecho y la mano. *Véanse* págs. 38 y 41 en la Introducción del Volumen I.

Jet: Octava letra del abecedario hebreo. Su valor numérico es 8. Los sabios cabalistas la asocian con el signo de Cáncer, la fuerza de la vista y el mes hebreo de Tamuz.

Jirik: Vocal relacionada por los sabios cabalistas con la sefirá de Netzaj y la letra Kaf.

Jojmá: Lit.: sabiduría. Es una de las tres sefirot más elevadas, junto al Keter y la Biná. Si establecemos un paralelismo con el cuerpo humano, se corresponde con el cerebro y el hemisferio derecho. *Véase* pág. 36 en la Introducción del Volumen I.

Jolam: Vocal relacionada por los sabios cabalistas con la sefirá de Tiferet y la letra Dalet.

Jubileo: En hebreo: Novel. El quincuagésimo año que llega tras completar siete veces los siete años de Remisión –Shemitá–. Es un año de descanso para la tierra y de liberación de esclavos (Levítico 25).

– K –

Kadish: Plegaria que se pronuncia tanto en el rezo diario como en otras ocasiones, tales como después de estudiar la *Torah*, o para la elevación del alma de un fallecido. Existen distintos tipos de esta misma oración, tal como el kadish de los Rabinos o el kadish de duelo, todos los cuales solo pueden ser pronunciados en comunidad. El contenido de la oración está escrito en idioma arameo.

Kaf: Una de las veintidós letras del abecedario hebreo. Su valor numérico es 20.

Kal vajomer: Inferencia del más débil al más fuerte: uno de los trece métodos utilizados para interpretar la *Torah*. El mismo indica que si tenemos dos asuntos, uno grave y uno leve, y se trata el caso leve con rigor, inferimos que se aplicará rigor también al caso grave. Por ejemplo, si un acto determinado se permite en Shabat, día de máxima Santidad, seguramente estará permitido en un día festivo.

Kamatz: Uno de los signos de puntuación o vocales. Los sabios cabalistas lo asocian con el Nombre divino Alef, Hei, Iud, Hei, la sefirá de Keter, la letra Alef, y los Querubines del Tabernáculo.

Karet: Castigo que señala la desconexión del alma de su raíz espiritual superior. Según algunas opiniones, la vida de la persona castigada con *karet* es cortada y esta no alcanza su ancianidad, no logra tener descendencia y tampoco entra al Mundo Venidero.

Kasher: Cuando el término se aplica a un alimento, se refiere a uno que cumple con las normas y las leyes de la Halajá, la Ley de la *Torah*, tal como los animales puros sacrificados de acuerdo con las normas rituales, etc. Cuando el término recae sobre un individuo, significa que tal persona es idónea y apta.

Kedushá: Lit.: Santificación: Bendición de máxima Santidad perteneciente al rezo de Amidá o Shmoná Esré.

Kel: Nombre relacionado con la sefirá de Jesed. Es uno de los diez Nombres divinos sobre los que recae la prohibición de ser borrado.

Keter: Lit: Corona. Es la primera y la más elevada de todas las sefirot. Si establecemos un paralelismo con el cuerpo humano, corresponde al cráneo. *Véase* pág. 34 en la Introducción del Volumen I.

Kidush: Oración de santificación que se pronuncia sobre el vino, en el Shabat y las festividades, lo cual constituye un precepto. El vino encierra misterios muy profundos, y los mismos son sugeridos a menudo por los sabios cabalistas.

Klipot: Cáscaras espirituales. Los sabios cabalistas explican que debido a que El Eterno quiso conducir al mundo con justicia (Deuteronomio 32:4), se establecieron fuerzas malignas que determinaran un equilibrio entre el Lado del Bien y el Lado del Mal. Las fuerzas espirituales malignas que buscan castigar a los pecadores en este mundo o en el Infierno, son denominadas *Sitra Ajra* y también Klipot, ya que la Santidad, la Kedushá, es denominada «fruto», y estas fuerzas actúan como cáscaras del fruto. Los sabios determinan que hay cuatro tipos de Klipot, tres completamente malignas, y la cuarta, Noga, a veces actúa para el Bien y a veces para el Mal.

Kuf: Una de las veintidós letras del abecedario hebreo. Su valor numérico es 100. Los sabios cabalistas la asocian con el signo de Piscis, la risa y el mes hebreo de Adar.

– L –

Lamed: Una de las veintidós letras del abecedario hebreo. Su valor numérico es 30. Los sabios cabalistas la asocian con el signo de Libra, el coito y el mes hebreo de Tishrei.

Lea: Matriarca, una de las esposas de Jacob. En el lenguaje de los sabios cabalistas se refiere a una de las partes en las que se divide el Rostro femenino denominado Nukva. Corresponde a la parte que va desde el pecho hacia arriba y es considerado «el mundo oculto» o alma deitkasia.

Leviatán: Animal marítimo de grandísimas proporciones. En el lenguaje de los sabios se describe una pareja, macho y hembra, que fueron creados por El Eterno, pero se mató a la hembra para evitar su reproducción, lo cual representa un gran peligro para el mundo. Este misterio también indica que la hembra fue salada y reservada para los justos en el Mundo Venidero. También se enseña que ante la llegada del Mesías, El Creador alimentará a los justos con la carne del Leviatán y con su piel les construirá una Suká, una cabaña.

Lilit: Adán estuvo separado de su mujer, Java, por espacio de 130 años, durante los cuales se unió con espíritus femeninos, y engendró una especie mixta de humano y demonio. Algunos suponen a Lilit como la madre de buena parte de estas criaturas. Otro midrash (Otzar hamidrashim 34:4) nos cuenta que Lilit fue la primera criatura femenina humana, creada junto a Adán, pero que no lograban armonizar, disputando constantemente –en especial en lo referente a la sexualidad– en busca del poder. Hasta que ella utilizó el Nombre Inefable para evaporarse en el aire y convertirse en un ente no denso. Dios se apiadó por el sufrimiento causado por la soledad del varón, y envió tres emisarios para que hicieran entrar en razón a la rebelde Lilit. Ella se enfrentó rudamente a los mensajeros de Dios, y decidió que el objetivo de su existencia sería el de dañar a los recién nacidos descendientes de Adán. En el cuerpo humano el bazo representa a Lilit, la «esposa» de Satán, el Ángel de la Muerte. Ella es también considerada como la «madre» de la Mixtura de gente (Éxodo 12:38). Ella atrapa a la gente con la riqueza y luego la mata (Tikunei Zohar, 140a).

Límite de desplazamiento: Dos mil amot alrededor de los cuales se encuentra la persona asentada en Shabat. Está prohibido en Shabat salir fuera de la ciudad dos mil amot, en cualquier dirección.

Lulav: *Véase*: Arvat Haminim. También el nombre *lulav* suele referirse a las cuatro especies unidas.

– M –

Maasé Bereshit: Lit.: Obra de Creación. Término que los sabios utilizan para hacer referencia a la Creación del Mundo Físico, durante los primeros seis días de Creación, en oposición a Maasé Merkavá, que se refiere a los Mundos espirituales superiores.

Maasé Merkavá: Lit.: Obra del Carruaje. Se refiere a la visión del profeta Ezequiel cuando se abrieron los Cielos (Ezequiel 1; 8:3). El término «Carruaje» no aparece en el texto del profeta Ezequiel sino en el primer libro de Crónicas (28:18). Según Maimónides, este concepto se ocupa de todo lo referente a lo trascendente a la naturaleza. Algunos sabios cabalistas lo entienden como una de las ramas de estudio de la mística hebrea.

Mal Instinto: *Véase*: Ietzer Hará.

Masculino: En el lenguaje de los sabios cabalistas la idea de lo masculino no se reduce a hombre o macho, sino a la energía que influye y a la forma que busca la materia para expresarse. Todo, a su vez, en todos los planos, está conformado por su aspecto masculino y por su aspecto femenino. Lo masculino está relacionado con la Jojmá.

Makaf: Uno de los signos musicales que se utilizan para leer la *Torah* y que encierra misterios muy profundos.

Maljut: Lit.: Reinado. Una de las diez sefirot. Si establecemos un paralelismo con el cuerpo humano, corresponde a los pies y la corona del órgano sexual. *Véase* pág. 38 en la Introducción del Volumen I.

Matronita: En idioma arameo: madre. En el lenguaje de los sabios cabalistas, el Mundo de Creación –Ietzirá– es denominado Matronita por tratarse del primer mundo superior que incluye entes separados y escindidos del Creador. Este mundo es considerado femenino en relación al Mundo de Emanación –Atzilut–, y por eso, cuando Adam transgredió, se considera que la consecuencia fue que la Matronita se separó de su Esposo.

Mazal: Término que comúnmente se relaciona con la suerte o el destino de la persona, aunque en realidad, y de un modo más preciso, tal vez convendría asociarlo con las tendencias personales a determinadas acciones, o a ciertas inclinaciones de personalidad, que tienen que ver con el momento del nacimiento de una persona determinada. Los sabios enseñan, por ejemplo, que una persona que nace con un mazal que lo lleva a derramar sangre, podrá elegir a través de su libre albedrío, si ser asesino, cirujano, shojet (matarife de acuerdo con las leyes rituales de la *Torah*) o moel (encargado de realizar la circuncisión).

Mem: Una de las veintidós letras del abecedario hebreo. Su valor numérico es 40.

Merkavá: *Véase*: Maasé Merkavá.

Metatrón: Ángel principal, considerado como el Gran Sacerdote espiritual, el cual puede ingresar al Sanctasanctórum en lo Alto ante el Trono de Gloria divino. Es considerado el representante de los ángeles, y es el que reúne a las plegarias y las presenta ante la Presencia divina. También aparece asociado con el Mundo de Formación, que es el Mundo de los ángeles. El valor numérico de su nombre es similar al del Nombre divino: Shakai.

Mijael: Una de las principales divisiones entre los campamentos de ángeles celestiales es en cuatro, encabezados por los cuatro ángeles más importantes: Mijael, Gabriel, Uriel y Refael.

Modé Aní: Primera oración que pronuncia la persona al despertarse, en la que agradece al Creador que le devuelva su alma, la cual, según las enseñanzas de los sabios, asciende a los mundos superiores mientras el hombre duerme.

Mojín: Se refiere principalmente al «alma» que habita en el interior de las tres primeras sefirot, Keter, Jojmá y Biná. En algunos casos las mismas sefirot son denominadas mojín. Además, toda influencia superior es denominada mojín.

Mundo de Atzilut: Lit.: Mundo de Emanación. *Véanse* pág. 27 y ss. en la Introducción del Volumen I.

Mundo de Briá: Lit.: Mundo de Creación. *Véanse* pág. 27 y ss. en la Introducción del Volumen I.

Mundo de Ietzirá: Lit.: Mundo de Formación. *Véanse* pág. 27 y ss. en la Introducción del Volumen I.

Mundo de Asiá: Lit.: Mundo de Acción. *Véanse* pág. 27 y ss. en la Introducción del Volumen I.

Musaf: El rezo adicional, tal como su nombre indica, se agrega a los rezos diarios de shajarit en Shabat, Rosh Jodesh y las festividades. Este rezo, corresponde a las ofrendas comunitarias especiales que se ofrecían en el templo en días festivos (Números 28 y 29).

– N –

Natlá: Recipiente con el que se realiza la ablución de las manos establecida por los sabios con fines de purificación. La ablución de las manos se realiza antes de comer de modo estable, antes de rezar, tras salir del retrete, y al despertarse por la mañana.

Nefesh: Una de las cinco partes que conforman el concepto judío del Alma. En este caso, nos referimos a la parte más baja, la cual está asociada con las fuerzas vitales del cuerpo. Los sabios cabalistas la asocian también con el Maljut.

Nefilat Hapaim: Rezo conocido con el nombre de Nefilat Hapaim o Tajanun –reclinar la cabeza– y que consta del salmo 6:2-11, precedido por otros dos versículos que reflejan el mismo espíritu de contrición. La fuente bíblica de esta oración es el libro de Números 16, cuando Moisés y Aharón se postran ante Dios. Se acostumbra a pronunciar este rezo sentados con la cabeza inclinada y reposando sobre el brazo izquierdo, salvo que se lleven puestas las filacterias –tefilín–, en cuyo caso reposa la cabeza sobre el brazo derecho.

Nehar dinur: Lit.: Río de fuego. Se relaciona con la Gevurá de cada Mundo, es puramente de fuego, y también es denominado Heijal Zejut, el cual es el Infierno Superior, ya que de él fluye: de debajo del Trono de Gloria. Los ángeles que se crean cada día, de este río son creados.

Nekudot: Uno de los componentes del texto de la *Torah*, junto con los signos musicales –taamim–, las coronas –taguin–, y las letras –otiot–. En este caso, los nekudot son las vocales que esconden misterios muy profundos.

Neshamá: Una de las cinco partes que conforman el concepto judío del Alma. En este caso nos referimos a la parte asociada con las fuerzas mentales de la persona. Los sabios cabalistas la asocian también con la Biná.

Nesirá: Lit.: corte o escisión. Refiere al corte que realizó el Creador para separar a los aspectos masculino y femenino que se encontraban apegados, espalda contra espalda, en el momento de ser creado el Hombre.

Netzaj: Lit.: Victoria. Una de las diez sefirot. Si establecemos un paralelismo con el cuerpo humano, corresponde a la pierna derecha, el riñón y el testículo. *Véanse* págs. 38 y 41 en la Introducción del Volumen I.

Nidá: Mujer en estado de impureza ritual debido a su período menstrual. Existen leyes de purificación que incluyen la cuenta de días de pureza y la inmersión en el baño ritual Mikve. El Talmud reúne el análisis de estas leyes en un tratado denominado Nidá.

Nitzotz: Lit.: Chispa. Tal como las chispas que salen del fuego son denominadas así para señalar que son sólo una parte muy pequeña que se separa de la fuente principal, el fuego, de igual modo, las chispas espirituales que descendieron con las vasijas rotas, son sólo una parte de la gran Luz general del Mundo de los Puntos o Nekudim.

Noga: Los sabios cabalistas determinan que hay cuatro tipos de Klipot, tres completamente malignas, y la cuarta, Noga, a veces actúa para el bien y a veces para el mal.

Nombre de 42 letras: *Véase* el Apéndice que se encuentra al final del Volumen I.

Notrikón: Se refiere al método de interpretación a partir de las iniciales de una palabra determinada. Ejemplo: la palabra Elul, nombre de uno de los meses, sugiere la expresión del Cantar de los Cantares: «Yo soy de mi Amado y mi Amado es mío», ya que cada palabra del versículo comienza con una de las iniciales del nombre.

Nun: Una de las veintidós letras del abecedario hebreo. Su valor numérico es 50. Los sabios cabalistas la asocian con el signo de Escorpio, el olfato y el mes hebreo de Jeshván.

Nukva: Uno de los cinco Rostros o Partzufim, en este caso identificado con la sefirá de Maljut. Representa el aspecto netamente femenino. *Véase* pág. 75 en la Introducción del Volumen I.

– O –

Ofanim: De acuerdo con Maimónides (Iesodei Hatorá 2:7) la diferencia de nombres entre los ángeles está en relación con los diferentes niveles que ocupan, y según esto se los denominan: «Jaiot Hakodesh», cuyo nivel es el superior, y «Ofanim», «Erelim», «Jashmalim», «Serafim», «Malajim», «Elohim», «Benei Elohim», «Kerubim» e «Ishim». Estos últimos son los ángeles que hablan con los profetas y que son vistos por ellos en una visión.

Or Haganuz: Luz guardada y ocultada. La primera luz creada en el relato bíblico, la cual es considerada de un altísimo nivel espiritual, y que permitía al Primer Hombre «ver desde un extremo al otro del mundo». Los sabios nos enseñan que la misma fue guardada y reservada para los hombres justos, para el Mundo Venidero. La luz que nosotros conocemos es la luz creada durante el cuarto día, a diferencia del Or Haganuz.

Oraita: En idioma arameo se refiere a la *Torah*, e incluye en su raíz la palabra luz –or– lo cual señala en particular a la Luz de la divinidad oculta en ella.

– P –

Pargod: Cortina celestial que señala la separación de los mundos inferiores con los mundos superiores. En el lenguaje de los sabios cabalistas, atravesar esta cortina o escuchar lo que sucede del otro lado del Pargod, representa el poder acceder a niveles espirituales y a secretos muy elevados.

Pardés: Lit.: Prado. De acuerdo con la enseñanza de los sabios cabalistas las iniciales de esta palabra señalan cuatro niveles o perspectivas a través de las cuales comprendemos la *Torah*. La primera inicial, la letra Pei, indica el nivel de Pshat, lo simple, el relato literal de la *Torah*. La segunda inicial, la letra Reish, alude al Remez –insinuación– que le da una dimensión más profunda al relato bíblico. La tercera inicial, la letra Dalet, nos indica el Drash que proviene del verbo exigir. Esta lectura encierra una búsqueda en la cual el hombre exige el significado interior que el texto quiere transmitir. La última inicial de la palabra, la letra Samej, indica el Sod, literalmente el secreto y el misterio.

Parsá: Medida de longitud equivalente a 4,6 metros.

Partzufim: Lit.: Rostros. Se refiere a los Cinco Rostros, cada uno compuesto por diez sefirot. *Véase* pág. 75 en la Introducción del Volumen I.

Pataj: Uno de los signos de puntuación o vocales. Los sabios cabalistas lo asocian con el Nombre divino Iud Hei, la sefirá de Jojmá, la letra Mem, y el Kaporet del Tabernáculo.

Pei: Una de las veintidós letras del abecedario hebreo. Su valor numérico es 80.

Pesaj: Fiesta que conmemora la salida de Egipto y la liberación del pueblo de Israel. Pesaj comienza el 15 del mes de Nisán y se celebra en Israel durante siete días. El precepto principal de esta festividad consiste en no comer levadura o productos que la contengan.

Pidión Habén: Ceremonia que se realiza a los 30 días del nacimiento del hijo varón primogénito por parte de la madre. De acuerdo con la Ley de la *Torah*, en un principio el primogénito pertenecía a El Eterno, lo cual significaba que debía servir como sacerdote –kohen–, mas una vez que toda la tribu de Leví fue consagrada a este fin, los primogénitos son rescatados del sacerdote a través de cinco monedas –selaim.

– R –

Rajel: Lit.: Raquel, la matriarca, una de las esposas de Jacob. En el lenguaje de los sabios cabalistas se refiere a una de las partes en las que se divide el Rostro femenino denominado Nukva. Se refiere a la parte que va desde el pecho hacia abajo y es considerado «el mundo revelado» o «alma deitgalia».

Refael: Una de las principales divisiones entre los campamentos de ángeles celestiales es en cuatro, encabezados por los cuatro ángeles más importantes: Mijael, Gabriel, Uriel y Refael.

Reish: Una de las veintidós letras del abecedario hebreo. Su valor numérico es 200.

Remisión: En hebreo: Shemitá. Refiere al séptimo año, en el cual no se trabaja la tierra y en el que todas las deudas quedan anuladas. Cuando transcurren siete años de Shemitá llega el año del Jubileo (*véase* Talmud, tratado de Moed Katán 2b y ss.)

Reshimo: Lit.: Marca o huella. Se refiere a la Luz divina que, tras realizarse el tzimtzum o la contracción, quedó en el jalal o espacio. En ningún caso podemos decir que este espacio quedó vacío de Luz de la divinidad, sino que a esta Luz que quedó la consideramos la marca o la huella de la anterior.

Resurrección de los muertos: Los sabios nos enseñan que existen dos etapas en la resurrección de los muertos: la primera sucederá al comienzo de la época mesiánica en la que Moisés, Aharón, sus hijos y todos los justos de Israel resucitarán para guiar al pueblo. Acerca de la segunda etapa de la resurrección, la general, existen distintas enseñanzas al respecto: hay entre los sabios quienes mantienen que sucederá al final del sexto milenio, otros cuarenta años tras la llegada del Mesías y otros setenta años tras la llegada del mismo.

Revii: Uno de los signos musicales que se utilizan para leer la *Torah* y que encierra misterios muy profundos.

Rosh Jodesh: Lit: Cabeza del mes. Día en el que comienza el mes hebreo, considerado como un día semifestivo. En la *Torah* y el Talmud es mencionado junto con las festividades y el Shabat. Antes de que se estableciera el calendario fijo, el Rosh Jodesh era establecido por el Tribunal, el Sanedrín, basándose en el testimonio de testigos que habían observado la luna nueva.

Rostro: En hebreo: Partzuf. *Véanse* pág. 75 y ss. en la Introducción del Volumen I.

Ruaj: Una de las cinco partes que conforman el concepto judío del Alma. En este caso, nos referimos a la parte asociada con las fuerzas emocionales de la persona. Los sabios cabalistas la asocian también con las seis sefirot, desde Jesed a Iesod.

– S –

Samael: Ministro espiritual de Edom, el cual actúa igualmente como el Ministro espiritual de los otros setenta ministros. Al caer Samael, todos los demás también caen. Los sabios lo citan también como «montado sobre la Serpiente».

Samej: Una de las veintidós letras del abecedario hebreo. Su valor numérico es 60. Los sabios cabalistas la asocian con el signo de Sagitario, el poder del sueño y el mes hebreo de Kislev.

Sefirot: *Véanse* pág. 31 y ss. en la Introducción del Volumen I.

Segol: Uno de los signos de puntuación o vocales. Los sabios cabalistas lo asocian con el Nombre divino Kel, la sefirá de Jesed, la letra Bet, y con el candelabro del Tabernáculo.

Segolta: Uno de los signos musicales que se utilizan para leer la *Torah* y que encierra misterios muy profundos.

Sela: Moneda de plata cuyo valor es equivalente a dos Shekalim o 4 Zuzim o Dinarim: 14,34 gramos.

Serafim: De acuerdo con Maimónides (Iesodei Hatorá 2:7) la diferencia de nombres entre los ángeles está en relación con los diferentes niveles que ocupan, y según esto se los denominan: «Jaiot Hakodesh», cuyo nivel es el superior, y «Ofanim», «Erelim», «Jashmalim», «Serafim», «Malajim», «Elohim», «Benei Elohim», «Kerubim» e «Ishim». Estos últimos son los ángeles que hablan con los profetas y que son vistos por ellos en una visión.

Shajarit: Uno de los tres rezos que se pronuncian a diario, el matutino. De acuerdo con la enseñanza de los sabios fue establecido por el patriarca Abraham.

Shakai: Uno de los Nombres divinos que aparece en la *Torah*, el cual está asociado con la sefirá de Iesod, Fundamento, la conducción divina que combina el Netzaj y el Hod, el órgano sexual y la letra Tav.

Shakai Kel Jai: Nombre divino relacionado con la sefirá de Iesod. Es uno de los diez Nombres divinos sobre los que recae la prohibición de ser borrado.

Shalshelet: Uno de los signos musicales que se utilizan para leer la *Torah* y que encierra misterios muy profundos.

Shavuot: Una de las tres fiestas de peregrinaje bíblicas, en la cual se celebra la recepción de la *Torah* en el Monte Sinaí. No posee una fecha propia sino que se conmemora a los 50 días de la salida de Egipto.

Shedim: Lit.: Demonios. El nombre hebreo está relacionado con el hecho de que engañan –shodedim– las mentes de los hombres o porque habitan en sitios destruidos o deshabitados –shadud. De acuerdo con los sabios sus almas fueron creadas el sexto día, antes de que entrara el Shabat, pero no alcanzó a crear sus cuerpos. Éstos habitan principalmente en sitios descampados y destruidos, y el objetivo de su creación fue generar sufrimiento y amonestar a los hombres alejados del camino de la verdad.

Shejiná: Presencia divina. La raíz hebrea de esta palabra –shin, kaf, nun– señala el acto de habitar, morar, residir. La Shejiná, de acuerdo con los actos de los hombres, se aleja del mundo o se aproxima, y el objetivo final de toda la Creación es que la Presencia divina se revele concretamente en el mundo.

Shemá Israel: Oración pronunciada dos veces cada día, por la mañana y por la noche. Está compuesta por tres secciones bíblicas: (Deuteronomio 6:4-9; 11:13-21; Números 15:37-41).

Shin: Una de las veintidós letras del abecedario hebreo. Su valor numérico es 300.

Shevarim: Tres voces entrecortadas que se soplan del shofar en Rosh Hashaná, largas, como las de un quejido, y desde el principio al fin se prolongan como las nueve teruot.

Shofar: a) Cuerno de animal, de preferencia carnero, con el que se cumple el precepto de escuchar la voz del shofar en la festividad de Rosh Hashaná. También se lo hace sonar con el fin de despertar espiritualmente a la comunidad durante el mes de Elul, mes de arrepentimiento, y al finalizar el Iom Kipur. En la *Torah* el shofar aparece relacionado con otros acontecimientos, tales como la entrega de la *Torah*, el año del Jubileo y la llegada del Mesías. b) Uno de los signos musicales que se utilizan para leer la *Torah* y que encierran profundos misterios.

Shuruk: Vocal relacionada por los sabios cabalistas con la sefirá de Hod, el muslo y pie izquierdos, y la letra Pei.

Shvá: Uno de los signos de puntuación o vocales. Los sabios cabalistas lo asocian con el Nombre divino Elohim, la sefirá de Gevurá, la letra Guimel, y la mesa del Tabernáculo.

Shvirat hakelim: Lit.: Ruptura de vasijas. Se refiere al momento del proceso de creación en que una Luz demasiado potente entró en las vasijas que simplemente no podían contenerla y se rompieron. En el ámbito de las sefirot, se considera que la ruptura afectó a las siete inferiores. De acuerdo con los sabios cabalistas la ruptura de las vasijas permite el surgimiento y la existencia del Mal. También esta ruptura es la raíz del libre albedrío. *Véase* pág. 67 en la Introducción del Volumen I.

Sitra Ajra: En arameo: el Otro Lado. Así como El Eterno creó los Mundos de Creación, Formación y Acción, para que sirvieran de base para la realización del Bien y la Santidad, de igual modo creó el lado opuesto, es decir, los encargados del Mal. El conjunto de estas criaturas encargadas del Mal en el mundo se denomina las «fuerzas del Otro Lado». El Mal, tal como es entendido por los sabios cabalistas, es sólo un medio para lograr y generar finalmente el máximo Bien, objetivo último de la creación del mundo.

Sucot: Fiesta que conmemora la protección divina de la que goza Israel durante su paso por el desierto, al salir de Egipto. La misma comienza el 15 del mes de Tishrei y se celebra en Israel durante siete días. El precepto principal de esta festividad es habitar en la suká, una cabaña, durante toda la festividad, y balancear las cuatro especies durante el rezo matutino.

Suká: Cabaña que se construye especialmente para la fiesta de Sucot, en la que se debe habitar durante los días de la festividad tal como se habita en la casa durante el resto de los días del año.

– T –

Taamim: Uno de los componentes del texto de la *Torah*, junto con las coronas –taguin–, las letras –otiot– y las vocales –nekudot–.

En este caso, los taamim son los signos musicales que esconden misterios muy profundos.

Tagin: Uno de los componentes del texto de la *Torah*, junto con los signos musicales –taamim–, las vocales –nekudot–, y las letras –otiot–. En este caso, los tagin son las coronas o dibujos lineares que aparecen por encima de algunas letras de la *Torah* y que esconden misterios muy profundos.

Talit: Prenda superior, ancha, con la que las personas solían cubrirse todo el día. Cuando reúne las condiciones de poseer cuatro esquinas, el talit llevaba los tzitzit. En la actualidad el talit es utilizado para los rezos y para asistir a la sinagoga, aunque existe también el talit pequeño, que es utilizado permanentemente.

Tav: Una de las veintidós letras del abecedario hebreo. Su valor numérico es 400.

Tefilín: Filacterias, dos cajitas de cuero negro que contienen cuatro pergaminos con pasajes de la *Torah*: (Deuteronomio 6:4-9), (Deuteronomio 11:13-21), (Éxodo 13:1-10), (Éxodo 13:11-16). Se fijan en la frente y en el brazo izquierdo mediante unas correas de cuero negro que penden de las cajitas durante la oración matutina –shajarit– de cada día, a excepción de los días festivos y el Shabat.

Teshuvá: Término que expresa el retorno a la conexión espiritual con El Creador, tras haberse alejado de Él. Su raíz incluye la acepción de regreso –lashuv– y también la misma palabra puede, de modo sugerente, ser dividida en dos: teshu-va, es decir, volver o retornar a Dios.

Tet: Novena letra del abecedario hebreo. Su valor numérico es 9. Los sabios cabalistas la asocian con el signo de Leo, la fuerza de la audición y el mes hebreo de Av.

Tetragrama: El Nombre de las cuatro letras: Iud, Hei, Vav, Hei, el cual está asociado con la sefirá de Tiferet, con la vocal jolam, el cuerpo o el torso de persona, la letra Dalet, y con el altar de oro del Tabernáculo.

Tiferet: Lit.: Belleza o Armonía. Una de las diez sefirot. Si establecemos un paralelismo con el cuerpo humano, se corresponde con el torso. *Véanse* pág. 38 y ss. en la Introducción del Volumen I.

Tikún: Lit.: Rectificación. Se refiere al estadio en el que determinado ente o persona alcanza el objetivo divino y el sentido de su creación. Por ejemplo, el Mundo del Tikún es el estadio en el que la Presencia divina debe ya revelarse concretamente en la realidad, lo cual es considerado la rectificación o tikún del mundo.

Torah: Pentateuco o los Cinco libros de Moisés: Génesis, Éxodo, Levítico, Números y Deuteronomio. También es considerada la sabiduría escrita o *Torah* Escrita, en oposición a lo que se denomina *Torah* Oral. Los textos cabalísticos enseñan que la *Torah* representa el plano de todo lo creado: «Dios miró la *Torah* y creó el mundo».

Tikún Jatzot: Rezo que se pronuncia a medianoche, cuando es costumbre enunciar de modo individual o en una habitación secundaria de la sinagoga, sentándose en el suelo y llorando. Como de acuerdo con los sabios cabalistas la Shejiná incluye dos aspectos, uno denominado Rajel y el otro Lea, este rezo también está compuesto por dos tikunim o rectificaciones: Tikun Rajel, en el que se llora debido al exilio de la Shejiná, y Tikun Lea, basado en el estudio de la *Torah*.

Trece medidas de misericordia: También son denominadas «atributos» de misericordia. Aparecen en dos secciones bíblicas: en el libro del Éxodo (34:6-7) y Malaquías (7:18-20). En el Talmud, tratado de Rosh Hashaná (17b) se enseña que El Eterno le reveló a Moisés esta súplica, la cual se considera que en todos los casos es respondida.

Treinta y dos senderos de sabiduría: La Jojmá –por ser el primer destello de revelación– incluye a todos los posteriores modos de conducción divina, incluyendo a los 32 senderos. Éstos son mencionados al comienzo del Sefer Ietzirá, y están conformados por las diez sefirot y las 22 letras del abecedario hebreo.

Treinta y nueve prohibiciones: Lo que la *Torah* prohibió fue la realización en Shabat de actos que impliquen una actividad creativa, actividades que surgen del precepto de construir el Tabernáculo (Mishkán) en el desierto del Sinaí (Éxodo 31:1-11), (Éxodo 35:1-3). Las actividades necesarias para la construcción del Tabernáculo eran treinta y nueve en total. Éstas se denominan Actividades Principales (Avot Melajot) que incluyen en sí mismas a todas las demás prohibiciones de Shabat que reciben el nombre de Actividades Derivadas (Toladot). Las actividades 1 al 11 están relacionadas con la preparación de los diversos tipos de alimento del ser humano: arar, plantar, cosechar, engavillar, trillar, aventar granos, seleccionar, tamizar, moler, amasar y hornear. Las actividades 12 a la 24 están ligadas con la preparación de la indumentaria del ser humano: esquilar, blanquear o lavar, cardar, teñir, hilar, introducir hilo en el ojal, actividad preparatoria para el tejido, tejer, deshebrar, anudar, desanudar, coser y desgarrar. Las actividades 25 a la 33 están relacionadas con la escritura o con la preparación de los materiales para la escritura: cazar, degollar, desollar, curtir, raspar, rayar, cortar, escribir y borrar. Las actividades 34 y 35 están ligadas con la construcción de la vivienda del ser humano, y son: construir y demoler. Las actividades 36 y 37 están ligadas al fuego, y son: encender y apagar el fuego. La actividad número 38 es la que completa una determinada actividad. La actividad número 39 es el transporte de objetos del dominio privado al público y viceversa.

Truá: Nueve voces entrecortadas que se soplan del shofar en Rosh Hashaná, cortas, como las de un hombre que solloza, y desde el principio al fin se prolongan como tres shevarim.

Tzadik: Una de las veintidós letras del abecedario hebreo. Su valor numérico es 90. Los sabios cabalistas la asocian con el signo de Acuario, el gusto y el mes hebreo de Shevat.

Tzimtzum: Lit.: Contracción. Se refiere a la contracción de la Luz inicial del Ein Sof, para dar lugar a otra existencia además de la Divinidad. La contracción también generó el Jalal y el Roshem. *Véase* pág. 58 en la Introducción del Volumen I.

– U –

Uriel: Una de las principales divisiones entre los campamentos de ángeles celestiales es en cuatro, encabezados por los cuatro ángeles más importantes: Mijael, Gabriel, Uriel y Refael.

– V –

Vav: Sexta letra del abecedario hebreo. Su valor numérico es 6. Los sabios cabalistas la asocian con el signo de Tauro, la fuerza de la meditación y el mes hebreo de Iyar.

– Z –

Zain: Séptima letra del abecedario hebreo. Su valor numérico es 7. Los sabios cabalistas la asocian con el signo de Géminis, la fuerza del movimiento y el mes hebreo de Siván.

Zarka: Uno de los signos musicales que se utilizan para leer la *Torah* y que encierran misterios muy profundos.

Zeir Anpín: Uno de los cinco Rostros o Partzufim, en este caso identificado con las sefirot de Jesed, Gevurá, Tiferet, Netzaj, Hod y Iesod. *Véase* pág. 75 en la Introducción del Volumen I.

Zun: Palabra compuesta por las iniciales de los nombres de dos Rostros –Zein Anpín y Nukva–, y que generalmente señala la relación entre ambos.

TABLA DE EQUIVALENCIAS DE LIBROS BÍBLICOS

Génesis	*Bereshit*
Éxodo	*Shemot*
Levítico	*Vaikrá*
Números	*Bamidbar*
Deuteronomio	*Devarim*
Josué	*Ieoshúa*
Jueces	*Shoftim*
Samuel	*Shmuel*
Reyes	*Melajim*
Isaías	*Ishaiahu*
Jeremías	*Irmiahu*
Ezequiel	*Iejezquel*
Oseas	*Hoshea*
Joel	*Ioel*
Amós	*Amós*
Abdías	*Ovadiá*
Jonás	*Ioná*
Miqueas	*Mijá*
Nahúm	*Najúm*
Habacuc	*Jabakuk*
Sofonías	*Tzfaniá*
Hageo	*Jagai*
Zacarías	*Zejariá*
Malaquías	*Malají*
Salmos	*Tehilim*
Proverbios	*Mishlei*
Job	*Iov*
Cantar de los Cantares	*ShirHashirim*
Rut	*Rut*
Lamentaciones	*Eijá*
Eclesiastés	*Kohelet*
Ester	*Ester*
Daniel	*Daniel*
Esdras	*Ezrá*
Nehemías	*Nejemiá*
Crónicas	*Divrei Haiamim*

ÍNDICE
DE CITAS BÍBLICAS

A

Amós 8:11 — 9

C

Cantar de los Cantares 1:11 — 50
Cantar de los Cantares 2:2) — 47
Cantar de los Cantares 2:12 — 48
Cantar de los Cantares 3:6 — 161
Cantar de los Cantares 3:9 — 139
Cantar de los Cantares 6:10 — 230
Cantar de los Cantares 6:11 — 169
Cantar de los Cantares 7:6 — 124
Cantar de los Cantares 8:3 — 231
Cantar de los Cantares 8:5 — 102
1 Crónicas 11:23 — 95, 96
1 Crónicas 28:9 — 41

D

Daniel 2:21 — 44
Daniel 4 — 124
Daniel 4:9,12 — 199
Daniel 4:27 — 124
Daniel 4:28 — 124
Daniel 4:32 — 101
Daniel 4:35 — 110
Daniel 7:9 — 69, 186
Daniel 7:10 — 163, 197
Daniel 8:12 — 213
Daniel 12:3 — 134, 138, 139
Daniel 12:7 — 69
Deuteronomio 2:11 — 211
Deuteronomio 4:11 — 112
Deuteronomio 4:33 — 235
Deuteronomio 4:39 — 33, 115
Deuteronomio 5:12 — 76
Deuteronomio 5:20 — 112
Deuteronomio 6:4 — 137, 157, 269, 271
Deuteronomio 7:10 — 210
Deuteronomio 9:18 — 202
Deuteronomio 10:8 — 152
Deuteronomio 10:17 — 164
Deuteronomio 10:19 — 121
Deuteronomio 11:13 — 125, 271
Deuteronomio 13:5 — 100
Deuteronomio 14:4 — 176
Deuteronomio 25:9 — 230
Deuteronomio 25:15 — 201
Deuteronomio 25:19 — 206, 234
Deuteronomio 27:21 — 235
Deuteronomio 28:3 — 131
Deuteronomio 28:10 — 125, 195
Deuteronomio 29:9 — 100
Deuteronomio 30:15 — 193
Deuteronomio 30:19 — 51
Deuteronomio 32:4 — 258
Deuteronomio 32:5 — 221
Deuteronomio 32:6 — 229

Deuteronomio 32:9	205	Éxodo 24:7	49
Deuteronomio 32:12	216	Éxodo 24:10	158
Deuteronomio 32:17	76	Éxodo 25:18	50
Deuteronomio 32:39	188, 190	Éxodo 25:27	230
Deuteronomio 33:1	81	Éxodo 26:16	201
Deuteronomio 34:6	228	Éxodo 26:20	231
Deuteronomio 34:10	100	Éxodo 31:1	273
		Éxodo 31:2	54
		Éxodo 31:14	76

E

		Éxodo 32:4	211
Eclesiastés 1:4	207	Éxodo 32:7	206
Eclesiastés 1:7	166	Éxodo 32:7-8	225
Eclesiastés 2:8	169	Éxodo 32:8	52
Eclesiastés 5:5	90, 93	Éxodo 32:14	236
Eclesiastés 5:8	191	Éxodo 32:33	234
Eclesiastés 10:2	220	Éxodo 33:20	84
Éxodo 1:14	223	Éxodo 33:23	179
Éxodo 2:5	76	Éxodo 34:6	105
Éxodo 2:12	229	Éxodo 34:6-7	47
Éxodo 2:19	81	Éxodo 34:28	13
Éxodo 3:14	135	Éxodo 35:35	96
Éxodo 3:15	198	Éxodo 40:38	214
Éxodo 4:3	224	Ezequiel 1	260
Éxodo 4:22	199	Ezequiel 1:1	80
Éxodo 5:1	101	Ezequiel 1:4	112
Éxodo 5:3	101	Ezequiel 1:5	162, 164
Éxodo 11:3	95	Ezequiel 1:14	180
Éxodo 12:38	260	Ezequiel 1:22	139, 180
Éxodo 13:1	271	Ezequiel 1:28	158
Éxodo 13:2	125	Ezequiel 3:12	205
Éxodo 13:5	125	Ezequiel 9:3-4	55
Éxodo 13:11	271	Ezequiel 15:7	154
Éxodo 13:19	183	Ezequiel 16:7	234
Éxodo 13:21	116	Ezequiel 34:31	175
Éxodo 15:11	58	Ezequiel 36:26	231
Éxodo 15:17	83	Ezequiel 46:1	230
Éxodo 15:19	217		
Éxodo 15:23	223	## G	
Éxodo 17:9	81, 224		
Éxodo 17:14	211	Génesis 1:1	48, 53, 73, 95, 96, 102, 110, 111, 135, 197, 204
Éxodo 17:16	207		
Éxodo 20:8	60	Génesis 1:2	102, 140, 142, 143, 211
Éxodo 20:11	242	Génesis 1:3	112, 144, 187
Éxodo 20:19	235	Génesis 1:4	147
Éxodo 22:26	194	Génesis 1:5	178
Éxodo 23:17	53	Génesis 1:6	149, 152, 154
Éxodo 23:19	126	Génesis 1:7	154

Génesis 1:9	114, 156, 158, 159, 160, 205	Génesis 7:4	208
Génesis 1:10	166	Génesis 7:19	210
Génesis 1:11	74, 160, 161, 162	Génesis 7:23	206
Génesis 1:12	48, 74, 164	Génesis 9:2	124
Génesis 1:14	166, 180	Génesis 9:13	158
Génesis 1:15	115, 116, 172	Génesis 11:3	210
Génesis 1:16	172, 173, 179	Génesis 11:9	208
Génesis 1:17	177	Génesis 17:1	112
Génesis 1:20	117, 118, 120	Génesis 18:1	181
Génesis 1:21	120	Génesis 20:2	229
Génesis 1:24	121	Génesis 21:6	106
Génesis 1:26	123, 186, 209	Génesis 21:7	106
Génesis 1:27	124, 126, 135, 187, 199	Génesis 21:8	105
Génesis 1:29	126	Génesis 24:63	182
Génesis 1:31	127	Génesis 27:1	142
Génesis 2:1-3	76	Génesis 27:28	131
Génesis 2:2	74, 111	Génesis 30:1	199
Génesis 2:4	63, 64, 144, 203, 205, 211	Génesis 31:53	108
Génesis 2:5	212, 213	Génesis 32:8	195
Génesis 2:7	214, 220, 221	Génesis 32:25	182
Génesis 2:9	212, 215, 216	Génesis 32:31	87
Génesis 2:10	217, 221, 224	Génesis 32:32	218
Génesis 2:15	222	Génesis 33:17	108
Génesis 2:16	226	Génesis 35:16	158
Génesis 2.16	225	Génesis 37:2	183
Génesis 2:17	216, 233	Génesis 41:34	209
Génesis 2:18	25, 228	Génesis 49:10	212
Génesis 2:19	229	Génesis 49:24	200
Génesis 2:20	229	**H**	
Génesis 2:21	230, 231		
Génesis 2:22	230	Hageo 2:9	231
Génesis 2:23	231		
Génesis 2:25	232	**I**	
Génesis 3:6	116		
Génesis 3:7	234, 235	Isaías 5:18	72
Génesis 3:8	235	Isaías 6:1	158
Génesis 3:9	236	Isaías 10:23	59
Génesis 3:14	235	Isaías 19:5	217, 227
Génesis 3:15	200	Isaías 22:17-18	130
Génesis 3:22	216	Isaías 25:5	49
Génesis 3:24	112	Isaías 25:8	236
Génesis 4:7	23	Isaías 26:14	210
Génesis 6:2	98, 192, 209	Isaías 34:11	112
Génesis 6:3	232	Isaías 38:2	107
Génesis 6:4	210	Isaías 40:17	101
Génesis 6:11	208	Isaías 40:25	189

Isaías 40:26	50, 51, 54
Isaías 40:31	118
Isaías 41:8	106, 198
Isaías 41:12	159
Isaías 44:6	101
Isaías 44:9	102
Isaías 45:18	193
Isaías 45:23	23
Isaías 46:3	122
Isaías 46:10	229
Isaías 49:3	108
Isaías 50:1	187, 227
Isaías 51:2	190
Isaías 51:6	204, 206
Isaías 51:16	69, 70
Isaías 55:3	88
Isaías 57:19	76
Isaías 58:13	74
Isaías 58:14	217
Isaías 60:21	215
Isaías 63:9	83
Isaías 63:12	207
Isaías 64:3	69, 79
Isaías 66:22	70, 211
Isaías 66:24	119

J

Jeremías 3:1	226
Jeremías 10:7	99
Jeremías 10:11	97, 99
Jeremías 31:3	76
Jeremías 31:20	122
Jeremías 33:25	204
Job 1:21	234
Job 3:23	218
Job 10:11	175, 188
Job 14:11	80
Job 19:26	15
Job 28:27	73
Job 29:2	22
Job 29:3	22
Job 33:23	119
Job 40:15	162
Job 29:2-3	22
Job 29:4	23
Joel 3:28	231

Josué 1:8	107
Josué 3:11	53, 214
Josué 3:16	155
Josué 10:13	100
1 Jueces 1:16	233
Jueces 13:22	84

L

Lamentaciones 1:1	236
Lamentaciones 1:3	194
Lamentaciones 2:1	216
Lamentaciones 2:9	60
Lamentaciones 2:13	51
Lamentaciones 2:15	51
Lamentaciones 3:23	166
Levítico 11:8	177
Levítico 11:42	218
Levítico 18:7	226, 227
Levítico 18:15	227
Levítico 18:20	91
Levítico 19:18	43
Levítico 19:30	73, 74, 75, 76, 77
Levítico 19:35	96
Levítico 20:10	91
Levítico 25	257
Levítico 25:10	32
Levítico 27:30	126
Levítico 27:30-31	126

M

Malaquías 2:6	213
Malaquías 3:12	122
Miqueas 7:15	67
Miqueas 7:20	108

N

Números 8:19	150
Números 12:8	81
Números 12:13	202
Números 14:10	158
Números 14:12	233
Números 15: 37	269
Números 16:15	150
Números 16:22	105, 148

Números 16:33	153
Números 18:21	126
Números 20:8	233
Números 20:11	81
Números 23:9	215
Números 27:20	183
Números 28 y 29	262
Números 33:2	238

O

Oseas 1:2	72

P

Proverbios 1:7	110, 111
Proverbios 1:9	211
Proverbios 2:9	33
Proverbios 3:18	228
Proverbios 4:4	22
Proverbios 5:4	225
Proverbios 5:19	66
Proverbios 5:20	26
Proverbios 6:23	27
Proverbios 7:26	72
Proverbios 8:21	69, 77
Proverbios 8:22	204
Proverbios 8:30	72, 187
Proverbios 10:1	187
Proverbios 16:28	71
Proverbios 19:23	111
Proverbios 20:27	41
Proverbios 28:14	114
Proverbios 30:20	226
Proverbios 30:21-23	229
Proverbios 31:15	156, 177
Proverbios 31:21	80

R

1 Reyes 17:1	100
1 Reyes 19:12	141
1 Reyes 19:13	143
2 Reyes 2:23	245
2 Reyes 4:16	85
2 Reyes 4:34	85
Ruth 2:19	124

S

Salmos 2:11	38
Salmos 5:5	221
Salmos 5:8	108
Salmos 7:12	90
Salmos 8:4,2	53
Salmos 8:4,10	52
Salmos 8:5	209
Salmos 11:7	56
Salmos 16:8	44
Salmos 16:11	183
Salmos 18:31	169
Salmos 19:2	89, 90, 93
Salmos 19:7	50
Salmos 19:8	95
Salmos 24:4	23
Salmos 25:8	59
Salmos 25:14	186
Salmos 26:2	93
Salmos 29:3	143
Salmos 29:5	84
Salmos 31:6	107
Salmos 31:20	59, 82, 83
Salmos 33:1	58
Salmos 33:6	52, 71
Salmos 32:30	23
Salmos 34:8-9	96
Salmos 41:2	131, 139
Salmos 42:5	53
Salmos 45:4	235
Salmos 51:12	118
Salmos 51:19	105
Salmos 68:18	162, 198
Salmos 75:7	103
Salmos 78:38	194
Salmos 83:19	87
Salmos 85:12	213
Salmos 89:2	17
Salmos 89:3	105
Salmos 90:17	90, 153
Salmos 91:7	195
Salmos 91:11	119, 127
Salmos 91:12	225
Salmos 91:14	31
Salmos 94:17	93
Salmos 99:6	183

Salmos 101:7	219, 221	1 Samuel 2:9	188
Salmos 101:10	110	1 Samuel 4:8	103
Salmos 102:19	196	1 Samuel 15:29	182, 183
Salmos 103:20	117	1 Samuel, 23:21	224
Salmos 104:14	160, 161, 165	2 Samuel 6:19	156
Salmos 104:25	154	2 Samuel 7:23	179
Salmos 104:28	156	2 Samuel 11:8	92
Salmos 111:10	87	2 Samuel 11.12	91
Salmos 112:4	18	2 Samuel 12:5	93
Salmos 115:16	204	2 Samuel 12:9-23	93
Salmos 116:9	70, 204	2 Samuel 12:13	92
Salmos 116:13	48	2 Samuel, 17:29	195
Salmos 118:19-20	87	2 Samuel 23:3	100
Salmos 118:22	175, 200	2 Samuel 23:20	79
Salmos 122:3	51		
Salmos 127:1	231		
Salmos 127:5	198	**Z**	
Salmos 144:3	192		
Salmos 145:7	83	Zacarías 2:5	112
Salmos 145:14	58	Zacarías 2:9	231
Salmos 147:2	230	Zacarías 4:10	66
Salmos 149:6	235	Zacarías 9:9	78
1 Samuel 1:13	202	Zacarías 14:9	159, 178, 228, 236

ÍNDICE

Dedicatoria de El Zohar 7
Palabras introductorias 9
Primera parte. Introducción general al estudio de la Cábala 11
La importancia del estudio de la Cábala 31
    Preparación adecuada para el estudio de la Cábala 37
Hakdamá – Prólogo de El Zohar 47
Tercera parte. Sección de Bereshit 133
Apéndice. El Nombre de cuarenta y dos letras 237
Glosario 249
Tabla de equivalencias de libros bíblicos 275
Índice de citas bíblicas 277
El Zohar, Plan General de la Obra 285
Estimado lector 286

EL ZOHAR
PLAN GENERAL DE LA OBRA

Volumen 1: Hakdamat Hazohar - Bereshit (1)
Volumen 2: Bereshit (2)
Volumen 3: Noaj - Lej Lejá
Volumen 4: Vaierá - Jaiei Sará
Volumen 5: Toldot - Vaietzé
Volumen 6: Vaishlaj - Vaieshev
Volumen 7: Miketz - Vaigash
Volumen 8: Vaiejí

Volumen 9: Shemot - Vaera
Volumen 10: Bo - Beshalaj
Volumen 11: Itró
Volumen 12: Mishpatim
Volumen 13: Terumá (1)
Volumen 14: Terumá (2) (Sifra Detzniuta)
Volumen 15: Tetzave - Ki Tisá
Volumen 16: Vaiakel
Volumen 17: Pekude (1)
Volumen 18: Pekude (2)

Volumen 19: Vaikrá
Volumen 20: Tzav - Shminí - Tazria - Metzorá
Volumen 21: Ajarei Mot - Kedoshim
Volumen 22: Emor - Behar - Bejukotai - Bamidbar
Volumen 23: Nasó - Behaalotjá (Idra Raba)
Volumen 24: Shelaj - Koraj - Jukat - Balak
Volumen 25: Pinjas (1) Pinjas (2)
Volumen 26: Matot - Devarim (1) Devarim (2) (Idra Zuta)

ESTIMADO LECTOR

Dado que los volúmenes de El Zohar se publicarán de modo progresivo a lo largo de varios años, Ediciones Obelisco se compromete, para su facilidad, a comunicarle la aparición de cada nuevo volumen publicado para que usted pueda adquirirlo en cualquier librería de su país. Para ello le agradeceríamos nos enviara sus datos por e-mail o por carta a:

EDICIONES OBELISCO

Collita, 23-25. Pol. Ind. Molí de la Bastida
08191 Rubí - Barcelona - España
Tel. (34) 93-309-85-25
Fax: (34) 93-309-85-23
e-mail: comercial@edicionesobelisco.com